AF479143

PACIFIC

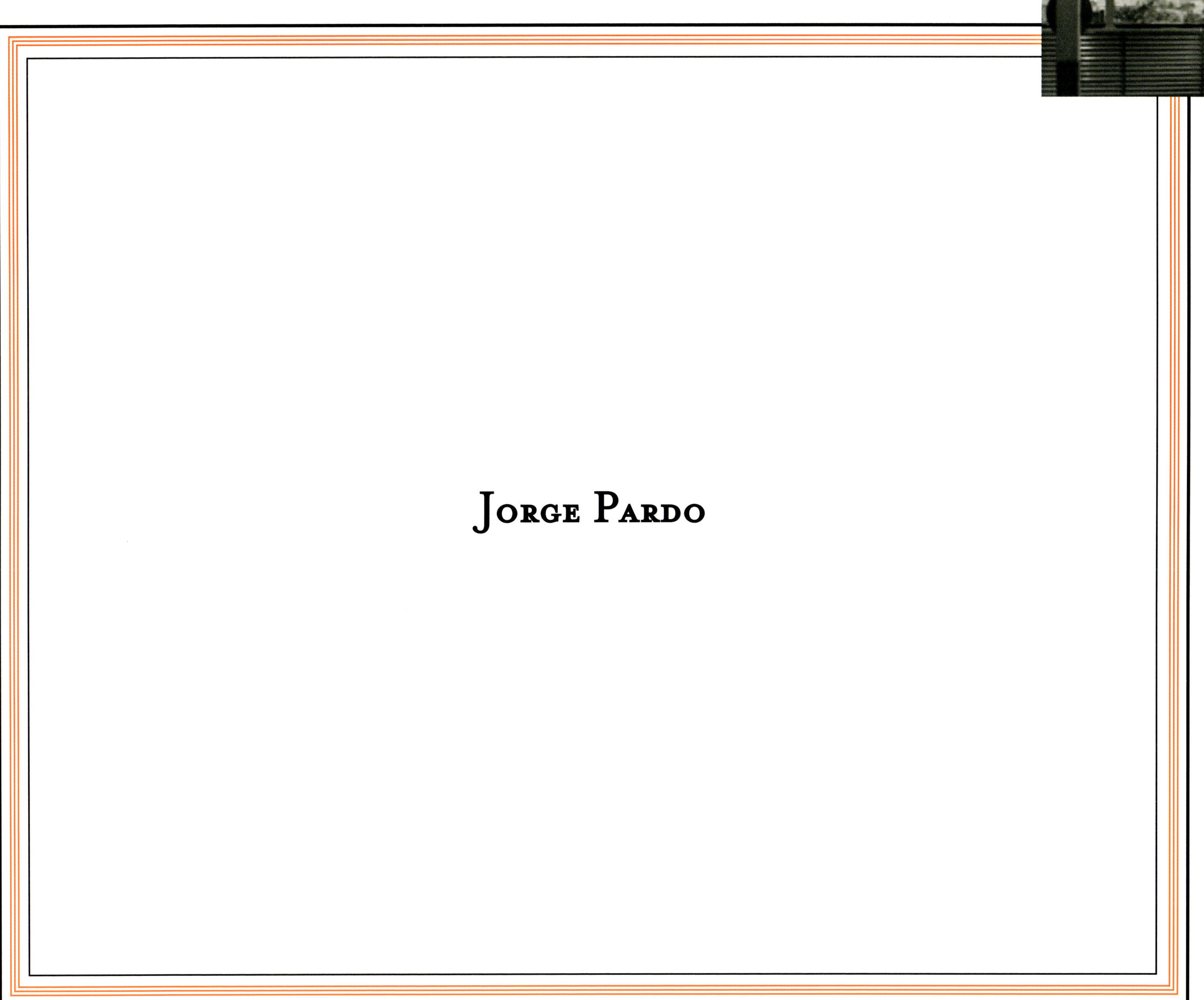

Jorge Pardo

Published by / Erschienen im
Hatje Cantz Verlag
Senefelderstraße 12
D-73760 Ostfildern-Ruit
Tel. 00 49 / 711 / 4 40 50
Fax 00 49 / 711 / 4 40 52 20
Internet: www.hatjecantz.de

Distribution in the US
DAP, Distributet Art Publishers
155 Avenue of the Americas, Second Floor
New York, NY 10013
T. 001-212-6271999
F. 001-212-6279484

ISBN 3-7757-0847-2
Printed in Germany

Editor / Herausgeber
Jörn Schafaff, Barbara Steiner

Editing / Redaktion
Jörn Schafaff, Barbara Steiner, Jorge Pardo

Copy editing / Lektorat
Edda Hoefer

Authors / Autoren
Philippe Parreno, Jörn Schafaff,
Stephan Schmidt-Wulffen, Andreas Spiegl,
Frances Stark, Barbara Steiner

Translation / Übersetzung
Doris Berger, Rachel Stella: Parreno
Edda Hoefer: Stark, Introduction/Einführung
John S. Southard, Schafaff,
Schmidt-Wulffen, Spiegl, Steiner

Printed by / Gesamtherstellung
Dr. Cantz'sche Druckerei, Ostfildern - Ruit

Photographs / Fotografie
Courtesy Friedrich Petzel Gallery
S. 8: Landesbank Baden-Württemberg/Darius
Ramazani
S. 12: Landesbank Baden-Württemberg/Uwe H. Seyl
S. 68/69: Galerie Gisela Capitain
S. 70: Galerie Neugerriemschneider
S. 80: Landesbank Baden-Württemberg/Uwe H. Seyl
S. 83: Galerie Neugerriemschneider
S. 87: Galerie Neugerriemschneider

Photographs from / Fotos aus "Routine Pleasures" by
courtesy of / mit freundlicher Genehmigung von
Jean-Pierre Gorin

On behalf of / im Auftrag der Landesbank Baden-
Württemberg

The Editors thank the autors: Philippe Parreno,
Stephan Schmidt-Wulffen, Andreas Spiegl,
Frances Stark, the designer: Pae White, the
translators: Doris Berger, Edda Hoefer, John
Southard, Rachel Stella and for general support:
Galerie Gisela Capitain, Galerie
Neugerriemschneider, Friedrich Petzel Gallery
and Landesbank Baden-Württemberg.
Jorge Pardo, Jörn Schafaff, Barbara Steiner

Die Herausgeber danken den Autoren: Philippe
Parreno, Stephan Schmidt-Wulffen, Andreas
Spiegl, Frances Stark, der Grafikerin Pae White,
den ÜbersetzerInnen: Doris Berger, Edda
Hoefer, John Southard, Rachel Stella und für
die allgemeine Unterstützung: Galerie Gisela
Capitain, Galerie Neugerriemschneider,
Friedrich Petzel Gallery and Landesbank
Baden-Württemberg. Jorge Pardo, Jörn
Schafaff, Barbara Steiner

Design / Gestaltung
Pae White

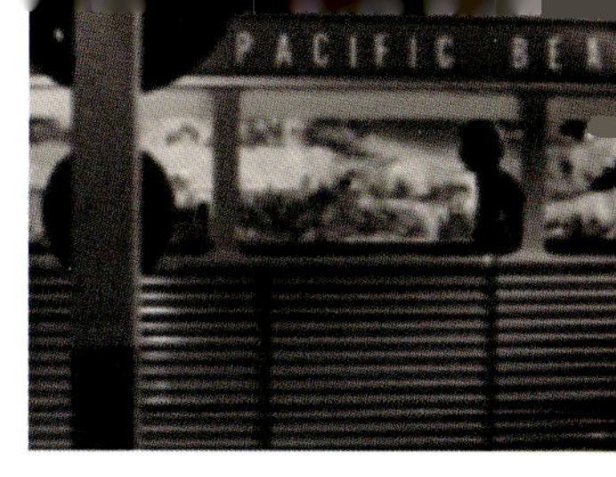

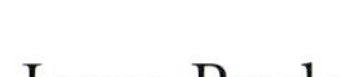

Jorge Pardo

Herausgegeben von Jörn Schafaff und Barbara Steiner
im Auftrag der Landesbank Baden-Württemberg

Edited by Jörn Schafaff and Barbara Steiner
on behalf of Landesbank Baden-Württemberg

Hatje Cantz Verlag

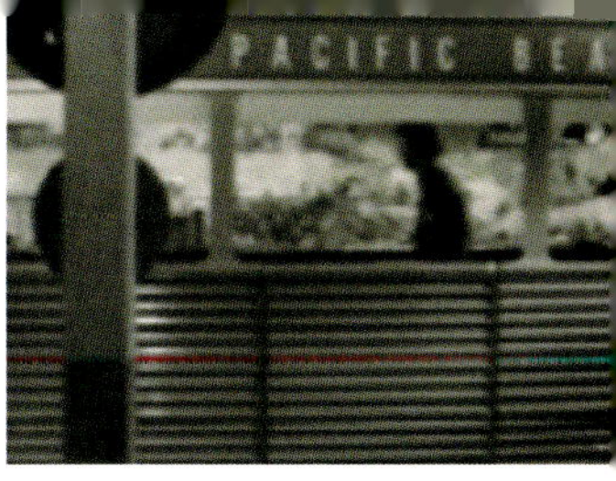

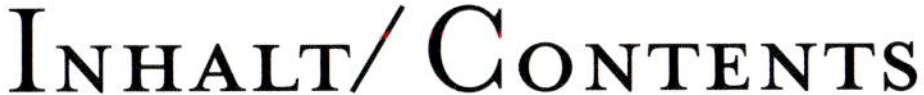

Inhalt/ Contents

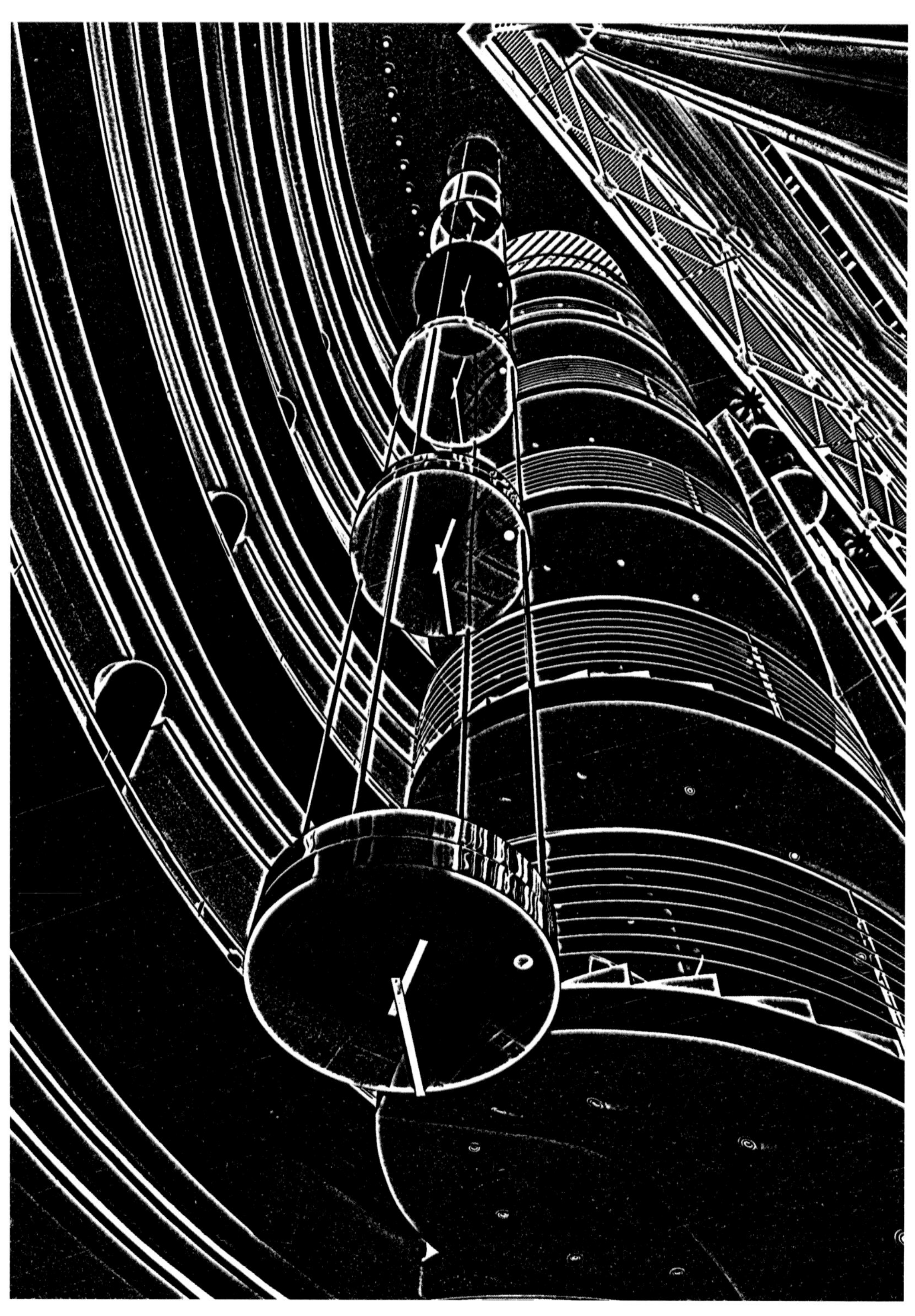

8

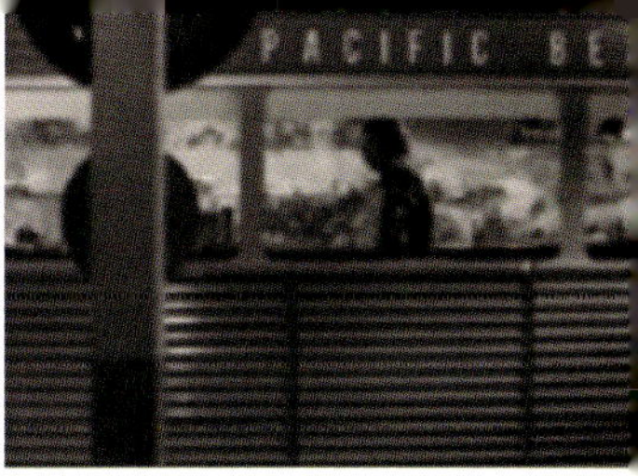

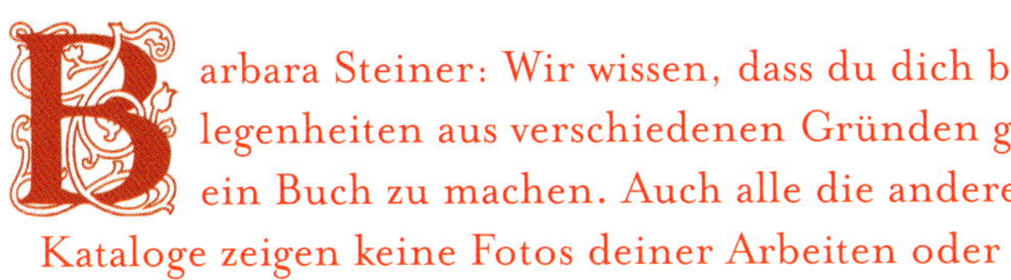

arbara Steiner: Wir wissen, dass du dich bei anderen Gelegenheiten aus verschiedenen Gründen geweigert hattest, ein Buch zu machen. Auch alle die anderen kleinen Kataloge zeigen keine Fotos deiner Arbeiten oder Ausstellungen. Es scheint, als ob du Texten im Allgemeinen misstraust, weil sie deiner Meinung nach eine zu einfache Beziehung zur Arbeit herstellen.

Jorge Pardo: Ich will keine Situation erzeugen, in der ein Text die Erwartung simplifiziert. Erwartung ist eine interessante und schwierig herzustellende Sache, sie ist ein Zustand, den man schafft, indem man sorgfältig die Unterschiede und Distanzen zwischen einem Projekt und dem nächsten kalibriert. Wenn jemand fragt: „Was wirst du als Nächstes machen?", dann ist das eine der interessantesten Wirkungen, die durch die Arbeit entstehen. Ich glaube, dass in der Arbeit eine Qualität steckt, die manche Leute ein wenig verwirrt. Ich versuche nicht, durch sonderbare Ausstellungskataloge Undurchsichtigkeit künstlich herzustellen, also das Offensichtliche weniger offensichtlich zu machen. Ich glaube nicht, dass an zeitgenössischen Werken der Gegenwartkunst etwas Offensichtliches ist, außer wenn sie von recht niedriger Qualität sind. Es interessiert mich viel mehr, in diesen Zustand eine Reflexivität einzuschreiben, indem ich auf Grenzen des Erklärbaren hinweise, als saloppe Anmerkungen zu einer Ausstellung zu machen. Kataloge machen, die die Projekte reflektieren, sie aber nicht beschreiben, kommt meiner ästhetischen Idee schon näher.

BS: Was hältst du von der Box für das MCA und das MOCA? Wurde sie nicht von Pae White gestaltet?

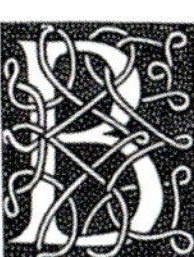

arbara Steiner: We know that on other occasions you refused to do a book for several reasons. And - all the other small catalogues don't show photographs of your work or your exhibitions. It seems that you don't trust texts in general because in your opinion they set up a too simple relationship to the work.

9

Jorge Pardo: I don't want to set up a situation where a text simplifies anticipation. Anticipation is an interesting and difficult thing to produce, this is a condition one makes by carefully calibrating the differences and distances between one project and the other. When someone asks "What are you going to do next?" that is one of the most interesting effects the work produces. I think that there is a quality in the work that leaves some people a little bit bewildered. I am not trying to produce opacity by making weird exhibition catalogues, so much as complicate the obvious so maybe its not so obvious. I don't think there is anything obvious about contemporary works of art unless their quality is quite low. I am more interested in inscribing reflexiveness into this conditon by pointing to explanational limits than in making cliff notes for an exhibition. To make catalogues that reflect on and with the projects but not quite describe them, is a bit more in keeping with my aesthetic project.

BS: What do you think of the box the MCA and the MOCA did? Did Pae White design it?

JP: It's a combination. She did the typography and was very involved in its structure.

BS: It is not easy to read them.

JP: It is absolutely horrible. In this instance, the text became something like an image of a flower on a wallpaper. The text was pure decoration.

BS: I am not interested in decoration. Although Jörn and I, we don't want a simple description, we are not interested in a decorative kind of relationsship to the text either. To use a text as decoration is not enough. It's a critique on text but it doesn't concede the text itself an inherent competence to criticize.

JP: I agree, the design of the MCA catalogue (which I think is one of the catalogues you are referring to) is not just a critique of text through the decorative but a way to try to get the viewer to ask questions about the fragility of the relationship between art works and exhibition catalogues. I don't believe in the difference between the decorative and the textual, because I think they both carry meaning on fundamentally the same level. To look at an ornament can be just as generative as to read a text. Whether the information that is produced comes from the relationship of the ornamental or the textual is all the same to me. I am not interested in setting up a hierarchy between the image and the text, and I am not interested in setting up a purely complementary relationship either.

10 BS: I understand the initial ideas which led to the MOCA catalogue which I accept but I see a certain hierarchy between the text and the decoration. What I am interested in is for the design not to obliterate the access to the text. This might diminish its seriousness.

Jörn Schafaff: It is important to understand that these are different modes of 'utterance' and the very point is that the relation between them can not be finally fixed. But of course, as you might criticise, many texts tend to overframe the artwork.

JP: Yes. I think designers of exhibition catalogues are generally too polite, artists are too desperate to be legitimized through existing publishing conventions and writers generally just don't care, so

JP: Das war eine Kombination. Die Typografie ist von ihr, und sie hat auch an der Struktur mitgewirkt.

BS: Es ist nicht einfach, sie zu lesen.

JP: Es ist absolut schrecklich. In diesem Fall wurde aus dem Text ein Bild wie die Blume auf einer Tapete. Der Text wurde zur reinen Dekoration.

BS: An Dekoration bin ich nicht interessiert. Jörn und ich, wir wollen keine simple Beschreibung, uns interessiert eine dekorative Beziehung zum Text nicht. Einen Text als Dekoration zu benützen genügt nicht. Es ist zwar Kritik am Text, gesteht aber dem Text nicht genügend inhärente kritische Kompetenz zu.

JP: Das meine ich auch; das Design des MCA-Katalogs (auf den beziehst du dich, glaube ich) ist nicht nur eine Kritik des Textes durch das Dekorative, sondern ein Weg, den Betrachter dazu zu bringen, Fragen zu stellen über die Fragilität der Beziehung zwischen Kunstwerk und Ausstellungskatalog. Ich glaube nicht an einen Unterschied zwischen dem Dekorativen und dem Textlichen, weil ich der Meinung bin, dass sie Bedeutungsträger auf der grundsätzlich gleichen Ebene sind. Ein Ornament zu betrachten, kann genauso fruchtbar sein wie einen Text zu lesen. Ob die gelieferte Information nun von der Beziehung des Ornaments oder des Textes kommt, ist für mich das Gleiche. Ich habe kein Interesse daran, eine Hierarchie zwischen Bild und Text zu errichten, und ich habe auch kein Interesse daran, eine rein komplementäre Beziehung herzustellen.

BS: Ich verstehe den Grundgedanken, der zu dem MOCA-Katalog geführt hat, den kann ich akzeptieren; ich sehe aber eine gewisse Hierarchie von Text und Dekoration. Ich halte es für wichtig, dass das Design den Zugang zum Text nicht auslöscht. Das könnte seine Ernsthaftigkeit beeinträchtigen.

Jörn Schafaff: Es ist wichtig, dass man versteht, dass es sich hier um verschiedene Arten der 'Äußerung' handelt, und der Punkt ist, dass die Beziehung zwischen ihnen nicht endgültig festgelegt werden kann. Aber natürlich könntest du kritisieren, dass viele Texte zu einer Eingrenzung des Kunstwerks neigen.

JP: Ja. Ich meine, dass Gestalter von Ausstellungskatalogen im Allgemeinen zu höflich sind und die Künstler zu begierig, mit Hilfe bestehender Veröffentlichungskonventionen legitimiert zu werden, und den Autoren ist es egal. Man bekommt also immer wieder den gleichen Katalog. Es gibt viele Ausstellungskataloge mit ausgefallener Grafik oder aus ungewöhnlichen Materialien, aber bei sehr wenigen haben die Leute, die den Katalog machen, Interesse daran, einen reflexiven Zustand zwischen den einzelnen Produktionen herzustellen.

BS: Lass' uns doch mit einigen Vorschlägen beginnen: Wir dachten, wir laden einige Autoren ein, mit denen wir alle einverstanden sind, zum Beispiel Andreas Spiegl. Es könnte doch interessant sein, verschiedene Aspekte und Ideen in Bezug auf deine Arbeit zu diskutieren in der Art, dass der Text eher parallel zur und durch deine Arbeit läuft, anstatt sie zu beschreiben. Heute früh haben wir auch gedacht, es wäre doch interessant Stephan Schmidt-Wulffen einzuladen.

JP: Ich denke, Stephan könnte das machen. Das Komische ist, ich habe nie einen seiner Texte gelesen, weil sie alle auf Deutsch sind. Gewöhnlich, wenn ich Kataloge mache, habe ich gern alles in meiner Hand, damit ich kontrollieren kann, wie der Druck aussieht, wer die Entscheidungen trifft, so dass sie integraler Bestandteil meiner Arbeit werden. Und ich bin kein Autor, habe deshalb zu textbezogener Produktion keine enge Beziehung.

BS: Du bist dir all der Probleme rund um die Herstellung eines Buches wohl bewusst, du kannst theoretisch über alles sprechen.

JP: Aber das ist eine Theorie, die auf Erfahrung basiert, auf der Erfahrung des Ausstellungmachens, der Kunstbetrachtung. Ich bin kein Theoretiker. Meine Arbeit entsteht nicht durch diese Art von Analyse. Diese Art von Theorie interessiert mich nicht. Ich verabscheue den Gedanken, dass der Künstler durch irgend eine derbe Beziehung zur Theorie legitimiert würde.

what you get is the same catalogue over and over again. There have been many exhibition catalogues with eccentric graphics or funky materials but very few where the people who produce it are interested in setting up an actively reflexive condition between each other's production.

BS: Let's start with some proposals: We thought about inviting writers on which all of us agree, for example Andreas Spiegl. It could be interesting to discuss various aspects and ideas that are related to your work. So that the text runs more parallel to and through your work instead of describing it. We thought this morning it would be interesting to invite Stephan Schmidt-Wulffen.

JP: I think Stephan could do that. The funny thing is, I've never read any of his texts because they are all in German. Traditionally, when I make catalogues, I like to keep it in my hands so I can control what it looks like, how it is printed, control who makes decisions so they become integral to my practice. And, I am not a writer, so I'm not close to textual production.

BS: But you are very much aware of all the problems around making a book, you are able to speak theoretically about everything.

JP: But it is a kind of theory that is based on experience, experience of making exhibitions, of seeing art. I am not a theorist. My work doesn't get produced through that kind of analysis. I'm not interested in that kind of theory. I really dislike the idea that the legitimacy of the artist comes from some rustic relationship to theory.

JS: So maybe we should think about what is going on at this moment.

JP: Is a good question "In what way is this book different or the same in relation to other books? How indexical does a book have to be in order to be worth anything in this context?"
If one of the objectives for this book is to help the viewer to have

12

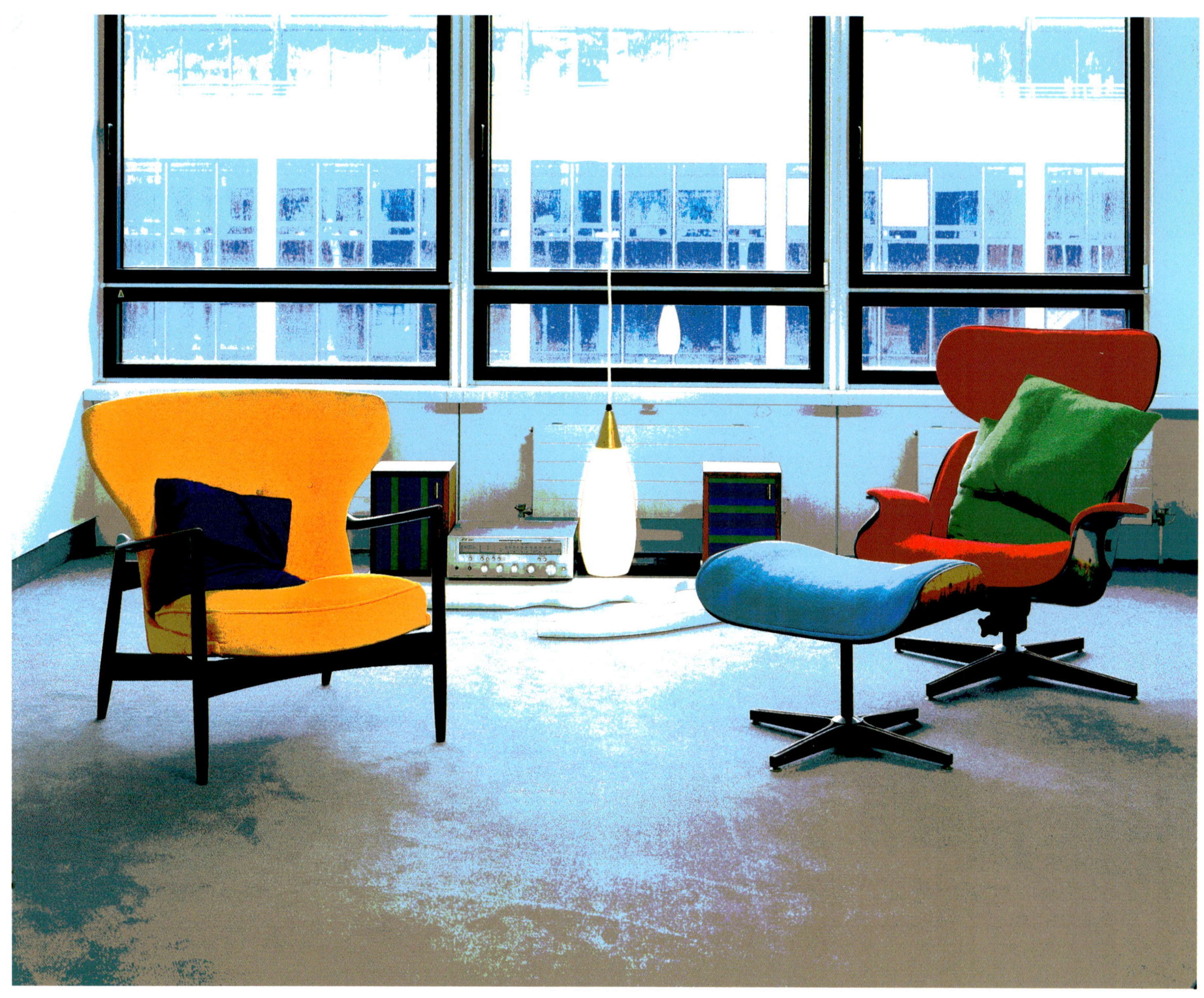

JS: Vielleicht sollten wir davon ausgehen, was jetzt im Augenblick passiert.

JP: Ist eine gute Frage: „Auf welche Weise ist dieses Buch anders oder gleich im Verhältnis zu anderen Büchern. Wie indexikalisch muss ein Buch sein, damit es in diesem Kontext einen Wert hat?" Wenn es eines der Ziele dieses Buches ist, dem Betrachter Zugang zum Raum meiner Arbeit zu verschaffen, wie bequem sollte das dann sein? Meine Bücher sind gewöhnlich in diesen Fragen nicht so explizit, aber sie sind insofern explizit, als sie die Fragen so nicht stellen, eben genau das nicht tun. Man muss also etwas anderes damit anstellen. Mit dem Raum zu beginnen, den ich gerade erwähnt habe, gehört einfach zu meiner Arbeit. Sie braucht diese Art von Abtasten. Man soll sich fragen: „Warum genügt diese Relation nicht für die Arbeit? Was fehlt? Geht es um die Verzerrung, geht es um einen Widerstand gegen diese Art der Legitimierung, die passiert, wenn man diesen Text anwendet? Geht es um Ablehnung? Ist sie subjektiv?" Das sind einfache Fragen mit deren Hilfe man beginnt, darüber nachzudenken, was diese Dinge darstellen.

BS: Hast du je ein Buch gelesen, das du wirklich interessant findest?

JP: Ich habe nur sehr wenig Literatur gelesen. Das habe ich mehr als Student getan.

BS: Nichts in Bezug auf Kunst? Hast du nie ein Buch gefunden, das ein interessantes Modell für einen Katalog abgäbe?

JP: Nein, aber es gibt viele Filme, die mir helfen über Kunst nachzudenken. Was mich aber hauptsächlich beeinflusst, ist, was ich zum gegebenen Zeitpunkt über Kunstwerke denke und Materialien, die mich interessieren. Sogar bei einer Arbeit wie dem Haus stammt das Interesse, welches das Projekt ausgelöst hat, daher, dass ich eine Ausstellung gemacht habe. Es steht genau in der Mitte eines ästhetischen Problems. Meine Ideen interessieren mich, weil ich sie nie im Gesamten erkennen kann, ich kenne sie nicht, ich

access to the space of my work, how comfortable should it be? My books are usually not so explicit about these questions, they are explicit about not asking the questions in that way, not doing that. So you have to do something else with them. To begin with the space I just described is very germane to the work. The work needs that kind of scrutiny. You have to ask "Why isn't this relationship enough for this work? What does it lack? Is it about distortion, is it about resistance to that kind of legitimacy that happens when you apply these texts? Is it about a dislike? Is it subjective?" These are simple questions to start thinking about what these things are.

BS: Have you ever read a book you really find interesting?

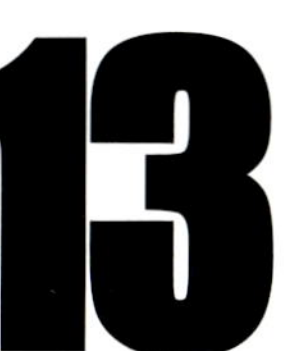

JP: Well, I've read very small amounts of literature. I used to do that more as a student.

BS: But nothing in relation to art? You never found a book that is an interesting model for doing a catalogue?

JP: No, but there are a lot of films that are useful for me to think about art. But mainly my influences are what I think about artworks and what materials I am interested at the time. Even with a piece like the house the interest that initiated that project was doing an exhibition. It's right in the middle of an aesthetic problem. I am interested in what my ideas are because I can never see them with any sense of totality, I never know them, I never quite fully understand them. I am interested in reflexivity.

JS: I see a main problem in written language because it possibly suggests a totality where there is none. As soon as something is written down it becomes materialized, a certain unmovable space.

JP: In the end an artist like me uses language much more than someone who traditionally uses language because I have a position where the objects do something physiologically or phenomeno logically with the language that hovers around them. All the problems you are talking about are not inherent in language but are inherent in the sculpture. Resistance to that kind of description has to do with a piece of wood next to another piece of wood next to colour next to a space next to a room next to a title. It comes from very traditional objects. And that's what makes the work the most interesting. It is not ever going outside of itself to make itself complicated. The complexity comes from a very traditional source.

JS: When I use the term language I speak about the production of meaning, because meaning is not naturally given. There is no unmediated access to 'things', which is understandable if you take into consideration that - for example - being able to face what you are describing already requires language. In that sense - and to take up your example - I would rather say that the problems you are talking about are connected to the relations between the sculpture and the ways of speaking about it.

BS: You shouldn't forget that language does also something with objects. The process of producing art you are referring to and the process of writing I am referring to share similar problems.

JP: I agree with both of you, but what I was trying to say was that there is a naturalism produced by writing texts about artworks which makes one believe that by reading you are in the space of the work and that is not always the case.

JS: The same goes for the representation of art in photographs, which is something we know you are critical about, too. By saying you are not interested in photographs, do you mean you totally reject them?

JP: It is not always easy to be interested in reproductions. In the end I'd rather look at someones driver's license than at a picture of my work in this book. It is funny, in my sculpture class at UCLA one of my assignments was for everyone to bring photographs. The question was "What does this have to do with sculpture?". In the end all we did was to look at the photographs. People started to tell stories. You would ask very simple questions like, "Why do you like this here? Why is this green? Why are there so many people on this photograph?" And they became really aware of how they were looking at their work, how invasive photographic space is. Because

kann sie nie ganz verstehen. Deshalb ist es die Reflexivität, die mich interessiert.

JS: Ich sehe ein Problem in der geschriebenen Sprache, weil sie möglicherweise eine Totalität vorspiegelt, wo gar keine ist. Sobald etwas niedergeschrieben ist, wird es materialisiert, wird zu einem gewissen unbeweglichen Raum.

JP: Letztlich verwendet ein Künstler wie ich Sprache viel mehr als ein traditioneller Benutzer der Sprache, denn ich bin in einer Position, wo die Objekte etwas Physiologisches oder Phänomen-ologisches mit der Sprache rund um sie herum anstellen. All die Probleme, über die ihr sprecht, liegen nicht in der Sprache begründet, sondern in der Skulptur. Der Widerstand gegen diese Art von Beschreibung hat etwas zu tun mit einem Stück Holz neben einem Stück Holz neben Farbe neben Raum neben einem Raum neben einem Titel. Es kommt von den sehr traditionellen Objekten. Und das macht die Arbeit am aller interessantesten. Sie tritt nie aus sich selbst heraus, um sich komplizierter zu machen. Die Komplexität stammt aus einer sehr traditionellen Quelle.

JS: Wenn ich das Wort 'Sprache' verwende, spreche ich über Bedeutungsproduktion, die Bedeutung ist nicht selbstverständlich gegeben. Es gibt keinen unmittelbaren Zugang zu den 'Dingen'; das wird verständlich, wenn man bedenkt, dass man z.B. Sprache braucht, um das, was du beschreibst, konfrontieren zu können. In diesem Sinn, um dein Beispiel aufzugreifen, würde ich sagen, die Probleme, die du ansprichst, stehen in Zusammenhang mit der Beziehung zwischen Skulptur und der Art und Weise wie man darüber spricht.

BS: Man sollte nicht vergessen, dass Sprache mit den Objekten etwas anstellt. Dem Kunstproduktionsprozess, den du ansprichst, und dem Prozess des Schreibens, den ich meine, liegen ähnliche Probleme zu Grunde.

JP: Ich stimme euch beiden zu. Ich wollte aber sagen, dass mit dem Schreiben von Texten über Kunstwerke ein Naturalismus entsteht, der einen glauben lässt, dass man durch das Lesen in den 'Raum' der Arbeit gelangt, und das ist nicht immer der Fall.

JS: Das Gleiche gilt für das Fotografieren von Kunst. Wir wissen, dass du dazu auch ein sehr kritisches Verhältnis hast. Wenn du sagst, du seist an Fotografien nicht interessiert, heißt das, dass du sie vollkommen ablehnst?

JP: Es ist nicht immer leicht, sich für Reproduktionen zu interessieren. Eigentlich schaue ich mir lieber jemandes Führerschein an als ein Bild von meiner Arbeit in diesem Buch. Eine Aufgabe, die ich der Bildhauerklasse an der UCLA stellte, war, dass alle Fotografien mitbringen sollten. Die Frage war: "Was hat das mit Skulptur zu tun?" Letztlich haben wir nichts anderes gemacht, als die Fotos anzuschauen. Die Leute begannen, Geschichten zu erzählen. Sehr simple Fragen wurden gestellt wie: „Warum magst du das hier? Warum ist das grün? Warum sind so viele Leute auf dem Foto hier?" Es wurde ihnen wirklich bewusst, in welcher Weise sie ihre Arbeit betrachteten, wie zwingend der fotografische Raum ist. Viele Leute denken daran nicht. Diese Studenten kommen gerade aus der High-School. Sie wissen nicht, dass die Art und Weise wie man die Welt betrachtet, eine Menge damit zu tun hat wie man fotografiert. Ein wirklich interessanter Fotograf ist für mich Godard. Und er ist ein Filmemacher. Fotografie ist nicht mehr Fotografie. Sie ist woanders. Deshalb habe ich diese Übung mit den Studenten gemacht, weil ihnen diese Art von Raum geläufig werden muss, die Wirkung dieses Raumes auf jeden anderen Raum, mit dem sie zu tun haben.

JS: Nimm ein anderes Beispiel. Wie siehst du den Status von Abbildungen in Kunstzeitschriften, so wie sie normalerweise verwendet werden?

JP: Ich bin der Meinung, Kunstzeitschriften sind Verkaufspublikationen. Sie tun selber nichts. So wie das hier (zeigt einen Teebeutel). Man braucht ihn, weil man den Tee nicht im Wasser haben will, aber man braucht nicht darüber nachzudenken. Ich glaube nicht, dass jemand Kunstzeitschriften besonders ernst nimmt. Vielleicht in den 60ern und 70ern, als Artforum und andere europäische Zeitschriften sich direkt an das Wissen, wie er

many people don't consider that. These students are just out of high school. They don't understand that the way you look at the world has a lot to do with the way you take pictures. For me a really interesting photographer is Godard. And he is a filmmaker. Photography is no longer photography. It is somewhere else. And that's why I have this assignment with the students because they need to become fluent with that kind of space, the effects of that space on every other space they deal with.

JS: So, to take another example, how do you see the status of images in art magazines, the way they are usually used?

JP: I think art magazines are trade publications. They don't do anything. It is like this (shows a tea bag). You need to have it because you don't want the tea in your water, but you don't really consider it. I don't think anybody takes art magazines all that seriously. Maybe they did it in the Sixties and Seventies when things like Artforum or certain European magazines were actually addressing the body of knowledge that was going on at the time directly. Now it is pure PR. I think, objects that aspire criticality get eaten up alive in those spaces. And work like mine in a magazine just turns into trivia. The pictures become less important than what page they are on or who they are next to. Those are things that really mean something in an art magazine. They mean something to everyone, not just to experts. You can take a small child and show them an art magazine, and in ten seconds they will know who the most import artist is. Everybody can understand that. That is the level on which information is exchanged.

BS: You are not the only artist we know who refuses to have photographs for different reasons. For example, Philippe Parreno has decided for the snapshot.

JS: He never has a professional photographer take pictures.

BS: Rather pictures friends made. The galleries, of course, ask for pictures.

JP: I rarely art-direct the reproductions of my work. I'm not a photographer. Well, I have nothing against photography. But we have to decide whether we do or do not want pictures. If we have, why do we want them now and not before? We have to talk about the function, the role of those pictures in relation to the book.

BS: Maybe we can postpone this question and concentrate on the authors instead. When we get the texts we should work with them, and then decide if there is a possibility to have photographs. Maybe we even come to the conclusion that we don't need photographs.

JP: It would be nice to have only texts.

BS: I want to invite people who understand the problem of writing, doing catalogues or books. And then leave it up to them what they want to write about.

JS: Who will make the design of the book?

JP: I could do that.

BS: Possibly. But we would need someone to do the final layout because you don't have a computer.

JP: I can find somebody. Or you can find some designer you really like. I like to work with Pae because we work well together.

BS: But it could become a challenge to do something with somebody you never worked with.

JP: We work really well together because she knows that each job is different. Sometimes she has more, sometimes she has no freedom. And that is something difficult to understand. But if I could find a designer with whom it would be interesting to have a dialogue with, sure. Generally speaking, most designers are people who have little to say to the artists.

BS: The good thing is that Pae lives in L.A.. Working with someone else could become a geographical problem. It would be

zu jener Zeit bestand, wandten. Jetzt sind sie reines PR. Ich meine, dass Objekte, die kritisch sein wollen, dort bei lebendigem Leib gefressen werden. Und Arbeiten wie die meinen werden in so einer Zeitschrift zur Trivialität. Die Bedeutung der Bilder selbst ist geringer als die Tatsache, auf welcher Seite sie sind oder neben wem. Das sind die Dinge, die in einem Kunstmagazin wirklich von Bedeutung sind. Sie können für jeden eine Bedeutung haben, nicht nur für den Experten. Man kann ein kleines Kind nehmen, ihm ein Kunstmagazin zeigen und in zehn Sekunden wird es wissen, wer der wichtigste Künstler ist. Das kann jeder verstehen. Das ist die Ebene, auf der Information ausgetauscht wird.

BS: Du bist nicht der einzige Künstler, den wir kennen, der Fotografien aus den verschiedensten Gründen ablehnt. Philippe Parreno, zum Beispiel, hat sich für den Schnappschuss entschieden.

JS: Er hat nie einen professionellen Fotografen Bilder machen lassen.

BS: Er verwendet lieber von Freunden aufgenommene Bilder. Galerien verlangen natürlich Bilder.

JP: Ich will selten der Art-Director für Reproduktionen meiner Arbeiten sein. Ich bin kein Fotograf. Ich habe ja nichts gegen Fotografie. Aber man muss sich entscheiden, ob man Bilder haben will oder nicht. Und wenn man sich dafür entscheidet, warum will man sie erst jetzt und nicht schon vorher? Man muss über die Funktion, die Rolle dieser Bilder im Verhältns zum Buch sprechen.

BS: Vielleicht können wir diese Frage verschieben und uns statt dessen auf die Autoren konzentrieren. Wenn wir die Texte bekommen, sollten wir mit ihnen arbeiten und dann entscheiden, ob es eine Möglichkeit gibt, auch Bilder dazu zu nehmen. Vielleicht kommen wir sogar zum Schluss, dass wir gar keine Bilder brauchen.

JP: Es wäre schön,wenn wir nur Texte haben könnten.

BS: Ich möchte Leute einladen, die die Probleme des Schreibens,

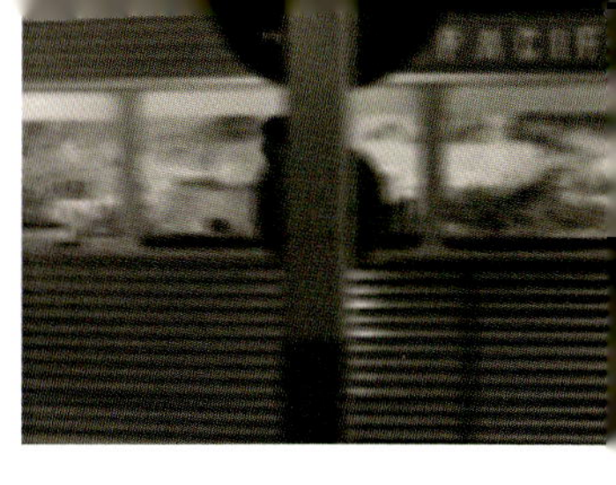

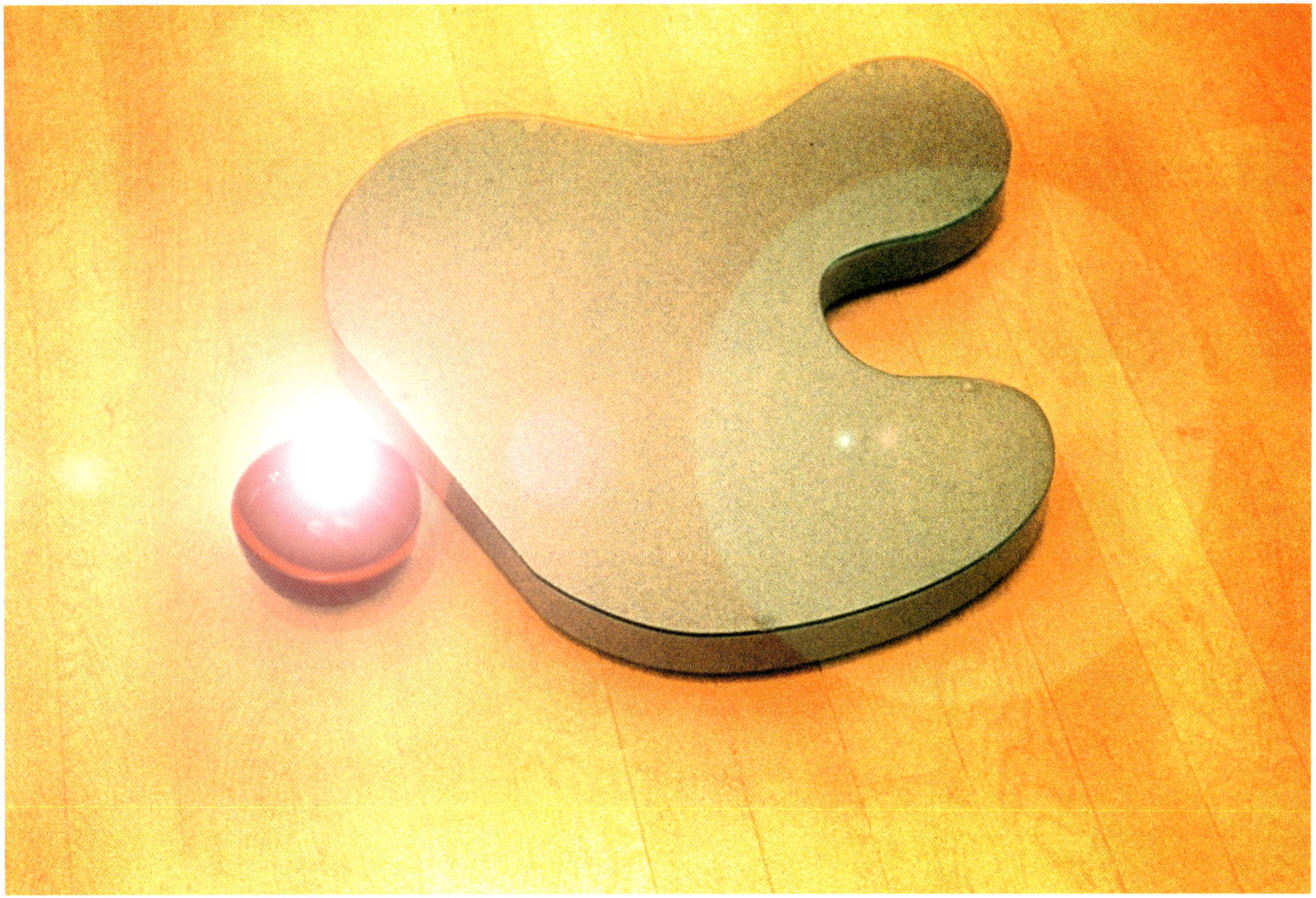

interesting if you want to do it. But - if I be honest - I'm not interested in doing the fourth version of using the text as decoration.

JP: If you look at the catalogues they are all very different. In the edition for the Boymans we took the budget for the catalogue and did an edition. That would actually be an interesting question: "How is that a catalogue?"

BS: We are more interested in the possibility to use texts and work with them. First because we are theorists and therefore, of course, interested in the possibilities of texts, and second you haven't thought of this sort of catalogue yet. Other (non-textual) versions of what a catalogue might be are already existing.

JP: Maybe it would be interesting for me to be the editor which is a role I'm completely unprepared for. It might be an interesting way to install a relationship to the text. Editor means there is a different kind of distance between you and me. I would become more like a director in a film. And a film about me. It is a very similar to the way that I work. The thing we have to agree on is if you want to write something about me or if you write something with me.

JS: I think it has a lot do with how the perspective on the work is presented. I always get angry when I read "He is doing this and that" without introducing the relativity of their subject position.

JP: I think it could be very interesting and critical to ask why the absence of a work of art seems so inconsequential in essays about art when you are working with a practice that is absolutely privileging aesthetic perception. Art is about presence and that is completely not considered when you write. Literature is not like that. It means something very strange when you stop being descriptive about a work of art.

BS: What could you do as an editor?

JP: Maybe nothing.

des Katalog- oder Büchermachens kennen und es dann ihnen überlassen, worüber sie schreiben wollen.

JS: Wer wird die Gestaltung des Buches machen?

JP: Das könnte ich machen.

BS: Das wäre eine Möglichkeit. Aber wir würden jemand brauchen, der das endgültige Layout macht, weil du doch keinen Computer hast.

JP: Da kann ich jemanden finden. Oder ihr könnt einen Grafiker finden, den ihr wirklich mögt. Ich arbeite gerne mit Pae, weil wir eine gute Zusammenarbeit haben.

BS: Es könnte aber eine Herausforderung sein, mit jemandem etwas zu machen, mit dem du noch nie gearbeitet hast.

JP: Wir arbeiten wirklich gut zusammen, weil sie weiß, dass jede Arbeit verschieden ist. Manchmal hat sie mehr Freiheit, manchmal überhaupt keine. Und das ist etwas, was nicht jeder versteht. Aber wenn ich einen Grafiker finden würde, mit dem ein interessanter Dialog entstehen könnte, sicher. Im allgemeinen sind Grafiker ja Leute, die Künstlern wenig zu sagen haben.

BS: Es ist günstig, dass Pae in L.A. wohnt. Mit jemand anderem zusammen zu arbeiten, könnte zum geografischen Problem werden. Wenn du das machen willst - es wäre schon interessant. Aber, wenn ich ehrlich sein soll, ich bin nicht daran interessiert, eine vierte Version mit Text als Dekoration zu machen.

JP: Wenn du dir die Kataloge anschaust, sie sind alle ganz verschieden. Bei der Edition für das Boymans haben wir das Budget für den Katalog genommen und eine Edition gemacht. Das wäre eigentlich eine interessante Frage: "Inwieweit ist das ein Katalog?"

BS: Uns interessiert mehr die Möglichkeit, Texte herzunehmen und mit ihnen zu arbeiten. Erstens, weil wir Theoretiker sind und deshalb an den Möglichkeiten der Texte interessiert sind, und zweitens, weil du diese Art von Katalog bisher noch nicht hattest. Andere (nicht-textliche) Versionen davon, was ein Katalog sein kann, gibt es bereits.

JP: Vielleicht wäre es interessant für mich, der Herausgeber zu sein, auch wenn das eine Rolle ist, für die ich gänzlich unvorbereitet bin. Es könnte eine interessante Methode sein, zum Text ein Verhältnis herzustellen. Editor würde heißen, dass zwischen euch und mir eine andere Art von Distanz bestünde. Ich wäre mehr wie ein Regisseur im Film. Und in einem Film über mich. Das ist sehr ähnlich der Art wie ich arbeite. Worüber wir uns nur einigen müssen, ist, ob ihr etwas über mich schreiben wollt oder ob ihr etwas mit mir schreiben wollt.

JS: Ich glaube, es hat eine Menge damit zu tun, wie die Perspektive zur Arbeit präsentiert wird. Ich werde immer ärgerlich, wenn ich lese: "Er tut dies und das ", ohne dass die Relativität der subjektiven Position vorgestellt wird.

JP: Ich denke, es könnte sehr interessant und kritisch sein,wenn man fragt, warum in Aufsätzen über Kunst die Abwesenheit des Kunstwerks eine so geringe Rolle spielt, wenn doch mit einer Praxis gearbeitet wird, die der ästhetischen Wahrnehmung absoluten Vorrang einräumt. Kunst hat mit Präsenz zu tun, und das wird beim Schreiben absolut nicht in Betracht gezogen. In der Literatur ist das anders. Da wird es eigenartig, wenn man nicht mehr deskriptiv mit dem Kunstwerk umgeht.

BS: Was könntest du als Herausgeber tun?

JP: Vielleicht nichts.

21

Barbara Steiner

Was macht dieser Text? Über Verzerrung, Widerstand, Unbehagen und Subjektivität

Jorge Pardos *Kataloge* verlangen den LeserInnen physisch und psychisch viel ab, man braucht gute Augen und viel Geduld. Ein rosa Text auf himmelblauem Hintergrund, Zitronengelb auf Rosa sind einfach nur mit allergrößter Mühe zu entziffern - falls es überhaupt Texte im herkömmlichen Sinn gibt. Ein Beispiel: 1998 wurde vom Museum of Contemporary Art in Chicago und vom Museum of Contemporary Art in Los Angeles anlässlich von Pardos *Ausstellungen* ein gemeinsamer *Katalog* herausgegeben: 10 Schachteln in verschiedener Größe, die man selbst zusammenbauen kann, die schwierig zu verstauen und ständig im Weg sind, die außen und oft auch innen mit Texten überzogen sind, oder besser gesagt: mit Fragmenten, denn einen Text im Gesamten zu erfassen, fällt schwer. Eine Schachtel ist so klein, dass man sie zerstören müsste, wollte man wissen, was an ihrer Innenseite geschrieben steht. Aber vielleicht ist das gar nicht notwendig? Die bunten, dekorativen Teile sind also zwei- und dreidimensional zugleich, man könnte Krimskrams einfüllen, und in jedem Fall sind sie hübsch anzusehen. Es handelt sich jedoch ganz sicher nicht um einen Ausstellungskatalog, der Ausstellungen bzw. Exponate abbildet. Pardos Publikation, von Pae White gestaltet, bildet - so das Vorwort - eine Ergänzung zu den *Ausstellungen* im Sinne eines eigenständigen, dritten Projekts, mit der Absicht, eine „Disziplin"(!) durch die andere („Struktur und Inhalt eines Ausstellungskataloges durch die Skulptur") zu befragen und damit in sich verschiedene Funktionen (und Identitäten) zu vereinen: Der *Katalog* kann gelesen werden, als Lagerhilfe für

Barbara Steiner

What does this Text do? About Distortion, Resistance, Dislike and Subjectivity

Jorge Pardo's *Catalogues* place great demands upon their readers – physically and mentally. One needs good eyes and a great deal of patience. After all, a pink text on a sky-blue background, lemon-yellow on pink, are extremely difficult to decipher – if these are texts in the traditional sense at all. One example: the Museum of Contemporary Art in Chicago and the Museum of Contemporary Art in Los Angeles issued a joint *Catalogue* for Pardo's *Exhibitions* in 1998: ten different-sized boxes that could be assembled by the reader, bulky objects that are always getting in the way, boxes covered inside and out with texts, or, to be more precise, with fragments, for it is difficult to make out a text as a whole. One box is so small that one would have to destroy it in order to find out what is printed on the inside. But perhaps that isn't even necessary. The colourful, decorative items are both two- and three-dimensional at the same time. One could fill them with all kinds of things, and they are certainly pretty to look at. Yet this is anything but an exhibition catalogue containing illustrations of exhibitions or exhibited objects. Pardo's publication, designed by Pae White, represents – as we read in the foreword – a supplement to the *Exhibitions* in the sense that it is an autonomous third project which seeks to question one "discipline" (!) through the other ("structure and content of an exhibition catalogue through sculpture") and thus to unite different functions (and identities) within itself. The *Catalogue* can be read, used to store a variety of objects or interpreted as a sculpture. Yet, I wish to point out, the work neither exhausts itself in these three aspects nor really fulfills any of these functions in a satisfactory manner. The text takes on the character of a wallpaper pattern and can only be read with a great deal of effort; most of the boxes are too small to hold even smaller objects; and the designation "sculpture" is a label that conceals a much more complex substantive context.

As already suggested above, the publication does not give the reader an impression of the exhibitions in Chicago and Los Angeles. It contains neither illustrations of the works nor photos of the exhibitions. Pardo's works make their presence felt, in an indirect way, only in a few of the texts. This publication by the MCA and the MOCA puts the traditional relationship between exhibited work of art and exhibition catalogue up for grabs. In an interview with Amanda Cruz (Monilow Curator of Exhibitions, Chicago), the text of which covers three boxes, Jorge Pardo talks about his *House*, his *Boat*, his *Furniture*, his use of colors and his relationships with institutions. Then there is a foreword-acknowledgment box. Another box contains a text by Ann Goldstein ("Almost Home") along with Pardo's biography. There is a bibliography box, an MCA-and-MOCA-Summer-1997 box with an homage to the art collectors Mr. and Mrs. Schürmann on its inside, a flowers-on-the-outside-and-friends'-and-acquaintances'-names-on-the-outside box, a butter-meachanta box and then the little one that can only be read if it is torn open (I didn't open it). By virtue of its decorative appeal and the heterogeneous character of the whole, which comprises factual information (biography/bibliography), a selection of different views and interpretations by persons involved directly or indirectly with the exhibition and the publication and other elements that remain inexplicable even for outsiders (butter-meachanta), the project avoids making any claim to totality as a *single* text or text form. Nor does the publication seek to suggest that the direct experience of the work can be anticipated in the attempt to approach it conceptually, as if text could help the viewer to *understand* the work better. Accordingly, one part of Pardo's interview begins in mid-sentence – something is missing. And this state of incompleteness is to be taken literally. The interview/text is an excerpt because it can never be anything but an excerpt, and this is true not only of this specific project. The decorative component

unterschiedliche Gegenstände dienen oder als Skulptur interpretiert werden. Jedoch, möchte ich hinzufügen, erschöpft sich die Arbeit nicht in diesen drei Aspekten und erfüllt auch keine dieser Funktionen wirklich befriedigend: Der Text wird zum Tapetenmuster und ist nur mit Mühe zu lesen, für die Lagerung von kleineren Gegenständen ist die Größe der meisten Schachteln unbrauchbar, und die Bezeichnung Skulptur verdeckt als Etikett einen weit komplexeren inhaltlichen Zusammenhang.

Die Publikation vermittelt - wie oben erwähnt - keinen Eindruck von den Ausstellungen in Chicago und Los Angeles, es gibt weder Werkabbildungen noch Fotos von den Ausstellungen, die Arbeiten Pardos sind allein über manche Texte indirekt präsent. Mit der Publikation des MCA und MOCA wird ein tradiertes Verhältnis von ausgestelltem Kunstwerk und Katalog zur Disposition gestellt: In einem drei Schachteln umfassenden Interview mit Amanda Cruz (Monilow Curator of Exhibitions, Chicago) spricht Jorge Pardo über sein *Haus*, sein *Boot*, seine *Möbel*, seine Verwendung von Farben, sein Verhältnis zu Institutionen, dann gibt es eine Vorwort-Danksagung-Schachtel, eine andere enthält einen Text von Ann Goldstein („Almost Home") plus Pardos Biografie, des weiteren finden sich eine Bibliografie-Schachtel, eine MCA-und-MOCA-Sommer-1997-Schachtel, die innen eine Hommage an das Sammlerehepaar Schürmann enthält, eine Außen-Blüten-und-Innen-Freundes- bzw. Bekanntennamen-Schachtel, eine Butter-Meachanta-Schachtel und eben jene, die nur gelesen werden kann, wenn man sie aufreißt (Ich habe sie nicht geöffnet). Durch die dekorative Aufladung des Projektes und die Heterogenität des Gesamtangebotes, das neben faktischer Information (Biografie / Bibliografie), verschiedene Sichtweisen und Interpretationen von an Ausstellung und Publikation direkt und indirekt Beteiligten und auch für Außenstehende unerklärliche Elemente (Butter-Meachanta) enthält, wird ein totalisierender Anspruch *eines* Textes bzw. einer Textform vermieden. Die Publikation sucht auch nicht zu suggerieren, dass über eine begriffliche Annäherung die Erfahrung mit der Arbeit vorweggenommen werden könnte, so als würde der Text helfen, das Kunstwerk besser zu *verstehen*. So fängt auch ein Teil von Pardos Interview mitten im

24

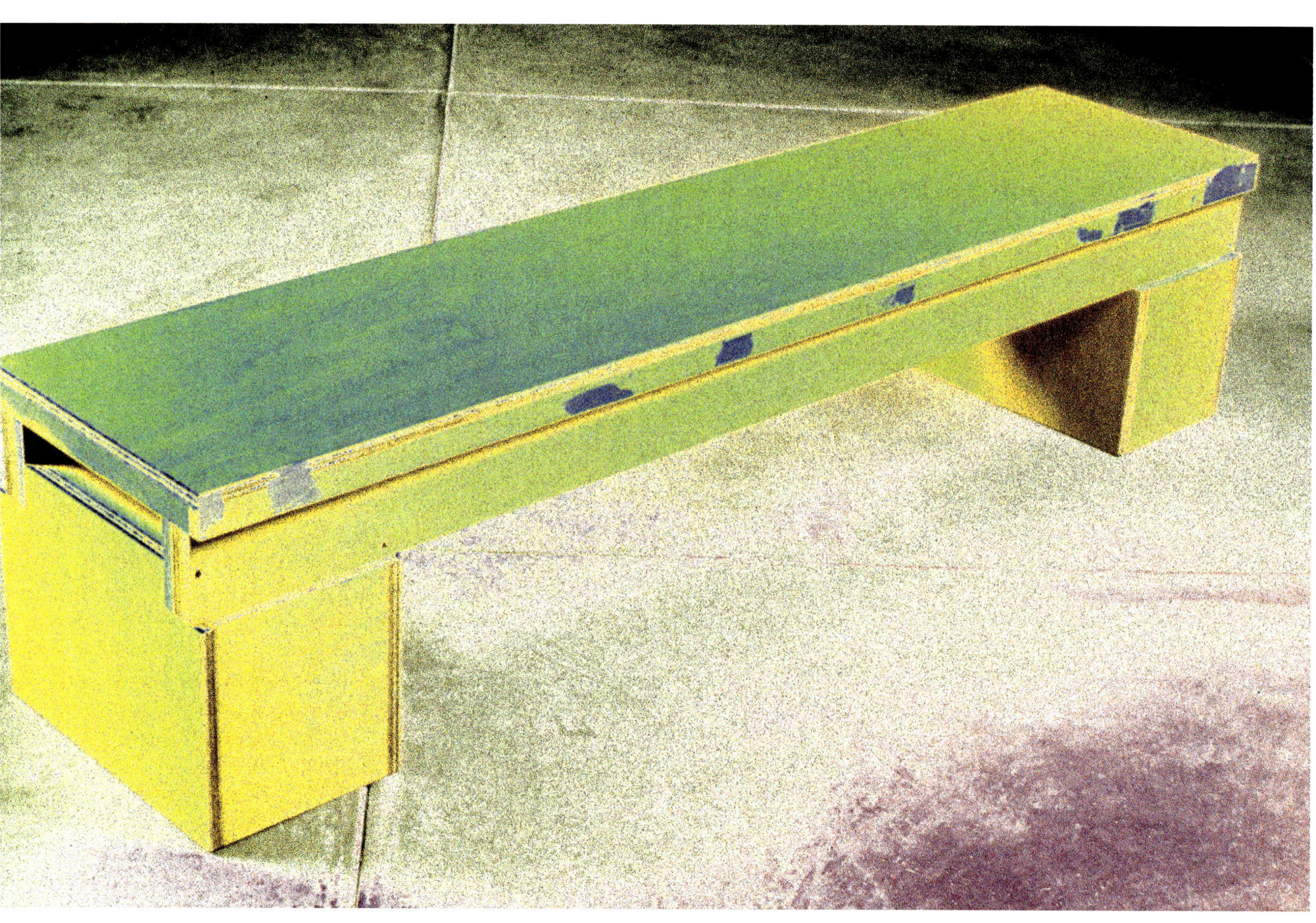

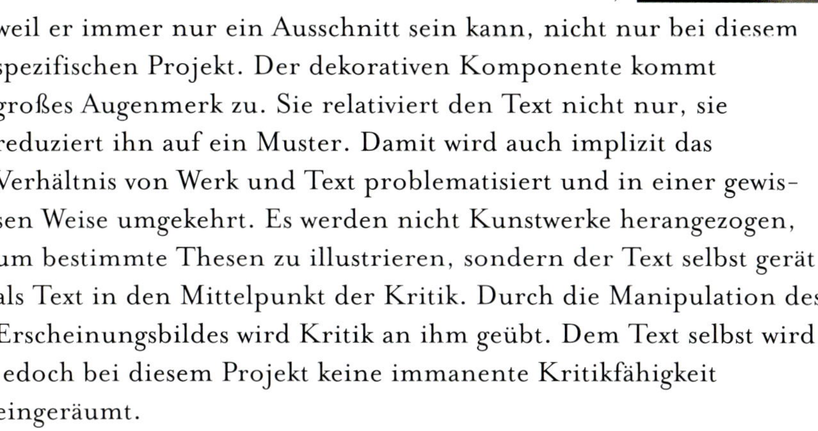

draws considerable attention. Not only does it relativize the text, it also reduces it to a formal pattern. In this way, the relationship between the work of art and the text is implicitly questioned and, in a certain sense, reversed. Works of art are not cited as illustrations of certain hypotheses; instead, the text itself becomes the focus of criticism as text. Its manifest appearance is manipulated in order to subject it to criticism. In this project, however, the text itself is not regarded as immanently suitable as a focus of criticism.

In a discussion with Jörn Schafaff and me about the possible approaches to this book Pardo emphasized his interest in doing *something* with language with his objects in both a physiological and a phenomenological sense, something that would shake the foundations of supposed linguistic certainties, fixed formulations and attributes. *That is why* the question "What does this object do?" [1] comes up again and again, and *that is why* Pardo repeatedly speaks of the discursive object, although every object is intrinsically capable of assuming discursive functions. Pardo does not distinguish between produced, modified or found objects, nor is he interested in the difference between producers and non-producers. He is concerned only with the questions posed by objects placed in different contexts. Pardo's sculptures exist in a perpetual state of transition involving the assumption and production of meaning. Pardo's interest in shifts of meaning – conceiving things in constantly changing ways – finds expression in his practice of presenting the same object in a variety of different contexts. Thus, for example, a *lamp* used as a table lamp in a gallery office is viewed differently and charged with different meaning than it would have if it were shown as an isolated object in an exhibition setting. In the first case, it assumes a purely functional character (*lamp*), whereas in the latter case it is perceived primarily as an aesthetic object (*sculpture*). To cite another example, photo snapshots (of his father) enlarged and framed by Pardo are interpreted quite differently at a major art fair than they would be in an exhibition situation. While particular emphasis is placed at art fairs on the *name*/the *trademark*/the *author* – a requirement Pardo deliberately subverts with his amateurish-looking photos – the first order of business at the exhibition institute is to investigate photographic criteria. Are the *photos* in sharp or soft focus? What

Satz an - etwas fehlt. Dieses Fehlen ist wörtlich zu nehmen: Das Interview/der Text ist ein Ausschnitt, weil er immer nur ein Ausschnitt sein kann, nicht nur bei diesem spezifischen Projekt. Der dekorativen Komponente kommt großes Augenmerk zu. Sie relativiert den Text nicht nur, sie reduziert ihn auf ein Muster. Damit wird auch implizit das Verhältnis von Werk und Text problematisiert und in einer gewissen Weise umgekehrt. Es werden nicht Kunstwerke herangezogen, um bestimmte Thesen zu illustrieren, sondern der Text selbst gerät als Text in den Mittelpunkt der Kritik. Durch die Manipulation des Erscheinungsbildes wird Kritik an ihm geübt. Dem Text selbst wird jedoch bei diesem Projekt keine immanente Kritikfähigkeit eingeräumt.

In einem Gespräch mit Jörn Schafaff und mir über die Möglichkeiten dieses Buches unterstrich Pardo sein Interesse mit seinen Objekten physiologisch und phänomenologisch *etwas* mit Sprache anzustellen, so dass vermeintliche Sicherheiten der Sprache, fixierte Formulierungen und Zuschreibungen ins Wanken geraten. *Deshalb* taucht immer wieder die Frage "What does this object do?" [1] auf, *deshalb* spricht Pardo auch gerne vom diskursiven Objekt, wobei jedes Objekt prinzipiell geeignet sein kann, diskursive Aufgaben zu übernehmen. Pardo unterscheidet dabei nicht zwischen produzierten, veränderten oder gefundenen Objekten, auch interessiert ihn die Differenz zwischen Produzenten und Nicht-Produzenten nicht, sondern allein die Fragen, die die in unterschiedlichen Zusammenhängen positionierte Objekte aufwerfen. Pardos Arbeiten befinden sich in einem permanenten Durchgangsstadium von Bedeutungsaufnahme und -produktion. Das Interesse Pardos an Verschiebungen - Dinge immer wieder anders zu denken - findet seinen Niederschlag auch darin, ein und dieselben Objekte in unterschiedlichen Kontexten zu präsentieren. So wird etwa eine *Lampe*, im Büro einer Galerie als Tischlampe eingesetzt, anders betrachtet und inhaltlich aufgeladen, als wenn sie als Einzelstück in einem Ausstellungsraum gezeigt wird. Im ersten Fall geht sie in einemFunktionszusammenhang auf (*Lampe*), während sie im zweiten primär als ästhetisches Objekt (*Skulptur*) wahrgenommen wird. Oder: Fotoschnappschüsse (seines Vaters), von Pardo vergrößert und gerahmt, werden auf einer großen Kunstmesse anders gelesen als in einer Ausstellungsinstitution. Während vor allem auf Kunstmessen Wert auf den *Namen/das Markenzeichen/den Autor* gelegt wird, eine Forderung, die Pardo mit laienhaft anmutenden Fotos unterläuft, liegt in der Kunstinstitution das erste Augenmerk auf einer Untersuchung fotografischer Kriterien: Sind die *Fotos* scharf, sind sie unscharf? Was mag das Besondere sein? Was zeichnet ein gutes Foto aus? Woher stammen die angewendeten Kriterien?

Pardos Objekte ermöglichen eine Mehrfachbenennung: Ich kann schreiben, dass Pardos Haus zugleich *Architektur, Skulptur* und *Ausstellung* ist, genauso wie ich schreiben kann, dass die MCA- und MOCA-Publikation ein *Katalog, Aufbewahrungsmöglichkeit* und *Skulptur* ist, ich kann auch behaupten, dass seine *Möbel* zwischen Gebrauchswert und Skulptur angesiedelt sind, aber was *bedeutet* diese Feststellung, diese Kategorisierung, zumal ein Begriff stets einen anderen *verdeckt* und auch - wie bereits anlässlich des *Kataloges* erwähnt - keine über den Begriff abgeleitete Funktion tatsächlich zur Gänze erfüllt wird. So gesehen ist weder das Haus ein Haus, noch das Boot ein Boot, ein Bild ein Bild, ein Möbel ein Möbel, eine Ausstellung eine Ausstellung oder ein Katalog ein Katalog usw. höchstens auch ein Haus, auch ein Boot, auch ein Bild, auch ein Möbel, auch eine Ausstellung, auch ein Katalog. Die Objekte sind innerhalb eines Beziehungsgeflechts angesiedelt, das aufgrund seiner Komplexität über Begriffszuordnungen nicht wirklich *beschreibbar* und damit fassbar ist.

Je nach Perspektive ergeben sich in Bezug auf Pardos Objekte verschiedene Leseweisen, die wesentlich vom Standpunkt des Sprechers/der Sprecherin bestimmt sind, und auch primär Auskunft über diesen geben. Genauso wie jeder Text über Pardo ebenfalls von ganz bestimmten Erkenntnisinteressen geleitet ist und je nach Autor/Autorin andere Fragen zutage fördert. Mich interessiert an der Arbeit Pardos etwa - und das hat mit meiner Tätigkeit als Kuratorin und Leiterin einer Kunstinstitution zu tun - die Befragung institutionell vorgenommener Grenzziehungen und Selbstverständlichkeiten, die sich aufgrund kulturell verankerter

is special about them? What are the characteristics of a good photograph? Where did the criteria applied come from?

Pardo's objects can be named in a number of different ways: I could write that Pardo's House is *architecture, sculpture* and *exhibition*, just as I can write that the joint MCA-MOCA publication is a *catalogue*, a *storage container* and a *sculpture*. I can contend that his *Furniture* occupies a position somewhere between utilitarian object and sculpture, but what would such a statement, such a categorization, *mean* in view of the realization that one term always *conceals* another and that – as already mentioned with reference to the *Catalogue* – none of the functions associated with one of these designations is completely fulfilled. Viewed in this way, the house is not a house, the boat is not a boat, the picture is not a picture, a piece of furniture is not a piece of furniture, an exhibition is not an exhibition, nor a catalogue a catalogue. These objects exist within a network of interrelationships that, because of its complexity, cannot really be *described* or understood on the basis of conceptual categorizations.

Depending upon the specific perspective, Pardo's objects can be read in different ways, each of which is determined essentially by the viewpoint of the speaker and each of which provides more information about that point of view than about anything else. In the same way, every text about Pardo is guided by very specific exploratory interests and responds to the different questions posed by a specific author. My interest in Pardo's work, for example – and this has a great deal to do with my role as curator and director of an art institute – revolves around an investigation of institutionally determined boundaries and matters that are taken for granted on the basis of models and mechanisms firmly anchored in the culture, but which actually appear in a "naturalized" form, as if institutional functions had an inherent "nature" that permits one thing and prohibits another. What is an exhibition? What can a museum, a gallery or an art association do? How do institutions deal with Pardo's proposals, and how do I deal with them? In response to an invitation from the Museum of Contemporary Art to participate in an exhibition in 1993, Pardo proposed building a house. The wish to have a house accepted as a contribution to an exhibition represented a major challenge to museum practice and generated a series of discussions that are still in progress today. Even though museums (the MOCA among them) have been known to acquire or reconstruct buildings of significant historical and cultural value 2, it is highly unusual for an institution to fund a house-construction project by a young living artist who is neither trained as an architect nor has ever built structures of cultural/historical value. The decision to erect a house as an exhibition is also a departure from traditional exhibition models devoted for the most part to the display of objects of art in rooms designed specifically for that purpose. Not only did Pardo's *House/Sculpture/Exhibition* push the institution to the limits of its organizational, financial and substantive capacities, which had to be continually reassessed by everyone involved 3, they also shed light upon the ideological background of institutional work. Yet Pardo never assumed the role of the enlightened reformer who reveals the workings of certain mechanisms from his vantage point as an outsider; indeed, he was subject to the same constraints as the museum authorities themselves. Thus his activity differs distinctly from the "institutional critique" pursued by Michael Asher, another California artist, since the 1960s. Despite the differences evident in his works, Asher takes a position as a critical artist and outsider who observes certain functional approaches taken by art institutions which are indeed worthy of criticism. The problems he brings to the surface are easy to name and thus to articulate in language. The roles of artists and institutional authorities, of critics and the subjects of criticism, are distributed in a clear and unmistakable manner. Pardo took a different track, however, pursuing a time-consuming investigation of what the respective institutional officials accepted and what they rejected. The economic, legal and institutional problems emerged only gradually in the course of his work and were not established as the focus of an analytic study by the artist before the project was undertaken. The roles and functions of the individuals involved, their wishes, desires and expectations, were subject to a continuous process of transformation, a process that was reflected during the opening phase in a collision between public and private interests. At no time was the project to be understood as a presentation of a question/problem or a specific complex of questions/problems to which answers/solutions could be

Muster und Mechanismen ergeben, aber de facto „naturalisiert" in Erscheinung treten, so als würde es eine "Natur" des institutionellen Funktionierens geben, die etwas zulässt und etwas anderes nicht. Was ist eine Ausstellung? Was kann ein Museum/eine Galerie/ein Kunstverein leisten? Wie gehen Institutionen mit Pardos Vorschlägen um, wie gehe ich damit um? Als Pardo 1993 vom Museum of Contemporary Art zu einer Ausstellung eingeladen wurde, schlug er vor, ein Haus zu bauen. Allein der Wunsch, ein Haus als einen Ausstellungsbeitrag zu betrachten, stellte die museale Praxis auf die Probe und aktivierte bis zum heutigen Tag eine Reihe von Diskussionen. Auch wenn Museen mitunter kulturhistorisch wertvolle Bauten erwerben oder rekonstruieren (wie es auch das MOCA tut)2, ist es unüblich, ein Haus von einem lebenden, jüngeren Künstler zu finanzieren, der weder eine Architekturausbildung noch das Vorhandensein eigener, kulturhistorisch wertvoller Bauten nachweisen kann. Die Entscheidung, ein Haus als Ausstellung zu setzen, bricht auch mit traditionellen Ausstellungsmustern, die primär eine Zurschaustellung von künstlerischen Objekten in eigens dafür vorgesehenen Räumen zum Ziel haben. Pardos *Haus/Skulptur/Ausstellung* trieb die Institution nicht nur an die Grenzen ihrer organisatorischen, finanziellen und inhaltlichen Leistungsfähigkeit, die von allen Beteiligten permanent ausgelotet werden musste 3, sie förderte auch den ideologischen Hintergrund institutionellen Arbeitens zutage. Pardo nahm dabei jedoch zu keinem Zeitpunkt die Position eines Aufklärers ein, der von außen auf bestimmte Mechanismen hinweist, er unterlag denselben Zwängen wie die Museumsverantwortlichen auch. Damit unterscheidet sich seine Praxis von einer 'Institutional Critique', wie sie etwa von einem anderen kalifornischen Künstler, Michael Asher, seit den 60er-Jahren betrieben wurde und wird. Trotz der Unterschiede in seinen Arbeiten nimmt Asher als kritisch agierender Künstler die Position eines Außenstehenden ein, der bestimmte Beobachtungen zur Funktionsweise von Kunstinstitutionen macht, die in der Tat kritisierbar sind. Die von ihm aufgeworfenen Probleme sind deutlich benennbar und damit auch begrifflich artikulierbar. Die Rollenverteilung zwischen Künstler und Institutionsverantwortlichen, zwischen Kritiker und Kritisierten ist klar verteilt. Pardo lotete hingegen in einem langwierigen Prozess aus, wozu die jeweiligen Verantwortlichen ja, wozu sie nein sagten. Die ökonomischen, rechtlichen und institutionellen Probleme tauchten erst im Laufe der Auseinandersetzung auf und waren nicht bereits vor der Projektdurchführung Fokus einer künstlerisch-analytischen Auseinandersetzung. Die Rolle und Funktion der einzelnen Beteiligten, ihre Ansprüche und Erwartungshaltungen waren einer kontinuierlichen Transformation unterworfen, was sich auch während der Eröffnungsphase in einer Kollision von öffentlichen und privaten Interessen niederschlug. Das Projekt war zu keinem Zeitpunkt als Zurschaustellung einer Frage/eines Problems oder eines spezifischen Bündels von Fragen/Problemen erfassbar, das nach und nach einer Antwort/Lösung zugeführt werden konnte. Im Oktober und November war das *Haus*/die *Architektur* als *Skulptur*/*Ausstellung* öffentlich zugänglich. Das MOCA konzentrierte sich auf die Ausstellung der *Skulptur*/des *Hauses*: Öffnungszeiten am Wochenende von 12 bis 17 Uhr, ein Shuttle-Service, eine entsprechende Beschilderung, ein übersichtliches Wegesystem, Aufsichtspersonal boten zentrale Eckdaten einer Ausstellung, inklusive einer ausgewiesenen Leihgabe des Boymans-Van-Beuningen-Museums. Dabei handelte es sich um jene Lampeninstallation von Pardo, die er ein Jahr zuvor anlässlich einer Ausstellung für das niederländische Museum entwickelt hatte und die von diesem dann angekauft wurde. Zwischen den offiziellen Öffnungszeiten bereitete Pardo seinen persönlichen Einzug vor: Möbel wurden angeliefert, Besuche empfangen etc. Auch hier manifestierte sich - durch die Parallelführung zweier Abläufe - ein latenter Konflikt zwischen den Erwartungshaltungen des Museums und den Erfordernissen einer Ausstellung und jenen Pardos, eine Reibung zwischen öffentlichen Regelungen und privaten Bedürfnissen. Auch kontrastierten die vom Museum vorschriftsmäßig angelegten Wege in ihrer Fixierung mit der sehr offenen Eingangssituation des Hauses, also der künstlerischen Setzung Pardos.

Ich habe eine Reihe von Aspekten angesprochen, die im Rahmen des Hauses auftauchen (ähnlich könnte man mit jedem anderen Objekt Pardos verfahren) und primär mit meiner eigenen Tätigkeit und den daraus resultierenden Interessen zu tun haben,

applied one by one. The *House/Architecture* was made accessible to the public as *sculpture/exhibition* during the months of October and November. The MOCA concentrated primarily on the exhibition of the *sculpture/house*: exhibition hours from 12 noon to 5 p.m., a shuttle service, the posting of appropriate signs, a clearly marked system of access routes and the placement of security and supervisory personnel represented the characteristic data of an exhibition, which included a work on loan from the Boymans van Beuningen Museum along with an appropriate reference to the lender: Pardo's lamp installation, developed a year earlier for an exhibition at the Dutch museum and later purchased by the museum. Pardo prepared for his personal move into the house in the interim periods between the public viewing hours. Furniture was delivered, visitors were received, etc. Here as well it became clear – through the parallel progress of two sequences of events – that there was a latent conflict between Pardo's requirements and expectations and the requirements of an exhibition and the expectations of the museum officials – friction between public arrangements and personal needs. The access routes fixed in compliance with regulations by the museum also clashed with the entrance configuration of the house and thus with Pardo's own artistic concept.

I have mentioned a number of aspects that emerge in the context of the house (one could take the same approach with any of Pardo's other objects) and in connection with my own work and the interests that derive from it. There are only a *few*, however, that can and must be explained in further detail at any given time. First, it should be clear that I would pose entirely different questions if I were an architect, for example. Beyond that, it should be clear that Pardo's occupation of the house does not represent the conclusion of the project. How does the house change as he lives in it? How will he deal with future visitors who wish to view it? The multiple perspectives of the building reflects all possible approaches and interpretations. Viewed in this way, his house is neither a house, nor an exhibition, nor a sculpture. It is instead a discursive object that has no absolute value, although it acts as a catalyst to provoke an endless series of new responses and questions which could have been anticipated only to a limited extent when the project began

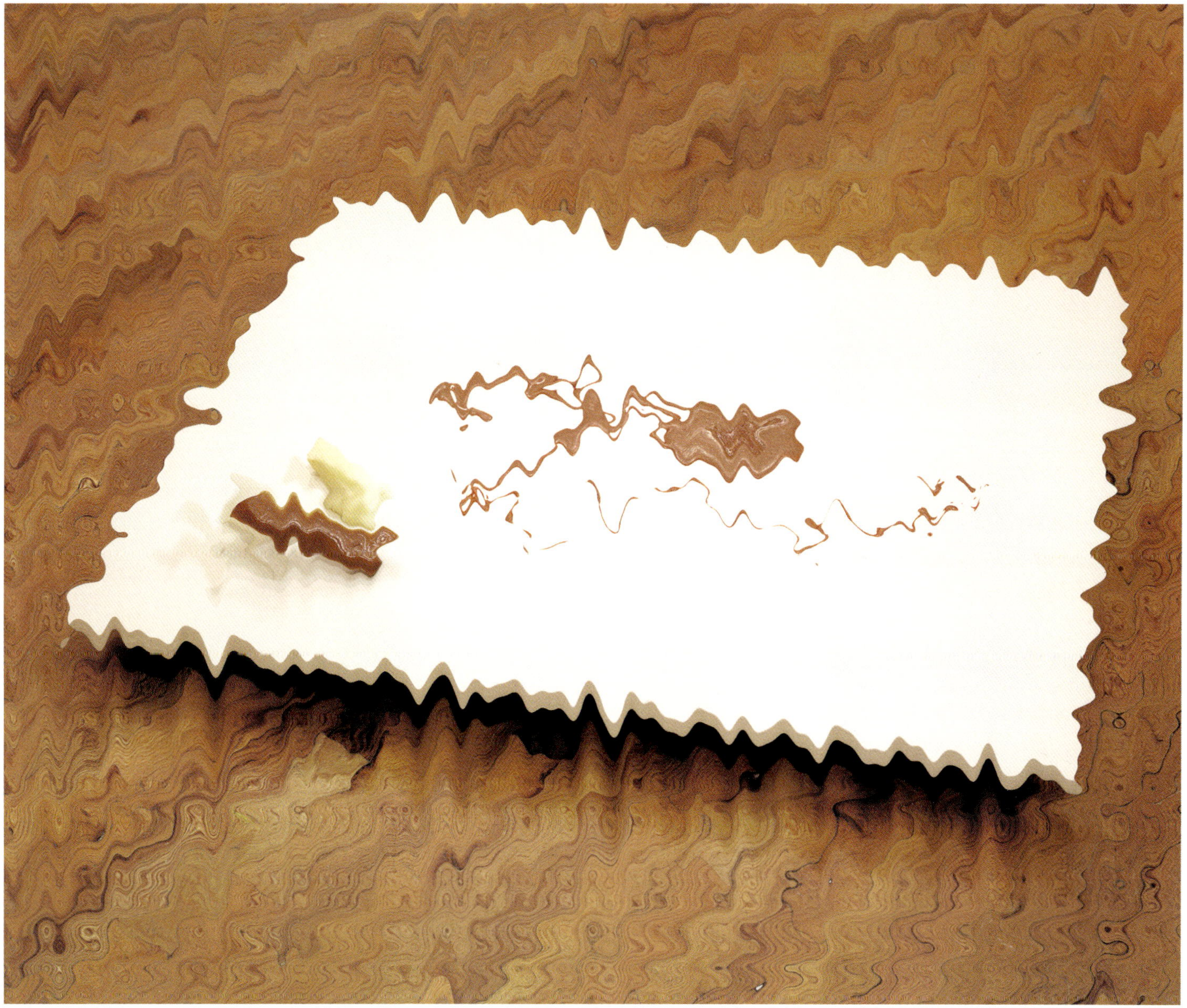

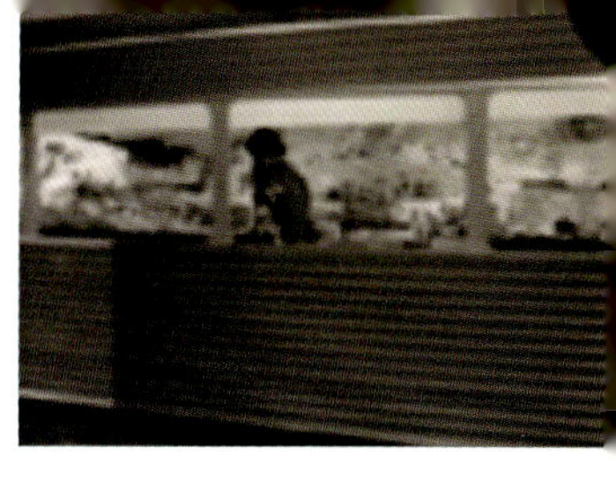

jedoch sind es nur *einige*, die zu jedem Zeitpunkt ergänzt werden können und auch müssen, denn zum einen würde ich, wäre ich etwa Architektin, ganz andere Fragestellungen zutage fördern, und zum anderen ist mit dem Einzug Pardos das Projekt noch lange nicht abgeschlossen. Wie verändert sich das Haus, wenn er darin lebt, wie geht er mit zukünftigen BesucherInnen um, die eine Besichtigung wünschen usw. Die Multiperspektive des Baukörpers spiegelt dabei jene der möglichen Annäherungen und Auslegungen wider. So gesehen ist sein Haus weder ein Haus, noch eine Ausstellung, noch eine Skulptur, sondern ein diskursives Objekt, das keinen absoluten Stellenwert besitzt, aber als Katalysator immer neue Reaktionen provoziert und Fragen auslöst, die am Beginn des Projekts nur bedingt absehbar waren (Wie könnten dann Texte einen absoluten Stellenwert beanspruchen?) und sich im Laufe der Zeit immer weiter von der Person Pardos entfernen können. Der Ausgangspunkt einer Setzung entspringt jedoch nicht nur einem spezifischen, nicht immer einsehbaren, sehr persönlich motivierten Interesse (dass Pardo im MCA, Chicago, ein *Boot* ausstellte, hat *auch* mit seiner Vorliebe für Segelboote zu tun bzw. mit der Tatsache, dass er selbst segelt)4. Pardo bezieht auch Ereignisse, Beziehungen oder persönliche Begebenheiten mit ein, deren Kenntnis sich nur auf einen kleinen Kreis von Bekannten beschränkt. Mitunter sind bestimmte Informationen als Gerüchte im Umlauf: So erzählte mir jemand, es könnte Tim Neuger gewesen sein, dass eine von Pardo mit „Albino-Painting" betitelte Arbeit sich auf den Schreiner José (?) Albino beziehe, der die Polsterung eben dieses Sitzmöbels übernommen hatte. Es interessiert Pardo, ein *Haus*/eine *Ausstellung*/eine *Skulptur* zu *seinem* Wohnhaus zu machen, Bemerkungen oder Materialien *seiner* Freunde oder Auftraggeber in Projekte zu integrieren, *seinen* Vater einzuladen, Fotos zu machen usw. So tauchte etwa der schriftliche Auftrag seiner Galeristen für eine Annonce in einer Kunstzeitschrift in einer von Pardo gestalteten Anzeige auf: („Jorgetheadshouldcontainshowsatthegallery..., Texte zur Kunst, Nr. 16,1994) Mini-Erzählungen wie: „My small kitchen, 600 sq.feet, 600 $ a month, my friend Harry Relis, Silverlake, I wish I would have made it this way the first time, what a beautiful fucking view" als Titel einer Arbeit eingesetzt, bringen - wie oben beim „Albino-Painting" erwähnt - Persönliches ins Spiel („Backstage",

(How could texts lay claim to an absolute value at all?) and which may well have increasingly little to do with Pardo as a person as time goes by. The starting point for a particular work of art does not originate exclusively in a specific, not always comprehensible, personally motivated interest (that Pardo exhibited a *boat* at the MCA in Chicago has to do *as well* with his love of sailboats and the fact that he sails, himself)4. Pardo also incorporates events, relationships and personal elements into his work, things which only a small circle of friends know about. Certain items of information begin to circulate as rumors. I was told by someone, for example – it might have been Tim Neuger – that a work given the title "Albino Painting" by Pardo refers to the carpenter José (?) Albino, who did the upholstery work for this particular piece of furniture. Pardo is interested in making a *house*/an *exhibition*/a *sculpture* his own home, in integrating remarks or materials from *his* friends or clients into his projects, in inviting *his* father, in taking photographs, etc. Thus we find, for example, his gallerists' written order for an ad in an art journal in a classified ad designed by Pardo: ("Jorgetheadshouldcontainshowsatthegallery...", Texte zur Kunst, No. 16,1994) Mini-stories like "My small kitchen, 600 sq. feet, 600 $ a month, my friend Harry Relis, Silverlake, I wish I would have made it this way the first time, what a beautiful fucking view" used as the title of a work introduce – as in the case of the "Albino Painting" mentioned above – personal components into the mix ("Backstage", Kunstverein in Hamburg, 1993), although most viewers have no idea who the mentioned persons are. Random elements may also be incorporated into the context of a work. Thus Pardo left the price tags that had been stuck inadvertently to the plastic foil of his *Painting* (and could no longer be removed) on the painting ground (pantone ink on vellum, Kunstverein Ludwigsburg, 1998). On the one hand, Pardo articulates a subjective position that encompasses personal relationships; on the other, he constantly qualifies his position as author through a variety of measures and reflects upon the contingency of the subject concept by exposing his own subject position to public confrontation (as was the case in the House), by incorporating coincidental elements or by cooperating with other artists and non-artists ("Ten people, ten books", Galerie Friedrich Petzel, New York, 1994; *Catalogue* by MCA and MOCA with Pae White, 1998).

In these cooperative projects, Pardo's position stands in contrast to the attitudes of the others involved in the project, although it should be noted that it is impossible to know *in advance* in what particular way people with differing ideas and interests will actually approach each undertaking, what the outcome will be or whether there will even be an outcome at all. Yet Pardo not only takes the contingency of his own subject concept into account, he also places his objects, pictures, photos, books, etc., in such a way that "subjects can run through them" 5 – depending upon the questions and concerns with which the works are approached. But in writing *about* Pardo I am also writing *about* myself, my interests and my (subjective) approach, which may accord on some points with the thoughts of others and *perhaps* even with some of Pardo's own ideas.

We realize in our attempt to approach Pardo's art more closely that no descriptive term is sufficient *by itself*, as every term overlaps another at any given point in time. Thus *every* descriptive term must appear inadequate, as it does not go far enough. That may also explain Pardo's (understandable) dissatisfaction with texts *about* his works. Does a text help me to understand *more* about his work, or to understand *something* about it? Does the author's approach, which is capable only of presenting *one* (or several) perspective(s), help me to understand *something*, or do the works help me to understand *something* about the limitations of definition in language? Pardo's objects are positioned in such a way that they generate a succession of questions, and thus create more and more ambiguities that no longer permit a *single* answer. Pardo's objects are positioned in such a way that I am always confronted in any event with the inadequacy of the (my own) approach through language.
The second part of my title reads: "About distortion, resistance, dislike and subjectivity" and is taken from an interview with the artist conducted by Jörn Schafaff and me.
According to Pardo, the question we must ask ourselves when confronted with a relationship between text and work of art is " Why isn't this relationship enough for this work [of art]? What does it lack? Is it about distortion, is it about resistance to that kind of legitimacy that happens when you apply these texts. Is it about a

Kunstverein in Hamburg, 1993), ohne dass die meisten RezipientInnen die erwähnten Personen kennen. Aber auch zufällige Begebenheiten, wie etwa Missgeschicke, können in den Werkzusammenhang integriert werden. So beließ Pardo Preiszettel, die versehentlich auf Folien seiner *Malerei* geklebt wurden und nicht mehr entfernt werden konnten, auf dem Untergrund (Pantone Ink auf Velium, Kunstverein Ludwigsburg, 1998). Einerseits artikuliert Pardo eine subjektive Position, die private Beziehungen mit einschließt, andererseits relativiert er durch eine Reihe von Maßnahmen beständig seine Autoren-Position und denkt die Kontingenz des Subjekt-Begriffs mit, indem er seine Subjekt-Position einer öffentlichen Konfrontation aussetzt (wie es etwa beim Haus der Fall war), indem er Zufälle integriert, oder indem er mit anderen - KünstlerInnen und Nicht-KünstlerInnen - kooperiert. („Ten people, ten books", Galerie Friedrich Petzel, New York, 1994, *Katalog* von MCA und MOCA mit Pae White, 1998). Bei den Gemeinschaftsprojekten kontrastiert Pardos Haltung mit den Einstellungen der an den Projekten Beteiligten, wobei *vorher* nicht absehbar ist, in welcher Form Leute mit unterschiedlichen Interessen und Vorstellungen tatsächlich an das jeweilige Vorhaben herangehen, zu welchen Ergebnissen man kommt bzw. ob es überhaupt ein Ergebnis gibt. Jedoch denkt Pardo nicht nur die Kontingenz des eigenen Subjekt-Begriffs mit, er platziert seine Objekte, Bilder, Fotos, Bücher usw. so, dass „Subjekte durch sie hindurchlaufen"5 können - je nach Fragen, Anliegen, die an die Arbeiten herangetragen werden. Wenn ich nun *über* Pardo schreibe, dann schreibe ich auch *über* mich, meine Interessen und meine (subjektive) Annäherung, die sich an manchen Punkten mit Überlegungen von anderen trifft, *unter Umständen* auch mit einigen Gedanken Pardos.

Versucht man sich an die Arbeit Pardos anzunähern, so wird deutlich, dass eine begriffliche Zuordnung *allein* nicht zutreffend sein kann, jeder Begriff lappt zu jedem möglichen Zeitpunkt in einen anderen hinein. *Jede* begriffliche Zuordnung muss daher unpassend erscheinen, greift sie nicht genügend weit. Daher kommt möglicherweise auch das (nachvollziehbare) Unbehagen Pardos an Texten *über* seine Arbeiten. Verstehe ich durch einen Text *mehr* von seiner Arbeit, oder verstehe ich *etwas*? Verstehe ich *etwas* über die Perspektive des Autors/der Autorin, die eben nur *eine* (oder einige) Perspektive(n) darstellen kann, oder verstehe ich durch die Arbeiten *etwas* über die Definitionsgrenzen von Sprache. Pardos Objekte sind so gesetzt, dass sie nach und nach mehr und mehr Fragen und damit auch Unklarheiten in die Welt bringen, die *eine* Antwort nicht mehr erlauben. In jedem Fall bin ich immer auch mit (m)einem Ungenügen der sprachlichen Annäherung konfrontiert.

Der zweite Teil meines Titels lautet: "Über Verzerrung, Widerstand, Unbehagen und Subjektivität". Er ist einem Interview mit Pardo entnommen, das Jörn Schafaff und ich mit dem Künstler geführt haben. Pardo fordert, dass man angesichts eines Text-Werk-Verhältnisses fragen muss, „warum diese Beziehung nicht ausreichend ist für diese (eine künstlerische) Arbeit, woran es fehlt, ob es mit Verzerrung, mit Widerstand an einer behaupteten Legitimität zu tun hat, die beschworen wird, wenn man bestimmte Texte anwendet, oder mit Unbehagen oder Subjektivität?"6 Ich kann ihm dabei einer Einschränkung recht geben: Ein Text kann niemals eine ausreichende 'Beziehung' zu einem Werk herstellen, aber vielleicht will er das auch gar nicht. Vielleicht ist es *besser*, bewusst Lücken zu lassen, die ihrerseits wieder Vorstellungsbilder aktivieren können, die „eine neue Substanz bilden, Gedanke werden, zu denken anfangen"7 und existierende Vorstellungen korrigieren. So gesehen könnte Pardos Satz: „What does this object do?" in „What does this text do?" abgewandelt werden. Pardo selbst spricht von einer Qualität seiner Arbeit, dass Leute, immer ein bisschen ratlos zurückbleiben, sich „am Kopf kratzen". Pardo denkt vom Objekt her, er geht der Frage nach, was ein Objekt mit der Sprache anstellen kann, es muss jedoch auch gefragt werden, was die Sprache mit einem Objekt anstellt - im positiven und im negativen Sinn. Pardos Arbeiten fordern in der Tat die Sprache heraus, sie brauchen jedoch auch die sprachliche Auseinandersetzung, weil sich Subjekte wesentlich in und über Sprache artikulieren. Man könnte aber auch sagen: Pardos Arbeiten aktivieren Sprache, die sich ihres Ungenügens, ihrer Grenzen permanent bewusst wird.

1 Pardo, J.: Porcari, G., "Interview with Jorge Pardo", Person´s Weekend Museum, Tokyo 1993, o.S.

dislike? Is it subjective?"6 I think he is quite right, with one qualification: A text can never create an adequate "relationship" to a work of art, but perhaps it does not even seek to do so. Perhaps it is better to leave gaps deliberately, gaps which in turn can activate images in the imagination that are capable of "forming new substance, becoming ideas, beginning to think on their own"7 and correcting existing conceptions. Thus it is possible to transpose Pardo's "What does this object do?" into the question "What does this text do?". Pardo himself speaks of a quality in his work that makes people feel a little helpless and causes them to "scratch their heads". Pardo thinks from the standpoint of the object, pursuing the question of what an object can do with language. But it is also important to ask what language does with an object – in both a positive and a negative sense. Pardo's works actually do pose a challenge to language, yet they need to be examined through language because subjects articulate themselves for the most part in and through language. Yet one could also say that Pardo's works activate a self-conscious kind of language that is always aware of its own limitations and inadequacy.

1 Pardo J., in G. Porcari, "Interview with Jorge Pardo", *Person's Weekend Museum*, Tokyo, 1993, n.p.

2 *Blueprints for Modern Living*, MOCA, 1989.
Two of the famous Case Study Houses were reconstructed inside the museum. (The Case Study Project, 1945-1962)

3 Pardo: "I wanted to see where the boundaries of the place were, where exhibitions could begin, what the trustees would say yes to, and what they would say no to.", J. Pardo, Steiner, op. cit. The Board of Trustees ultimately contributed a relatively small portion of the total construction costs.

4 Interview with Jorge Pardo, by Amada Cruz, Sept. 1996, in MCA, MOCA exhib. catalogue, 1998.

5 Pardo: "I use the house and the boat like a camera; I run subjects through them.", ibid.

6 See the preface to this book, p.31).

7 I refer here to a remark made by Gilles Deleuze with respect to mental image production.G. Deleuze, "Das Bewegungs-Bild", *Kino 1*, Frankfurt a.M., 1989, p. 288.

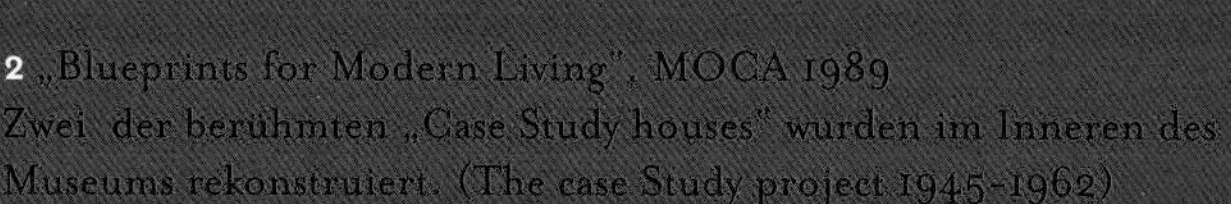

2 „Blueprints for Modern Living", MOCA 1989
Zwei der berühmten „Case Study houses" wurden im Inneren des Museums rekonstruiert. (The case Study project 1945-1962)

3 Pardo: „Ich wollte sehen, was die Grenzen des Ortes waren, wo Ausstellungen beginnen können, wozu die Verantwortlichen ja sagten, wozu nein.", Pardo, J.: Steiner, a.a.O. Letztendlich beteiligte sich der Board of Trustees zu einem verhältnismäßig geringen Teil an der Gesamtbausumme.

4 Interview mit Jorge Pardo, von Amada Cruz, Sept. 1996, in: MCA, MOCA Ausst.kat., 1998

5 Pardo: „I use the house and the boat like a camera; I run subjects through them.", ebenda

6 Pardo: „Why isn't this relationsship enough for this work? What does it lack? Is it about distortion, is it about resistance to that kind of legitimacy that happens when you apply these texts. Is it about a dislike? Is it subjective?", siehe: Vorwort, in diesem Buch, S.32

7 Hier beziehe ich mich auf eine Aussage von Gilles Deleuze, die er in Bezug auf mentale Bildproduktion gemacht hatte. Deleuze, G.: „Das Bewegungs-Bild", Kino 1, Frankfurt a.M., 1989, S.288

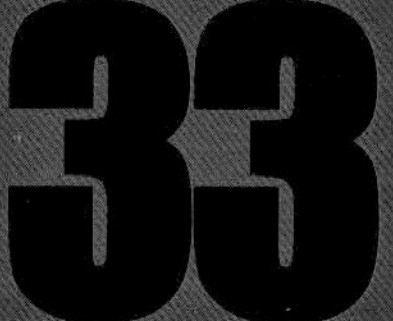

Stephan Schmidt-Wulffen

That's life - Eine Skizze

„I Wish I Would Have Made It This Way The First Time" heißt es im Titel einer frühen Arbeit von Jorge Pardo, einem überarbeiteten Küchenschrank, den eine Ausstellung als Skulptur präsentierte.[1] Ein Stoßseufzer, der jedem vertraut ist. Hinterher weiß man immer alles besser.

Das Ungenügen einer Tat einzusehen bedeutet, deren Kontextabhängigkeit nachzuvollziehen. Wer als designinteressierter Student, der noch dazu über gewisse handwerkliche Fähigkeiten verfügt, in ein Apartment einzieht, der wird wohl gern seine eigene Küche entwerfen und bauen. Natürlich verfügt man in diesem Moment noch nicht über eine leibliche Erfahrung von den Handlungsabläufen im Küchenraum und der gesamten Wohnung. Erst allmählich stellt sich das Versagen der Imagination angesichts alltäglicher Anforderungen heraus. Der Irrtum, auf den Jorge Pardo, anspielt, scheint also ein ontologisches Fundament zu haben: Er manifestiert die Spannung zwischen Vorstellung und Praxis.

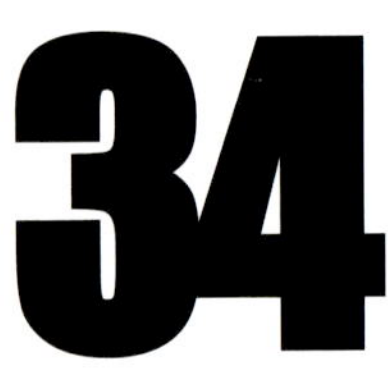

Wenn sich dann die Fehlfunktion im Laufe der Monate allmählich herausstellt, wenn immer dieselben blauen Flecken an denselben Körperteilen unmissverständlich verdeutlichen, dass es sich hier um kein zufälliges Missgeschick handelt, sondern ganz offenbar um die Kollision von Systemen, dann ist das der Augenblick des

Stephan Schmidt-Wulffen

That's life — A Sketch

"I Wish I Would Have Made It This Way The First Time", we read in a title of an early work by Jorge Pardo, a refurbished kitchen cupboard he presented as a sculpture at an exhibition.[1] It is a sigh of lament familiar to everyone. Hindsight knows always better.

To recognise the inadequacy of a deed is to reconstruct its contextual contingency. Practically any student with a certain degree of manual skill and an interest in design who moves into a new flat will probably like to to design and build his own kitchen. At this point, of course, hands-on experience with the routines of life and work in the kitchen and the flat as a whole are lacking. Only gradually does the failure of the imagination to anticipate the challenges of everyday life become clear. The error to which Jorge Pardo alludes appears to have an ontological foundation. It reveals the divergence between ideas and practice.

When the malfunctions slowly begin to emerge over the course of a few months, when the same bruises appear again and again in the same places, it becomes clear beyond a doubt that this is no accidental misfortune. It is obviously a case of colliding systems, and that insight prompts the sigh of lament and resignation – for hardly anyone would start rebuilding the kitchen again at this point. You just accept things as they are: an imperfect kitchen and a less-than-gifted designer. Especially since your imagination is already anticipating new things to do and is thus also already setting about to make new mistakes. That's life!

Artists don't make mistakes. On the contrary, deviation from the model is a requirement for a successful work of art. The German painter Willi Baumeister called this the "creative angle". Once a product of human labour has become a museum exhibit, viewers will attribute whatever bothers them to the peculiarities of the artist's personality. Even the artist, who – unlike the cabinet-maker – is never in danger of getting bruised while creating an autonomous sculpture, will not regard his product's deviations from his imagined concept as errors that must be eliminated but instead as unknown aspects of his inner life, which the dialogue with material nature brings to the fore. While the private kitchen-cabinet builder is engaged in a continuous process of more or less subtle correction, the museum obliterates time because it attributes the errors to an identity that is always looked upon as "ingenious" and merely finds expression in works of art.

Evidently, art and everyday life comprise not only two categorically different objects but two different systems of action as well. If the conflict between the imagination and the world of objects in the kitchen engenders a certain agony, which eventually leads to recognition of an error in the attempt to approach reality and to the desire to correct it, the museum as institution instrumentalizes the rivalry between idea and fact in order to build an artist-personality in which the error is elevated to the status of a character trait.

Jorge Pardo's revised kitchen block caused some confusion when it appeared in the exhibition of his friend Harry Relis. The interesting thing is not that a utilitarian object becomes a sculpture or that a sculpture acquires utilitarian value. The point is the resolution of a dialectic opposition, characteristic of bourgeois society, between the private sphere, which is linked with the idea of the error, the correction, the provisional and the processual, and the public sphere, exemplified here in the person of the genius, a transcendental identity beyond the reach of coincidence. Jorge Pardo instrumentalizes the institutional structure of the exhibition

Stoßseufzers und der Resignation. Denn in aller Regel wird niemand mit dem Neubau der Küche beginnen. Man arrangiert sich: keine perfekte Küche eben, kein begnadeter Designer. Zumal man in der Imagination bereits mit neuen Antizipationen des Handelns beschäftigt ist und also im Begriff, neue Irrtümer zu begehen. That's life!

Künstler machen keine Fehler. Die Abweichung vom Vorstellungsbild ist im Gegenteil die Voraussetzung für das gelungene Werk. Der deutsche Maler Willi Baumeister nannte das den „schöpferischen Winkel". Wenn ein Produkt menschlicher Arbeit erst einmal im Raum eines Museums steht, dann wird der Betrachter das, was ihn befremdet, der besonderen Persönlichkeit des Künstler zurechnen. Schon der Künstler, der - anders als bei seinem Küchenschrank - bei einer autonomen Skulptur nie Gefahr läuft, sich blaue Flecken zu holen, wird die Abweichungen des Produkts von seinem Vorstellungsbild nicht als Fehler qualifizieren, die es auszumerzen gilt, sondern als unbekannte Seiten seines Innenlebens, die der Dialog mit der Stofflichkeit überhaupt erst zutage fördert. Während der private Küchenbauer in einem kontinuierlichen Prozess mehr oder minder subtiler Korrekturen steckt, tilgt das Museum die Zeit, weil sie die Irrungen einer immer schon als „genial" unterstellten Identität zurechnet, die in den Kunstwerken lediglich ihren Ausdruck findet.

Offenbar liegen in Kunst und Alltag nicht nur zwei kategorial grundverschiedene Objekte vor, sondern auch zwei Handlungssysteme. Gebiert der Konflikt zwischen Vorstellungskraft und Gegenstandswelt in der Küche einen gewissen Leidensdruck, der schließlich zur Erkenntnis eines Fehlers im Wirklichkeitsentwurf führt und zum Wunsch nach dessen Korrektur, so instrumentalisiert die Institution Museum die Rivalität zwischen Idee und Fakt, um daraus eine Künstleridentität zu konstruieren, die den Fehler zum Charaktermerkmal erhebt.

Jorge Pardos korrigierter Küchenblock bringt hier einiges durcheinander, wenn er in der Ausstellung seines Freundes Harry Relis auftaucht. Dabei ist weder interessant, dass ein Gebrauchsgegenstand zur Skulptur wird, noch dass eine

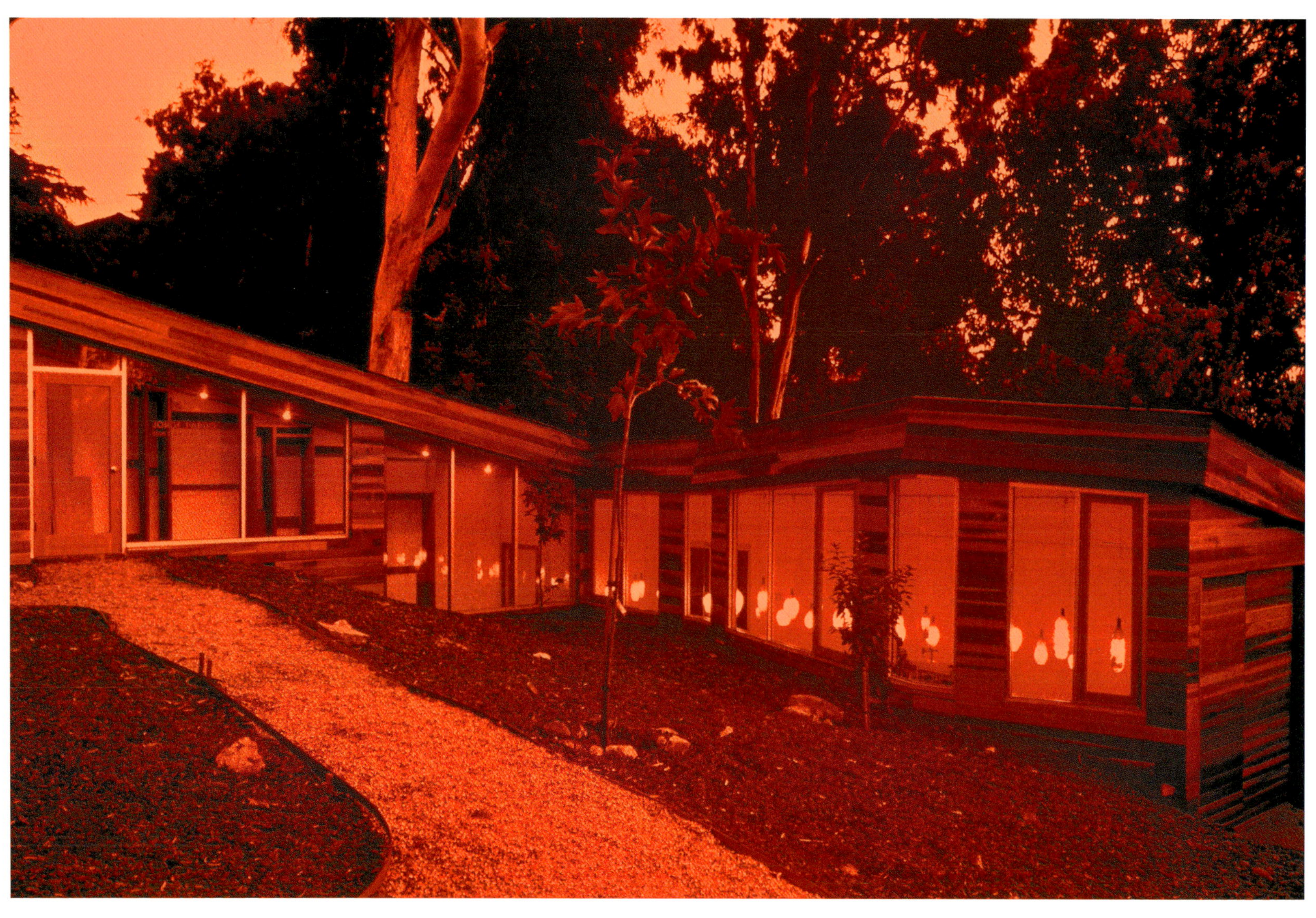

in order to do what the private situation actually forbids: to correct the error, to take what is really secondary seriously, to replicate it and ultimately to commit the wasteful act of throwing away what is only slightly defective. (A "defective" sculpture will become all the more precious, the more it connotes the peculiarities of the artist-personality; the kitchen cabinet is supposed to be functional, and defective kitchen cabinets have no market value.) Viewed from this perspective, the replication of the private sphere through the art system paves the way for the expansion of individual dimensions of action. On the other hand, the replication of the dimension of the exhibition through the private sphere deconstructs the compulsive idealism that is inherent in the art institution: It subverts the supposed transcendental identity of the artist, qualifies the status of the work of art and ultimately "jeopardizes" the practice of art in that it threatens to transform it into everyday practice. Thus Pardo does not devaluate the autonomous function of visual art – a widespread objective since the sixties – but instead sets the self-reflexive character of works strategically against the functional mode that identifies the sphere of everyday practice. The result is a field of tension among institutional structures in which the activities of recipients become symptomatic, like the movement of particles in the Brownian fog-chamber.

Ever since philosophy, psychoanalysis and sociology demonstrated that even the supposedly most intimate sphere of life is shaped by socialized symbolic structures, it is virtually impossible to make out the boundary between the private and the public. Presumably, the devaluation of the white cube is closely related to this. The most significant achievement of the museum was the transformation of the individual into an ideal subject. And it is no coincidence that this ideal subject represents a matrix for both the museum visitor and the citizen of a democratic state. However, when the private individual is determined by social structures but bourgeois society in turn disintegrates into lifestyle communities, creative work in art necessarily changes as well.

In his first exhibition at the gallery of Thomas Solomon, Jorge Pardo showed utilitarian objects he had altered in more or less obvious ways. 2 In a ladder, for example, he replaced the ordinary

Skulptur Gebrauchswert erhält. Vielmehr geht es um die Auflösung einer für die bürgerliche Gesellschaft konstitutiven Dialektik zwischen dem Privaten, das sich mit der Idee des Fehlers, der Korrektur, des Provisorischen und Prozesshaften verbindet, und dem Öffentlichen, hier exemplifiziert am Genie, einer transzendenten Identität, die sich allen Zufälligkeiten entzieht. Jorge Pardo instrumentalisiert die institutionelle Struktur der Ausstellung, um zu tun, was die private Situation eigentlich verbietet: den Fehler korrigieren, das eigentlich Nebensächliche so ernst nehmen, um es zu verdoppeln, schließlich die Verschwendung, das nur leicht Fehlerhafte einfach wegzuschmeißen. (Eine „fehlerhafte" Skulptur wird umso kostbarer je mehr sie die Besonderheit der Künstlerpersönlichkeit konnotiert; vom Küchenschrank erwartet man, dass er funktional ist, fehlerhafte Küchenschränke haben keinen Marktwert). Aus dieser Sicht ermöglicht die Doppelung des Privaten durch das Kunstsystem die Erweiterung der individuellen Handlungsdimensionen. Andererseits dekonstruiert die Doppelung der Ausstellungsdimension durch das Private den zwanghaften Idealismus, der der Kunstinstitution innewohnt: Sie untergräbt die postulierte transzendente Identität des Künstlers, relativiert den Status des Werkes und „gefährdet" schließlich künstlerische Praxis, indem sie sie in Alltagspraxis zu überführen droht. Pardo entwertet also nicht die autonome Funktion bildender Kunst, wie es seit den sechziger Jahren eine weitverbreitete Zielsetzung war, sondern er setzt die Selbstbezüglichkeit von Werken strategisch gegen die Funktionalität, wie sie den Bereich alltäglicher Praxis markiert. Es entsteht ein Spannungsfeld institutioneller Strukturen, in dem die Aktivitäten der Rezipienten symptomatisch werden wie die Bewegungen der Teilchen in der Brown'schen Nebelkammer.

Seit uns Philosophie, Psychoanalyse und Soziologie verdeutlicht haben, dass auch das scheinbar Intimste im Umweg über vergesellschaftete Symbolstrukturen entsteht, ist die Grenze zwischen Privat und Öffentlich kaum mehr zu ziehen. Damit steht die Entwertung des White Cube wohl in einem engen Zusammenhang. Die zentrale Leistung des Museums bestand darin, das Individuum in ein ideales Subjekt zu transformieren. Und es ist kein Zufall, dass dieses ideale Subjekt sowohl als Matrix für den

Museumsbesucher steht als auch für den Bürger des demokratischen Staatswesens. Wenn der Privatmensch aber stets von gesellschaftlichen Strukturen bestimmt ist und umgekehrt die bürgerliche Gesellschaft in privatistische Lebensstilgemeinschaften zerfällt, dann verändert sich künstlerische Arbeit.

In seiner ersten Ausstellung bei Thomas Solomon zeigte Jorge Pardo Gebrauchsobjekte, die er in mehr oder minder unauffälliger Weise verändert hatte 2. Er ersetzte z.B. bei einer Leiter das gewöhnliche Trittbrett durch eines aus Edelholz. Ein Schild warnte den potentiellen Benutzer: "This is not a step".

"Ceci n'est pas une pipe" schrieb René Magritte unter das Bild einer Pfeife. Die Komik dieses Gemäldes scheint darin zu liegen, dass es einen Gebrauch dort unterstellt, wo kein normaler Mensch daran denken würde: Wer steckt sich schon eine gemalte Pfeife an! Tatsächlich persifliert der belgische Malerphilosoph ein Versprechen, das von alters her mit dem Tafelbild verbunden ist, wirklich wie die Wirklichkeit selbst zu sein. Das Gemälde zeigt nicht nur eine ideale Landschaft oder eine idealisierte Figur, sie konstruiert auch einen idealen Betrachter, in dem sich die Lust des Sehens mit dem Mangel mischt in einer Weise, wie es die Filmtheorie mit dem Konzept der *Suture* darzustellen suchte, „this definition of a discursive position for the viewing subject which necessitates not only its loss of being but the repudiation of alternative discourses ..." 3 Magrittes Gebrauchsanweisung "Dies ist keine Pfeife" nimmt Funktionen, die vorher Bilderrahmen und Sockel übernommen hatten, ins Bild. Sie ändert jedoch nichts an der Art und Weise, in der alle drei auf die willkürliche Begrenzung der Blickfeldes hinweisen. Die Wahrnehmung des illusionistischen Motives entspricht in gewisser Weise jener imaginären Fülle, mit der das Kleinkind im Spiegelstadium zunächst sein Bild wahrnimmt, unbegrenzt durch einen Blick, von keinen Differenzierungen markiert. Rahmen und Sockel erst führen das abwesende, nicht einsehbare Wahrnehmungsfeld ein, lassen den Mangel und die Partialität entstehen. Daniel Dayan schreibt in Bezug auf das Kino: „When the viewer discovers the frame ... the triumph of his former possession of the image fades out. The viewer discovers that

step with one made of precious hardwood. A sign was posted to warn potential users: "This is not a step".

"Ceci n'est pas une pipe", wrote René Magritte below a painted image of a pipe. The comic quality of this painting appears to lie in the fact that it suggests a utilitarian function where no normal person would suspect it: Who would even think of lighting a painted pipe? Indeed, the Belgian painter-philosopher parodies a promise associated for centuries with the painting, namely that it is truly like reality itself. The painting shows not merely a landscape or an idealized figure, it also constructs an ideal viewer by mixing the pleasure of viewing with the deficiency in an approach that film theorists have sought to represent with the concept of *Suture*: ". . . this definition of a discursive position for the viewing subject which necessitates not only its loss of being but the repudiation of alternative discourses . . ."3 Magritte's instruction "This is not a pipe" draws functions previously assumed by picture frames and pedestals into the painting. Yet it does not change the way all three of these elements point to the arbitrary restriction of the field of view. The perception of an illusionistic motif does not correlate in the least with the imaginary richness with which the small child in the mirror phase first sees its picture, unlimited by a view, marked by no differentiation. The frame and the pedestal are needed to introduce the absent field of perception which cannot be investigated; they open the way for deficiency and partiality. With reference to the cinema, Daniel Dayan writes: "When the viewer discovers the frame . . . the triumph of his former possession of the image fades out. The viewer discovers that the camera is hiding things, and therefore distrusts it and the frame itself which he now understands to be arbitrary . . . He discovers that he is only authorized to see what happens to be in the axis of the gaze of another spectator, who is ghostly or absent."4 Magritte's painting (and all other works of modern art concerned with the mechanism of visual art as a theme) changes nothing in this definition of the viewer's position.

Pardo's allusion to Magritte tempts us to forget that he creates an entirely different place for the viewer with his work. Magritte's notice "This is not a pipe" accords with a categorial fact: What the painting shows is indeed only a sign for a pipe and not its denotation. With his instruction "This is not a step" (and with all of the other shifting devices used to bring the viewer into the work), Pardo identifies precisely the same kind of categorial difference. It is left up to the viewer to accept the recommendation to treat this step as sculpture or not. Even in this early work, it becomes quite clear that Pardo sees his products as an opportunity to negotiate their status with the recipients. Or, expressed more aptly, applying the theory of the *Suture*: The objects he creates generate new subject positions – those of the recipients and those of the producer.

The statement, "My Small Kitchen, 600 sq.feet, 600 $ A Month, My Friend Harry Relis, Silverlake, I Wish I Would Have Made It This Way The First Time, What A Beautiful Fucking View" makes the viewer a confidant in an intimate social event. There is Pardo's friend, who obviously admires his kitchen. There is Jorge Pardo, who is familiar with his kitchen's deficiencies from having used it. The scenery and a reference to the artist's exspenses (and thus to the limitated possibilities for investment in kitchens), are provided at the same time. Relis has organised the exhibition in which the viewer presently finds himself and receives, instead of the expected sculpture, proof of a difference of opinion. The exhibited kitchen unit becomes an item of circumstantial evidence for the viewer. It offers a look into Pardo's living circumstances and appears to illuminate certain aspects of his personality. In presenting the exhibited work as an improvement, Pardo also exposes a system of evaluation that characterises his own identity. In the process, Pardo appears less as the author of a work than as the leading actor in a situation with which the recipient can identify. In a certain sense, the complex composed of text and object creates a fictitious, specific subject position that relates to precise, individual social co-ordinates.

When the same kitchen cabinet appears in an exhibition in Cologne curated by Tim Neuger in 1993,[5] the personal constellation of artist – curator – recipient has already shifted into narrative distance. The object no longer serves as a catalyst of events but now – as rather more traditional sculpture – symbolizes the old

the camera is hiding things, and therefore distrusts it and the frame itself which he now understands to be arbitrary... He discovers that he is only authorized to see what happens to be in the axis of the gaze of another spectator, who is ghostly or absent."[4] Magrittes Gemälde (und alle anderen den Apparat der bildenden Kunst thematisierenden Werke der Moderne) ändert an dieser Definition der Position des Betrachters nichts.

Pardos Anspielung auf Magritte täuscht darüber hinweg, dass er mit seiner Arbeit für den Rezipienten einen ganz anderen Ort konstruiert. Magrittes Hinweis „Dies ist keine Pfeife" deckt sich mit einer kategorialen Gebenheit: Tatsächlich ist dies nur das Zeichen für eine Pfeife und nicht dessen Denotat. Pardo markiert mit seinem Hinweis „Das ist keine Stufe" (und mit allen anderen Shiftern, die den Betrachter ins Werk einführen) gerade keinen solchen kategorialen Unterschied. Es bleibt dem Betrachter durchaus möglich zu entscheiden, ob er der Empfehlung, diese Stufe als Skulptur zu behandeln, folgen will oder nicht. Schon in dieser frühen Arbeit wird deutlich, dass Pardo seine Produkte als Anlass versteht, ihren Status mit den Rezipienten zu verhandeln. Besser gesagt, wenn man die Theorie der *Suture* zugrundelegt: Die von ihm gefertigten Gegenstände lassen neue Subjektpositionen entstehen, solche seiner Rezipienten und solche des Produzenten.

„My Small Kitchen, 600 sq.feet, 600 $ A Month, My Friend Harry Relis, Silverlake, I Wish I Would Have Made It This Way The First Time, What A Beautiful Fucking View" macht den Betrachter zum Vertrauten eines intimen sozialen Geschehens: Da ist Pardos Freund, der offenbar dessen Küche bewundert. Da ist Jorge Pardo, der die Fehler seiner Küche durch die eigene Nutzung kennt. Die Szenerie und ein Hinweis auf die Mietverhältnisse (und damit die Möglichkeiten für Investitionen in Küchen) werden gleich mitgeliefert. Relis organisiert die Ausstellung, in der der Betrachter sich gerade befindet und bekommt statt der erwarteten Skulptur den Beleg einer Meinungsverschiedenheit vorgesetzt. Der ausgestellte Küchenblock wird für den Betrachter zum

Indiz: Er gewährt Einblick in die Lebenssituation Pardos und erhellt scheinbar Aspekte seiner Persönlichkeit. Indem Pardo das Ausstellungsstück als Verbesserung ausgibt, exponiert er gleichzeitig auch ein Bewertungssystem, das seine Identität charakterisiert. Pardo erscheint dabei weniger als Autor des Werkes, sondern als Hauptdarsteller einer Situation, mit der sich der Rezipient identifiziert. Der Komplex aus Text und Objekt fingiert in gewissem Sinn eine spezifische Subjektposition, die präzise auf individuelle und soziale Koordinaten bezogen ist.

Als derselbe Küchenschrank 1993 in einer Kölner Ausstellung auftaucht, die von Tim Neuger kuratiert wird 5, ist die persönliche Konstellation Künstler - Kurator - Rezipient bereits in eine erzählerische Distanz gerückt: Das Objekt funktioniert nicht mehr als Katalysator des Geschehens, sondern - jetzt eher traditionelle Skulptur - symbolisiert die alte Konstellation nur noch wie eine Art Souvenir. Was die situativen Aspekte des Werkes angeht, findet eine Entwertung statt, die komplementär zur durchaus notwendigen Einführung in das Kunstsystem ist. Allerdings gelingt es Pardo auch Werke zu entwickeln, die in genau umgekehrter Weise funktionieren: Sowohl sein Haus, das er in Los Angeles errichtet, als auch das Segelboot, das er in verschiedenen Ausstellungen mit Mitteln des Ausstellungsetats weiterbauen lässt, werden nach und nach in das private Lebenssystem überführt und damit für den Kunstmarkt entwertet. Pardos Arbeiten haben also selbst keinen institutionell endgültig definierten Ort, sondern eine Geschichte, die die strukturellen (Verwertungs-)Zusammenhänge der Institution Kunst spiegelt.

Die bekannten Schemata von Ästhetik lassen nur das Kunstwerk als ein Objekt interesselosen Betrachtens zu und den Gebrauchsgegenstand, der in die Welt von Mittel und Zweck eingefügt ist. Pardo produziert in seiner Ästhetik Objekte, die sowohl autonom als auch funktional sind. Er entspricht damit einer Entwicklung in der Gesellschaft. Scott Lash hat darauf hingewiesen, dass die Gesellschaft in einer Epoche, in der die Globalisierung Traditionen auslöscht, das Fehlen von Geschichte durch eigene Reflexion kompensieren muß. Diese Reflexionsarbeit wird aber nicht allein durch Begriffsarbeit geleistet, sondern auch

constellation only as a kind of souvenir. As far as the situative aspects of the work are concerned, a devaluation takes place that complements the necessary introduction into the system of art. However, Pardo has also developed works which function in precisely the opposite way. Both his house, which he erected in Los Angeles, and his sailboat, on which building has been continued at various exhibitions with funds from exhibition budgets, are gradually being reintroduced into the sphere of private life and thus devaluated from the standpoint of the art market. Pardo's works have absolutely no definitively defined institutional location. Instead, they have a history which reflects the structural (utilitarian) context of the institution of art.

The familiar aesthetic schemes accept only the work of art, as an object of disinterested observation, and the utilitarian object, which is part of the world of means and ends. In his own aesthetic system, Pardo produces objects that are both autonomous and functional. In doing so, he follows a development observable in society. Scott Lash has pointed out that, in an era in which tradition is being extinguished by the process of globalization, society must compensate for the absence of history through its own reflection. The work of reflection is not accomplished at the conceptual level alone, however; it is also a function of aesthetic decisions made in practical everyday life. 6 The athletic shoes I buy do more than minimize the strain on my knees during daily workouts; they also identify me as a member of a particular lifestyle community. They have a hybrid status, as they fulfil the purposes of both a sign, as do all autonomous works, and a utilitarian function, like every other everyday object. Thus the shoes become a part of my communicative practice insofar as I purchase them not only *because* I belong to a specific group but *so that* I can belong to it. My concern with objects therefore frequently has to do with the communities to which I feel I belong, and thus, in an indirect sense, they are elements employed in the construction of my identity. Jorge Pardo incorporates this work on his own identity into his aesthetic practice. He links his own aesthetic decisions with existential ones; he identifies the aesthetic decision of the recipients of his art as identity-creating components.

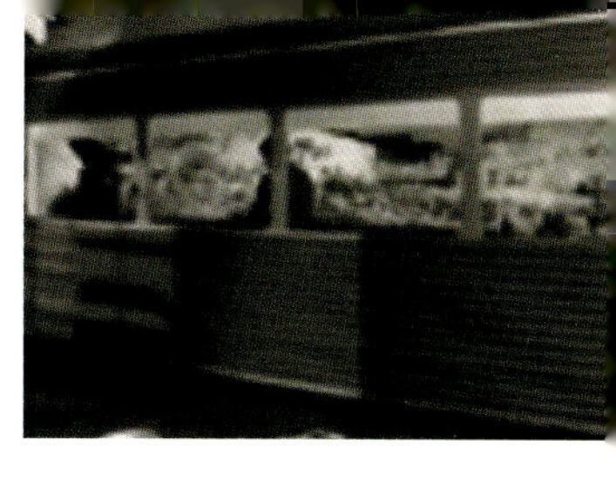

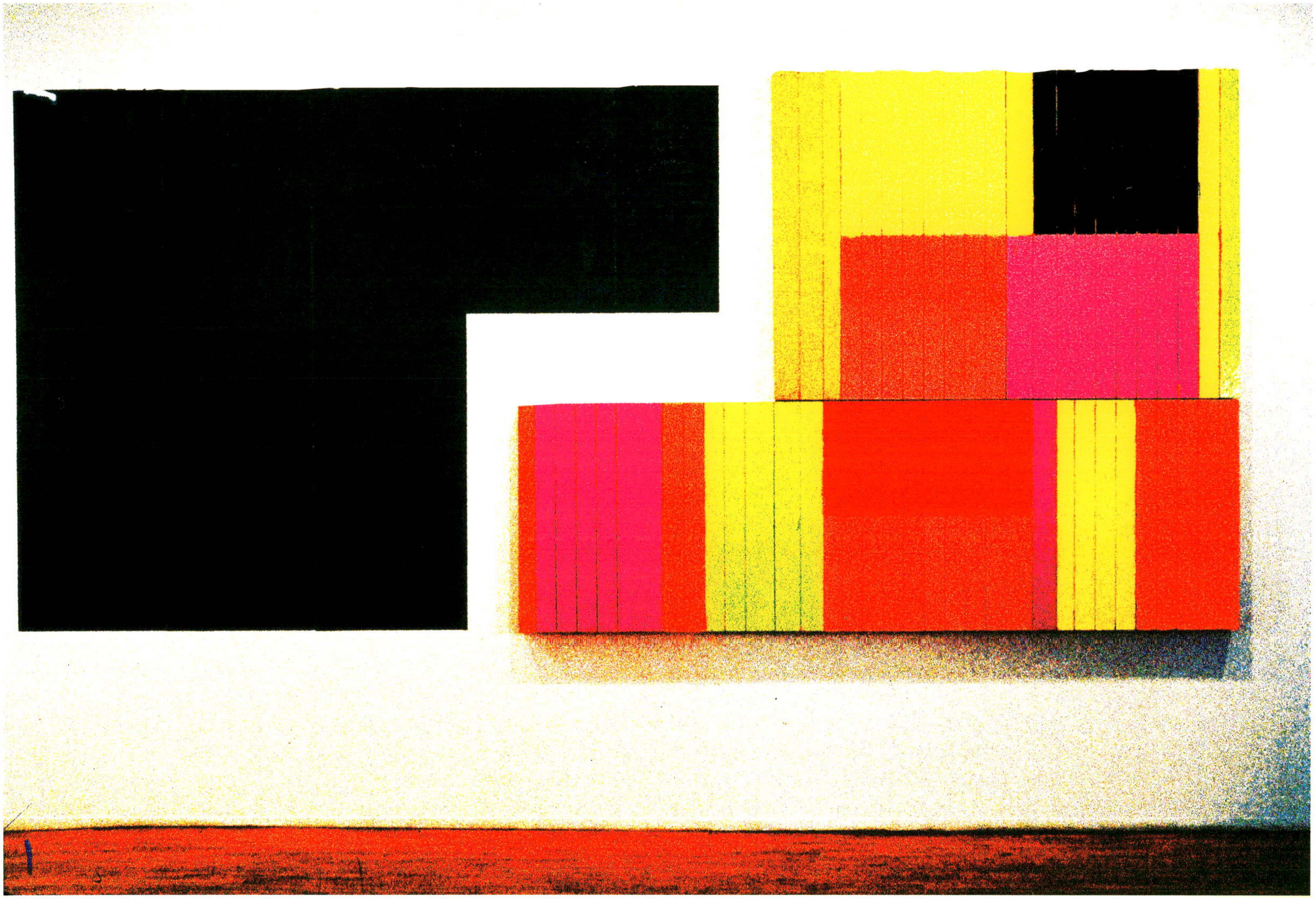

durch ästhetische Entscheidungen innerhalb der Alltagspraxis. [6] Die Turnschuhe, die ich erwerbe, dienen nicht nur dem Zweck, die Belastung der Kniegelenke beim täglichen Training zu minimieren; sie weisen mich auch als Angehörigen einer Lebensstilgemeinschaft aus. Ihr Status ist zwitterhaft, weil sie sowohl eine Zeichenfunktion erfüllen wie das autonome Werk als auch einen Gebrauchswert wie jeder Alltagsgegenstand. Die Turnschuhe werden insofern Bestandteil meiner Kommunikationspraxis, als ich die Schuhe nicht nur erwerbe, *weil* ich einer Gruppe angehöre, sondern *damit* ich ihr angehören kann. Meine Auseinandersetzung mit Objekten bezieht sich also häufig auf die Gemeinschaften, denen ich mich zugehörig fühle und sind damit mittelbar Konstruktionselemente meiner Identität. Jorge Pardo nimmt diese Arbeit am Ich in seine ästhetische Praxis auf. Er verknüpft die eigenen künstlerischen Entscheidungen mit existentiellen; er weist die ästhetischen Entscheidungen der Rezipienten als identitätsstiftende aus.

42 „Ten People, Ten Books" das 1994 in der New Yorker Galerie Petzel/Borgmann zum ersten Mal gezeigt wurde, habe ich immer als eine verführerische Bedrohung empfunden. Der Erwerb der Publikation hätte für mich die Möglichkeit offen gehalten, das darin skizzierte Haus irgendwann einmal zu bauen. Nur zehn Personen gibt das Projekt das Recht von dem intellektuellen Nachvollzug eines Entwurfs zur Konkretisierung überzugehen. Verlockend daran erschien mir, einen großen „Pardo" zu besitzen mit einer relativ kleinen Anfangsinvestition und der Möglichkeit, weitere Ausgaben je nach Möglichkeit zu tätigen. Durchaus bedrohlich empfand ich die Perspektive, dass hier die Auseinandersetzung mit einem Werk mein Leben für die nächsten Jahre bestimmen würde. So schön es gewesen wäre, dieses Gebäude auch zum Zentrum einer permanenten Verständigung mit Pardo zu machen, es sozusagen zum Kristallisationspunkt eines persönlichen Kontaktes zu machen, das Einleben in das Projekt mit seinen eigenen Stilkomponenten, die permanente Kontrolle der Realisation hätten mein Leben in einem Maße verändert, das man von üblichen Kunstwerken kaum gewohnt ist.

Nachdem Jorge Pardo sein Haus auf dem Mount Washington

I have always regarded "*Ten People, Ten Books*", shown for the first time at the Petzel/Borgmann Gallery in New York in 1994, as a seductive threat. The purchase of the publication kept open the possibility of some day building the house in the sketch it contained. The project entitles only ten people to proceed from an intellectual reconstruction of the design to its concrete realization. What I found so tempting was the opportunity to acquire a large "Pardo" with a relatively small initial investment and the possibility of making further such expenditures if the opportunity arose. The threatening aspect was the prospect that this attempt to come to grips with a work of art would determine the course of my life for the next few years. As wonderful as it would have been to make this building a centre of ongoing communication with Pardo, the crystallization point of personal contact, so to speak, the process of "making myself at home" in the project, with its own unique stylistic components, and the need to monitor the progress of realization continuously would have changed my life to a degree to which one is hardly accustomed with respect to a work of art.

Now that Jorge Pardo has built his house on Mount Washington, I wonder whether I didn't live out his feelings back then. It was he (and not I) who built his house and made all the effort involved in procuring funds and organiz ing the project. He changed in the course of the years of his work on the house. Jorge Pardo appears to be the better – because more consistent – recipient of his own work. A strange *mirror phase* of artistic practice begins to emerge: In the situational works constructed by Jorge Pardo, I perceive myself as a potentially different person. To the extent that my identity is the product of discourse, I *am* a different person in my involvement with these works. Pardo's works intervene strategically in the subjectivity I understand as a continuous constitutive process. Yet because these works have no other way of achieving their effect, they change Pardo's existence in the same way. When concern about oneself (as Foucault refers to it) becomes a regulatory element of aesthetic practice, then the author's position becomes less important – a transcendental position beyond the sphere of everyday social processes, a fictitious construction with a false sense of command. Instead, the position of the recipient becomes the measure of all things for the producer. For it is here that the work develops effects (and no longer a message). This self-exposure creates an isomorphic relationship between the producer and the recipient. Anyone who traces the history of Jorge Pardo's works encounters not only a large number of different social scenes, each of which was constructed with a work, but a hidden biography as well, in which the imagination is constantly transformed into facts and in which facts insist upon being corrected by the imagination. Thus Jorge Pardo's life is gradually written in the dialogue with art – and other friends. That's life.

1 "My Small Kitchen, 600 sq.feet, 600 $ A Month, My Friend Harry Relis, Silverlake, I Wish I Would Have Made It This Way The First Time, What A Beautiful Fucking View.." MDF panels, Formica, 1992.
2 Exhibition, Thomas Solomon's Garage, 21.4.-6.5. 1990. Cf. Gary Kornblau, Jorge Pardo in: *Art Issues* No 13, September/October 1990, p.35.
3 Kaja Silverman, "Suture (Excerpts)", in: Philip Rosen (ed.) *Narrative, Apparatus, Ideology*, New York, 1986, p.222.
4 Daniel Dayan, "The Tutor-Code of Classical Cinema", in: Bill Nichols (ed.), *Movies and Methods*, Berkeley, 1976, p.448.
5 *6 Künstler*, Galerie Max Hetzler, Cologne.
6 Cf. Scott Lash, "Reflexivität und ihre Doppelungen: Struktur, Ästhetik und Gemeinschaft", in: Ulrich Beck, Anthony Giddens, Scott Lash, *Reflexive Modernisierung. Eine Kontroverse*, Frankfurt/Main, 1996, p. 195ff.

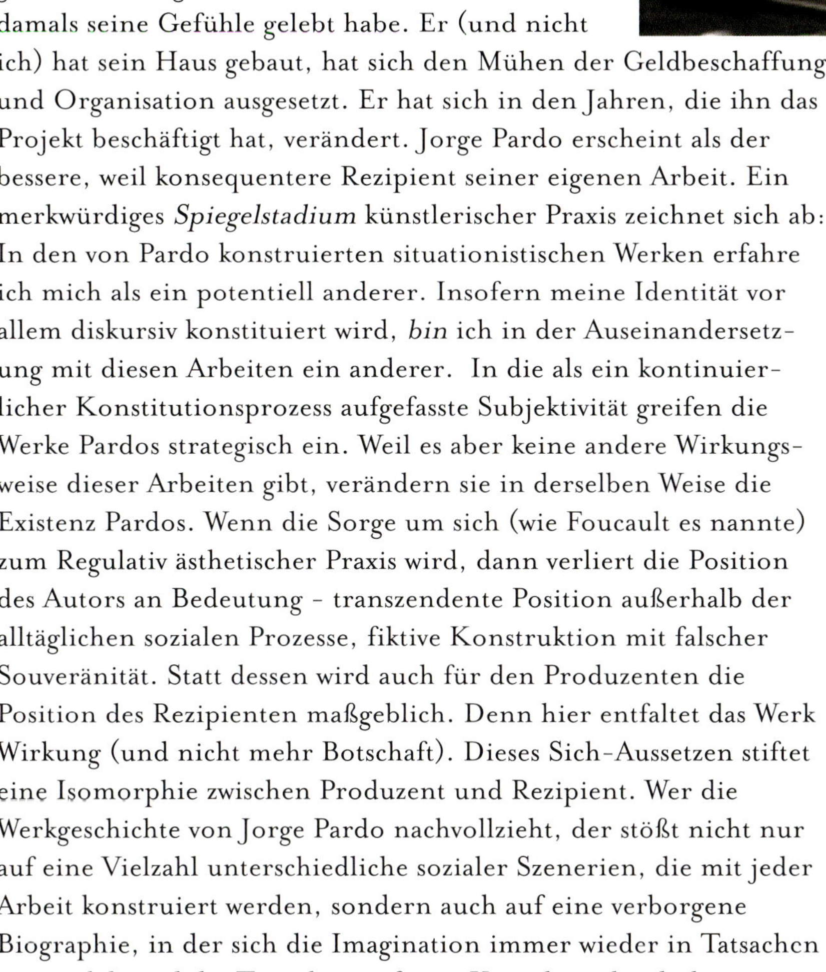

gebaut hat, frage ich mich, inwiefern ich nicht damals seine Gefühle gelebt habe. Er (und nicht ich) hat sein Haus gebaut, hat sich den Mühen der Geldbeschaffung und Organisation ausgesetzt. Er hat sich in den Jahren, die ihn das Projekt beschäftigt hat, verändert. Jorge Pardo erscheint als der bessere, weil konsequentere Rezipient seiner eigenen Arbeit. Ein merkwürdiges *Spiegelstadium* künstlerischer Praxis zeichnet sich ab: In den von Pardo konstruierten situationistischen Werken erfahre ich mich als ein potentiell anderer. Insofern meine Identität vor allem diskursiv konstituiert wird, *bin* ich in der Auseinandersetzung mit diesen Arbeiten ein anderer. In die als ein kontinuierlicher Konstitutionsprozess aufgefasste Subjektivität greifen die Werke Pardos strategisch ein. Weil es aber keine andere Wirkungsweise dieser Arbeiten gibt, verändern sie in derselben Weise die Existenz Pardos. Wenn die Sorge um sich (wie Foucault es nannte) zum Regulativ ästhetischer Praxis wird, dann verliert die Position des Autors an Bedeutung - transzendente Position außerhalb der alltäglichen sozialen Prozesse, fiktive Konstruktion mit falscher Souveränität. Statt dessen wird auch für den Produzenten die Position des Rezipienten maßgeblich. Denn hier entfaltet das Werk Wirkung (und nicht mehr Botschaft). Dieses Sich-Aussetzen stiftet eine Isomorphie zwischen Produzent und Rezipient. Wer die Werkgeschichte von Jorge Pardo nachvollzieht, der stößt nicht nur auf eine Vielzahl unterschiedliche sozialer Szenerien, die mit jeder Arbeit konstruiert werden, sondern auch auf eine verborgene Biographie, in der sich die Imagination immer wieder in Tatsachen verwandelt und die Tatsachen auf eine Korrektur durch die Imagination harren. So schreibt sich allmählich Jorge Pardos Leben im Dialog mit Kunst- und anderen Freunden – That's life.

1 „My Small Kitchen, 600 sq.feet, 600 $ A Month, My Friend Harry Relis, Silverlake, I Wish I Would Have Made It This Way The First Time, What A Beautiful Fucking View". MDF Platten, Formica, 1992
2 Ausstellung Thomas Solomon' s Garage, 21.4.-6.5. 1990. Vgl. Gary Kornblau, Jorge Pardo in: Art Issues No 13, September/October 1990, S.35
3 Silverman, Kaja, „Suture" (Excerpts), in: Philip Rosen (Hrsg.) Narrative, Apparatus, Ideology, New York 1986,

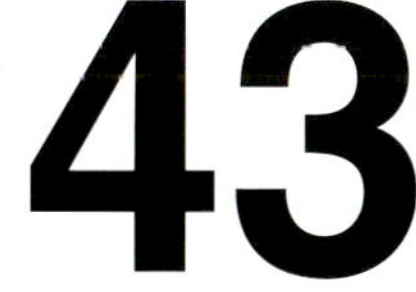

S.222

4 Dayan, Daniel, „The Tutor-Code of Classical Cinema", in: Bill Nochols (Hrsg.) Movies and Methods, Berkeley 1976, S.448

5 6 Künstler, Galerie Max Hetzler, Köln

6 Vgl. Scott Lash, Reflexivität und ihre Doppelungen: Struktur, Ästhetik und Gemeinschaft, in: Ulrich Beck, Anthony Giddens, Scott Lash, Reflexive Modernisierung, Eine Kontroverse, Frankfurt/Main 1996, S. 195ff

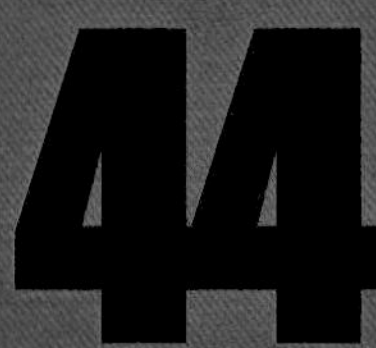

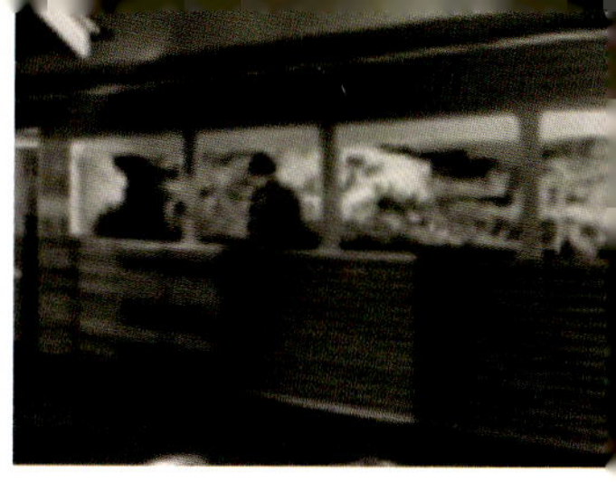

Jörn Schafaff

Routine Pleasures
or
All about Eve
or
A Point in the Landscape

"Try to make a film in your own backyard"
Manny Farber in "Routine Pleasures" quoted by Jean-Pierre Gorin

Two lines meet at a single point, forming a cross. The configuration of the lines within the co-ordinate system enables the observer to find his own place in the landscape. It becomes the basis for orientation; it identifies the position from which the subject views its surroundings. Thus order can be imposed upon perception. It is necessarily a temporary point of reference, an angle of view that nevertheless gives me the impression of being the focal point of events around which the landscape takes shape. It is now possible to inscribe the landmarks into the apparent objectivity of the map, creating a whole, an identity, a sense of certainty. Once the system is in place, paths can be explored, daily routines, the abandonment of which only serves to affirm the all-encompassing order. To concentrate on the point at which the lines intersect is to neglect the character of the construct as a whole.

In 1977, Jean-Pierre Gorin, the French film-maker who in the late Sixties and early Seventies closely co-operated with Godard, moved

Jörn Schafaff

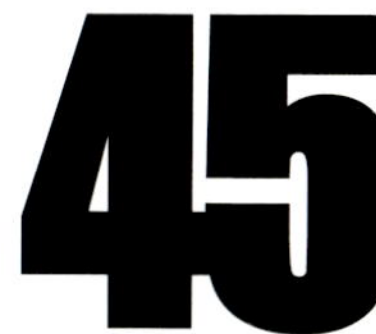

Routine Pleasures
oder
All about Eve
oder
Ein Punkt in der Landschaft

"Try to make a film in your own backyard."
Manny Farber in "Routine Pleasures", zitiert von Jean-Pierre Gorin

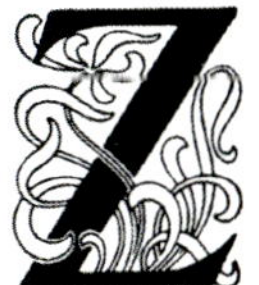

Zwei Linien treffen sich an einem Punkt und bilden ein Kreuz. Innerhalb des Koordinatensystems ermöglicht die Bestimmung der Linien die Feststellung des eigenen Standpunktes in der Landschaft. Dieser wird zur Grundlage der Orientierung, er bezeichnet die Position, die das Subjekt in der Betrachtung der Umgebung einnimmt. So ergibt sich die Möglichkeit, die Wahrnehmung zu ordnen. Es handelt sich notwendigerweise um eine temporäre Fixierung, um einen Blickwinkel, der mir dennoch den Eindruck vermittelt, das Zentrum des Geschehens zu sein, um das herum die Landschaft sich entwirft. Es wird möglich, die Landmarken in die scheinbare Objektivität der Landkarte einzutragen, so dass sich ein Ganzes ergibt, eine Einheit, eine Sicherheit. Steht das System, können Wege erkundet werden, Routinen der alltäglichen Abläufe, deren Verlassen nur die Bestätigung der umfassenden Ordnung ist. Die Konzentration auf den Punkt, an dem die Linien sich treffen, vernachlässigt die Beschaffenheit der Konstruktion.

Jean-Pierre Gorin, der französische Filmemacher, der in den späten Sechzigern und frühen Siebzigern eng mit Godard kooperierte, betritt 1977 mit seinem Umzug von Paris nach Los Angeles eine topographische, soziale und kulturelle Landschaft, die (durch Filme etc.) vertraut zu sein scheint, ihn gleichzeitig aber orientierungslos lässt. Es sind nicht nur die 'Landmarken', die Statussymbole des amerikanischen Lebens, an denen sich die Ambivalenz seines Verhältnisses festmacht. Es sind auch die Bedingungen, unter denen diese zu einer Realität verkettet werden. Dazu gehört auch die Beschaffenheit des eigenen Hintergrundes, von dem aus Gorin die Wahrnehmung des Gegebenen organisiert. Mit seinen Mitteln als Filmemacher zeichnet er eine eigene 'Landkarte', den Film „Routine Pleasures" (1986). Als Linien seines Kreuzes dienen ihm zwei Strategien der Positionsbestimmung:

Da gibt es zum einen die Zugleute, eine Gruppe von Modell-bauern, auf die er 1982 stößt, zu einer Zeit als er von sich sagt: „I wasn't French anymore, but I wasn't quite American either."[1] Unspezifizierte Nostalgie führt ihn dazu, sich umzusehen in dem Warenhaus der Träume und Bilder, in dem er sich einzurichten anschickt. Er begibt sich auf die Suche seiner Verortung in dieser Landschaft Amerika, den Bedingungen ihrer Sozialisation.

Die Zugleute treffen sich seit 1958 jeden Dienstag in einem Hangar in Del Mar, Kalifornien. Dort betreiben sie eine Eisenbahnanlage, die ursprünglich als Attraktion einer Messe entworfen worden war. Während draußen sich die Welt verändert, konservieren die Zugleute in ihrer Halle mit einem detailbesessenen Realismus das Bild eines Amerika der fünfziger Jahre. Autos, Häuser, Züge, Menschen, sie alle sind Bausteine einer idyllischen Landschaft, in der zwischen den Fahrplänen der Züge alles seinen Platz hat. Jedes Element ist in harmonischer Balance zu den anderen an seinem Ort. In einer seltsamen Mischung aus Spiel und Ernst entwerfen die Zugleute eine Totalität, wobei sie Kontrolle über ihr „America in a shoebox", ihr „small scale epic"[2] ausüben und gleichzeitig zum Instrument dieser Welt werden.

Da ist zum anderen Manny Farber, der Filmkritiker und Maler,

from Paris to Los Angeles, where he entered a topographic, social and cultural landscape that appeared familiar to him (from movies, etc.) yet left him entirely without orientation. His ambivalence was nourished not only by the 'landmarks', the status symbols of American life, but by the conditions under which they converged to form a reality as well. One of these was his own background, the basis from which Gorin organized his perception of things. With the resources of a film-maker, he drew his own 'map', the film "Routine Pleasures"(1986). Two positioning strategies served as the axes of his co-ordinate system:

One focused on the train people he met in 1982, at a time when "I wasn't French anymore, but I wasn't quite American either."[1] A vague nostalgia prompted him to explore the marketplace of dreams and images in which he was preparing to make himself at home. He ventured forth in search of his own place in this American landscape, under the conditions that determine its socialization.

The train people, a group of model-railroad builders, have been meeting every Tuesday since 1958 in a hangar in Del Mar, California, where they maintain and operate a model railroad that was originally designed as a trade fair attraction. While the world outside changes around them, the train people remain intent upon preserving, in painstakingly detailed realism, an image of 1950s America. Cars, houses, trains, people – all are elements of an idyllic landscape in which everything has its place within the context of the regular schedule of departing and arriving trains. Every element is in total harmony with everything else around it. In a mixture of play and earnest, the train people create a total world, exercizing control over their "America in a shoebox", their "small-scale epic"[2] , and becoming instruments of that world at the same time.

The second focus is Manny Farber, a film critic and painter, whose canvases are covered with fragmentary symbols of an American life, stuck on like items on a pinboard. A personal story unfolds on these canvases, yet its private logic has no identifiable centre, no logic that would give viewers a sense of self-assurance. To the extent that the paintings function as pictures at all, they are immediately

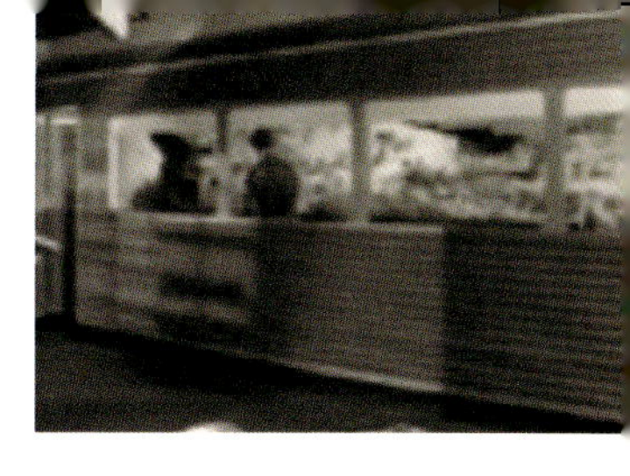

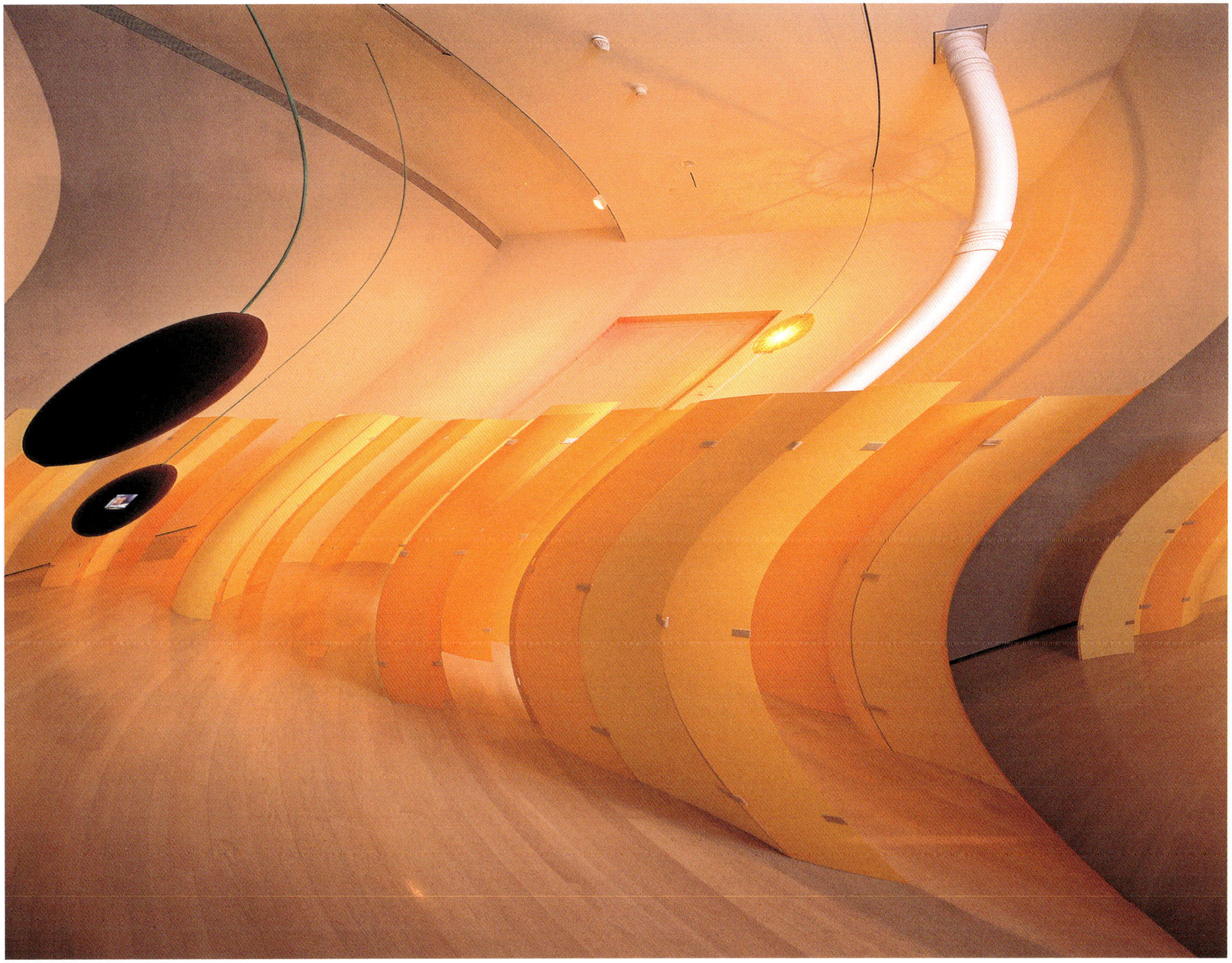

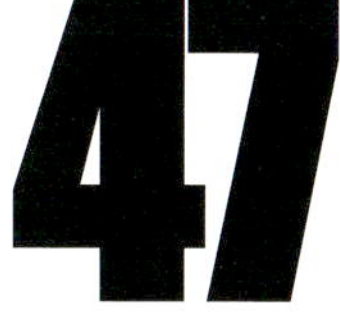

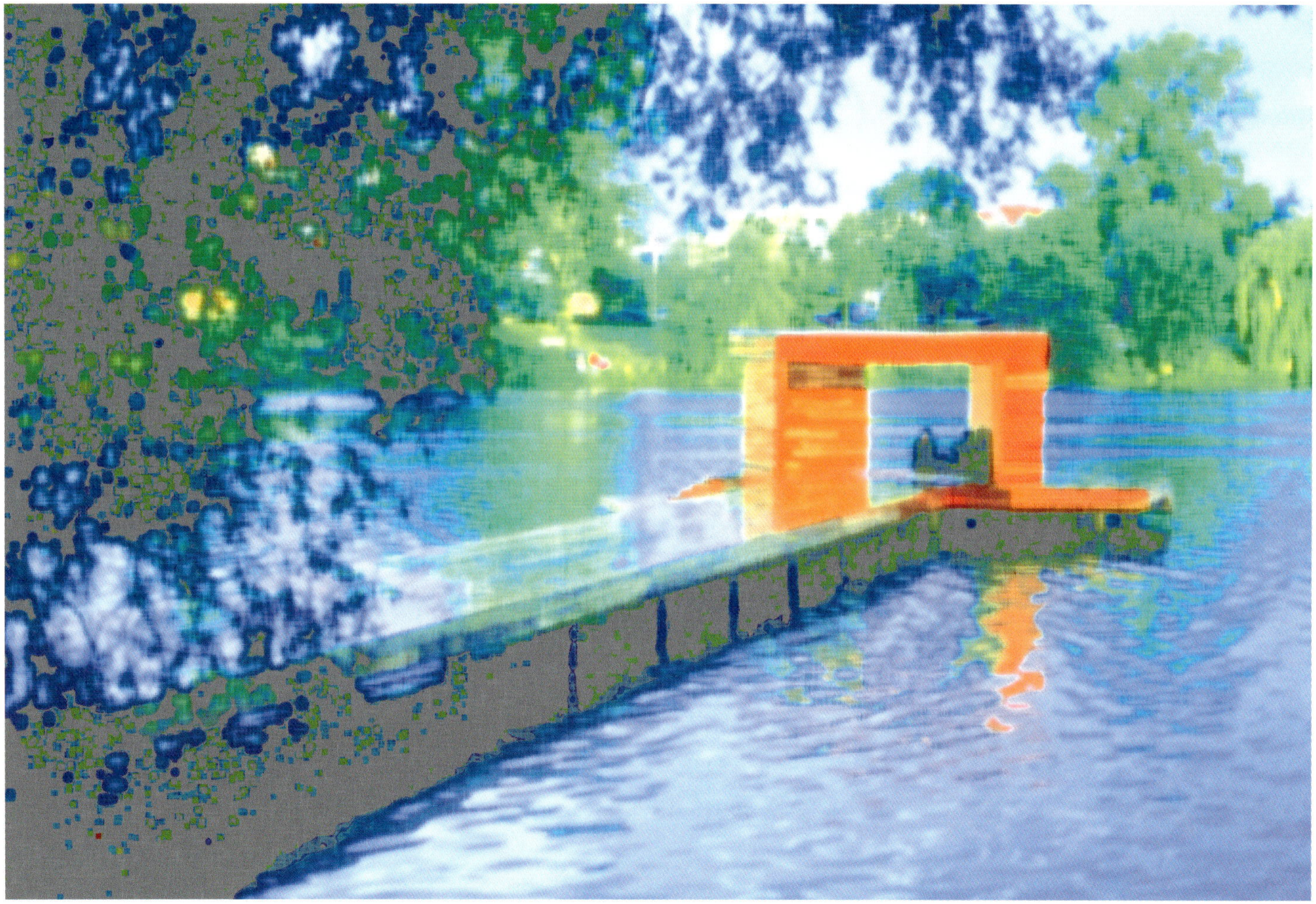

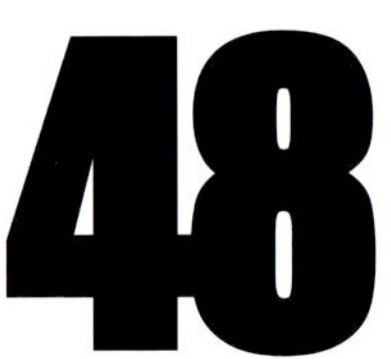
48

recognizable as media for visual construction. The painstaking development of superficial accuracy, of an ideal world, is opposed by the manifest concept of a subjective order. In the combination of these two approaches, something entirely normal, indeed something as boring as playing with a model railroad can become an instrument for reflection on processes of socialization, on the contingent nature of perception, on the relationship between model and reality and on the construction of narrative.

A different beginning:

"Farber was fond of laying traps. I was fond of running into them." Jean-Pierre Gorin in "Routine Pleasures"

The longer we look at "Routine Pleasures", the more difficult it becomes to impose meaning on the film. The themes which gradually accumulate around the film offer a seemingly endless series of opportunities for new discoveries. It is impossible to fix upon the essence of a statement. And that is precisely what the movie avoids. It offers no ideal point of view, no solution. It simply keeps on raising new questions: questions about the context in which recognition takes place literally 'finds its place'; questions about the course of lines and the point at which they meet. "Routine Pleasures" is composed of constantly changing perspectives, shifts of time, narrative sequences and levels of narration. Interviews appear alongside photographs, film references, anecdotes, verbal appositives, off-camera remarks, sounds and music. There are overlappings, jumps, new beginnings. Visualized experiences evoke associations with fragments of theories that dissolve away a moment later. Each of the different segments is identified with its own title, but the numbering does not match the chronology of the film strip. Such are the strategies Gorin uses to demonstrate his resistance to the supposed consistency of his position. The sight of the secondary systems engenders thoughts which, applied to the actual object of study, make it perceptible in a much broader sense, even giving it the appearance of a mechanism of perception itself: the simultaneity of present reality and commentary.

dessen Leinwände übersät sind mit fragmentarischen Symbolen eines amerikanischen Lebens, aufgespießt wie auf einer Pinnwand. Auf den Leinwänden entfaltet sich ebenfalls eine persönliche Geschichte, doch verweigert sie in ihrer privaten Logik ein nachvollziehbares Zentrum, eine Folgerichtigkeit, die die BetrachterInnen ihrer selbst versichern würden. In gleichem Maße, in dem die Gemälde als Bild funktionieren, sind sie bereits als Funktionsträger einer bildhaften Konstruktion erkennbar. Der akribischen Erarbeitung einer oberflächlichen Richtigkeit, einer idealen Welt, steht der ausgeprägte Entwurf einer subjektiven Ordnung entgegen. In der Zusammenfügung dieser beiden Ansätze kann etwas komplett Normales, ja Langweiliges wie das Spiel mit einer Modelleisenbahn zum Instrument der Reflexion über Prozesse der Sozialisation, der Kontingenz der Wahrnehmung, das Verhältnis von Modell und Realität und die Konstruktion von Narrativität werden.

Ein anderer Anfang:

„Farber was fond of laying traps. I was fond of running into them." Jean-Pierre Gorin in „Routine Pleasures"

Je länger die Auseinandersetzung mit „Routine Pleasures" dauert, desto schwieriger wird es, den Film einer Bedeutung unterzuordnen. Themenfelder, die sich um den Film lagern, bieten Möglichkeiten zu immer neuen Bezügen. Es gelingt nicht, die Essenz einer Aussage zu fixieren. Denn der Film vermeidet eben dies. Er bietet keinen idealen Standpunkt an, keine Lösung, sondern wirft immer wieder neue Fragen auf. Fragen nach dem Ort, an dem Erkennen stattfindet, wörtlich: eine Stätte findet. Fragen nach dem Verlauf der Linien und dem Punkt, an dem sie aufeinander treffen. „Routine Pleasures" besteht aus ständigem Perspektivenwechsel, aus Verschiebungen der Zeitebene, der Erzählstränge und -ebenen. Interviews stehen neben Fotografien, Filmzitaten, Anekdoten, Worteinschüben, Off-Kommentaren, Tönen und Musik. Es gibt Überlappungen, Sprünge, Neuanfänge. Dargestellte Erfahrungen lassen Theoriefragmente assoziieren, die sich im nächsten Moment wieder auflösen. Die Segmente sind gekennzeichnet durch Zwischentitel, jedoch folgt die

Nummerierung nicht der Chronologie des Filmbandes. Das sind die Strategien, mit denen Gorin die Resistenz gegen eine vermeintliche Einheit seiner Position demonstriert. Der Blick auf die Seitensysteme produziert Überlegungen, die in der Rückführung auf den eigentlichen Untersuchungsgegenstand dessen Wahrnehmbarkeit erweitern, ihn gar selbst als Wahrnehmungsapparat erscheinen lassen: die Gleichzeitigkeit von Aktualität und Kommentar.

Anders ausgedrückt:

Aktualität und Virtualität: zwei andere Begriffe für die Linien des Orientierungskreuzes. In seinem Buch "Das Zeit-Bild" [3] entwickelt Gilles Deleuze im Zusammenhang mit seinen Untersuchungen eines Denkens, das durch das Kino entstanden ist, die Kategorie des Erinnerungsbildes. Entgegen der linearen Fortentwicklung (eines Gedankens, einer/der Geschichte) im Bewegungs-Bild zeichnet sich dieses durch ein notwendiges Zirkulieren zwischen aktuellem Erleben und virtuellem Erinnern aus. Hierbei ist von entscheidender Bedeutung, dass die aktuelle Gegenwart der virtuellen Gegenwärtigkeit des erinnerten Bildes nicht übergeordnet werden kann. Sowohl gibt es eine Gleichzeitigkeit, eine schlagartige rückwärtige Koppelung des Erlebten an Erfahrungen, als auch eine Gleichwertigkeit in dem Sinne, dass das Aktuelle sich mit dem Vergangenen verkettet und wieder auf die Aktualität zurückwirkt. Beide Ebenen können nur miteinander erfahren werden.

Ein Beispiel:

Der 1956 entstandene Film „All about Eve" von Joseph L. Manciewicz erzählt in einer Verkettung von Rückblenden verschiedener Personen von der jungen, gefeierten Schauspielerin Eve. Die Erzählung beginnt mit einer Preisverleihung. Die Personen aus dem Umfeld von Eve sind versammelt, Eve wird als strahlender Star dargestellt. Dann friert das Bild ein (sie erstarrt zu einem Bild) und eine Off-Stimme leitet in die Rückblende über. In der Folge wird bis kurz vor Schluss des Films ein Netz aus den Erinnerungen dieser Menschen gespannt, das sich erst in der Rückblende zu

In other words:

Actuality and virtuality are two different terms for the lines of the orientation matrix. In his book "The Time-Image"[3] Gilles Deleuze develops the concept of the memory image within the context of his study of a mode of thinking that has emerged from the cinema. In contrast to the linear development (of a thought, a story or a history) in the moving image, the memory image is characterised by a necessary alternation between actual present experience and virtual memory. Of crucial importance is the understanding that the virtual presence of the remembered image cannot be subordinated to the real present. There is a simultaneity, an immediate reverse coupling of present perceptions with past experience, an equivalence in the sense that the link between present and past impacts upon the present. Neither level can be experienced without the other.

Example:

In a series of flashbacks, Joseph L. Manciewicz's 1956 film "All about Eve" tells the story of the celebrated young actress Eve. The narrative begins with an award ceremony. The people in Eve's life are gathered together, and Eve is presented as a brilliant star. Then the image freezes (freezing her into an image), the off-voice leads over to the flashback. Until shortly before its end, the film weaves the memories of these people into a web that conveys a consistent picture only in retrospect. Every witness is restricted to the fragmentary nature of his or her own experience. It is only in the present that the images merge into an organic whole. The bracket opened at the beginning is closed when the narrative returns to the award ceremony again, to the same situation but only after more than an hour of film has passed. We experience the linking of evoked memories which, no longer virtual, describe an actual sequence of time, a process. Eve herself is not centre of action, no more than the train people and their model are the metaphor that is to be exposed. Both (and the film) trigger a thought process that is less a revelation of "all about Eve" than of "something about Eve".[4] Yet as Deleuze points out, "The memory image is a revised

or self-renewing image that does not form an indistinguishable whole with the present, real image."5 Once the past is recognized in the present, the revised action can continue. That is the temptation to which we succumb in "Routine Pleasures" when we attempt to cast the whole in words, to give certainty to the subject. If, on the other hand, recognition does not come and we fail to establish the connection to our inner archive, we find ourselves in a situation Deleuze describes as a purely acoustic and visual image, as an image of crystalline order. The crystallized image and its order, which we discover in the films of Jean-Luc Godard, for example, is characterized by cuts and other cinematic techniques that do not serve the purposes of organic plot progression or of establishing the consistency of the subjects of either the protagonists or the viewers. Instead, present reality is separated from the continuous chain of links normally demanded by the movement of the plot and narrative time; the real is isolated from its logical connections. A landscape is not a neutral background, after all, but a visual-acoustic space. It is affected by psychological and ideological factors. The virtual – dream, memory, etc. – takes on its own significance and is no longer second-rate reality. As representation, every image is problematic; the space between images no longer combines to create added value but acquires a quality of its own. "The two modes of existence [the actual and the virtual] unite in a cyclical whole in which the real and the imaginary appear in succession, exchanging roles and becoming indistinguishable from one another."6 Consequently, "The subject exists only in the difference – that is, not as the sum of distinct external central perspectives on the world, each of which has its 'own' but indeed only *one* truth, but as a qualitative diversity of competing, inner points of view whose truth is not affirmed by any standard apart from themselves."7 The images provoke a way of thinking that cannot rely solely upon a 'before and after' but must accept a 'here and here also'. And that is why it is impossible to place "Routine Pleasures" within any kind of fixed framework. Every description is automatically the admission of its own failure.
But what do the pictures show?

einem stimmigen Bild zusammenfügen kann. Jede einzelne Person verbleibt der Fragmentarität ihres Erlebens verhaftet. Erst im Jetzt verketten sich die Bilder zu einem Kreislauf. Die anfangs geöffnete Klammer schließt sich, als die Erzählung letztlich wieder in der Szene der Preisverleihung einsetzt, in derselben Situation, jedoch über eine Stunde später in der Laufzeit des Films. Wir erleben die Aneinanderkettung ausgelöster Erinnerungen, die nicht virtuell bleiben, sondern eine aktuelle Dauer, einen Prozess beschreiben. Eve ist dabei nicht Handelnde, so wie die Zugleute und ihr Modell nicht die zu enthüllende Metapher sind. Vielmehr sind beide (und der Film) Auslöser eines Denkprozesses, der nicht als Enthüllung von „Alles über Eve", sondern eher als „Etwas über Eve zu verstehen"4 ist. Deleuze bemerkt jedoch: "Das Erinnerungsbild ist ein aktualisiertes oder ein sich aktualisierendes Bild, das mit dem gegenwärtigen und aktuellen Bild keinen ununterscheidbaren Kreislauf bildet."5
Ist das Wiedererkennen des Vergangenen im Gegenwärtigen erst einmal geglückt, kann die aktualisierte Handlung sich fortsetzen. Das ist die Versuchung, der man in der Auseinandersetzung mit "Routine Pleasures" verfällt, wenn man versucht, eine Einheit in Worte zu gießen, dem Subjekt Sicherheit zu verschaffen. Scheitert dagegen das Wiedererkennen, die eindeutige Zuordnung zum inneren Archiv, kommen wir in eine Situation, die Deleuze als rein akustisches und optisches Bild beschreibt, als Bild kristalliner Ordnung. Das Kristallbild mit seiner Ordnung, das man beispielsweise in den Filmen Jean-Luc Godards findet, zeichnet sich durch Schnitte und andere Filmtechniken aus, die nicht die organische Fortführung der Handlung und damit die Einheitlichkeit des Subjekts sowohl der ProtagonistInnen als auch der Zuschauer sichern. Vielmehr ist das Aktuelle separiert von den kontinuierlichen Verbindungen, die die Bewegung der Handlung und der erzählten Zeit erfordern würde, oder das Reale von seinen „gesetzmäßigen Konnexionen abgetrennt". Eine Landschaft ist eben nicht ein neutraler Hintergrund, sondern optisch-akustischer Raum – psychologisiert, ideologisiert usw. Das Virtuelle, also Traum, Erinnerung etc., erhält eine eigene Wertigkeit, verbleibt nicht länger Realität zweiter Ordnung. Jedes Bild ist als Repräsentation problematisch, der

Raum zwischen den Bildern verbindet nicht mehr zu einem Mehrwert, sondern erhält eigene Qualität. „Die beiden Existenzweisen [das Aktuelle, das Virtuelle] vereinigen sich jetzt in einem Kreislauf, in dem das Reale und das Imaginäre, das Aktuelle und das Virtuelle nacheinander auftreten, ihre Rolle vertauschen und ununterscheidbar werden."[6] Die Folge: "Das Subjekt existiert nur in der Differenz, das heißt nicht als Menge einander äußerlicher Zentralperspektiven auf die Welt, die jede ihre 'eigene', aber eben nur: *eine* Wahrheit hat, sondern als qualitative Vielfalt miteinander rivalisierender, innerer Gesichtspunkte, deren Wahrheit durch keinen ihnen äußerlichen Maßstab verbürgt ist."[7] Die Bilder provozieren ein Denken, dass sich nicht auf ein 'Vorher-Nachher' berufen kann, sondern ein 'Hier und auch Hier' akzeptieren muss. Deswegen ist es nicht möglich, den Film „Routine Pleasures" in einem absoluten Sinne einzurahmen. Jede Beschreibung ist gleichzeitig die Anerkennung ihres eigenen Scheiterns.
Was aber zeigen die Bilder?

Beschreibung 1:

„Berge, Wiesen und kleine Ansiedlungen zeichnen das Bild des ländlichen Amerika. Zwischendurch schlängeln sich Eisenbahnlinien, auf denen stattliche Lokomotiven Menschen und Güter an ferne Orte transportieren. Vor einem Farmhaus parkt ein schwarzer Citroën DS. Was macht ein solches Auto in dieser Umgebung? Sein Besitzer, ein französischer Filmemacher namens Jean-Pierre Gorin reist durch den Moment einer Landschaft. Er kommt in eine Ortschaft, deren Gebäude direkte Nachfahren der Siedlungen sind, wie wir sie aus zahllosen Western-Filmen kennen. Holzhäuser mit Veranden säumen die Straße. Gorin fährt weiter, durch felsige Gebirgszüge. Als nächstes, etwas später, erreicht er eine Stadt. Das Treiben in den Straßen, Reisende vor dem Bahnhof, Geräusche aus der Bahnhofshalle. Eine Frau sitzt auf den Stufen eines Hauses mit hölzerner Fassade. Gorin fühlt sich an die Fotografien von Walker Evans erinnert. Ein Kino kündigt einen Film mit James Cagney und Mary Astor an. 'Lolita' sitzt am Pool, Objekt der Fantasien ihres erwachsenen Liebhabers. Wir beobachten Ausschnitte, in denen sich Realität und Imagination zu

Description 1:

"Mountains, fields and small settlements form a picture of rural America. Railroad lines wind their way amongst them, and stately locomotives move along them, carrying people and goods to faraway places. A black Citroën DS is parked in front of a farmhouse. What is a car like that doing there? Its owner, a French film-maker named Jean-Pierre Gorin, is travelling through the moment of a landscape. He arrives in a town with buildings that look like the direct descendants of the settlements we recognize from countless westerns. Wooden houses with porches line the streets. Gorin drives on, passing through chains of rocky mountain. Somewhat later, he enters a city. Hustle and bustle in the streets, travellers outside the railway station, noises heard from inside the station. A woman sits on the steps of a house with a wooden front – reminders of Walker Evans' photographs. A movie theatre announces a film starring James Cagney and Mary Astor. 'Lolita' sits at poolside, the object of her adult lover's fantasies. We witness scenes in which reality and imagination merge to form a version of 1950s America – a version composed of many different visual notions from different periods, one in which the separate elements join to form a broadly constructed order that give rise to the illusion of consistency. The Citroën doesn't fit here. It stands, its engine stalled, on the tracks at a railroad crossing. Cut. A freight train approaches. Cut. It enters a tunnel ahead of the railroad crossing, the sounds of its approach heralding the inevitable: the locomotive crashes at full speed into Gorin's car, causing an explosion of glass and metal. The powerful train pushes the car out of the frame."

"Clocks are on!" This call signals the start of work for the model railroaders. For an entire Tuesday evening (weekly), the train people immerse themselves in a unique world that has a pace of its own. "In the process, work and play got strangely confused."[8] The people, each with his own job to do, enter the ordered realm of their artificial world voluntarily. They take pleasure in the routine procedures required to run the model world and in the performance of tasks interwoven into the rhythm of the train schedule. Gorin is captivated and fascinated by this order; he is initiated into by Corky, the General Manager, who places a model car in the

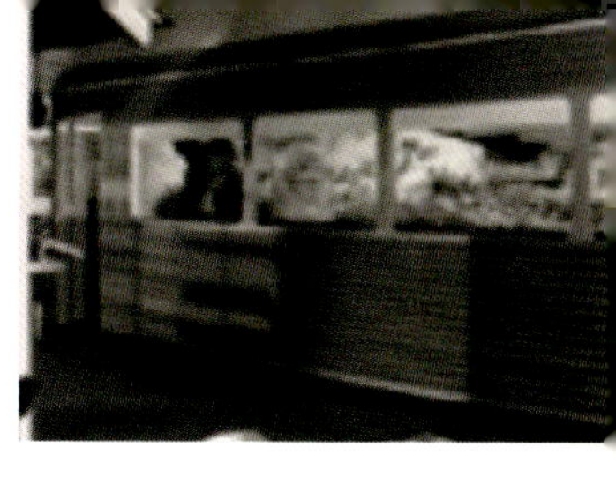

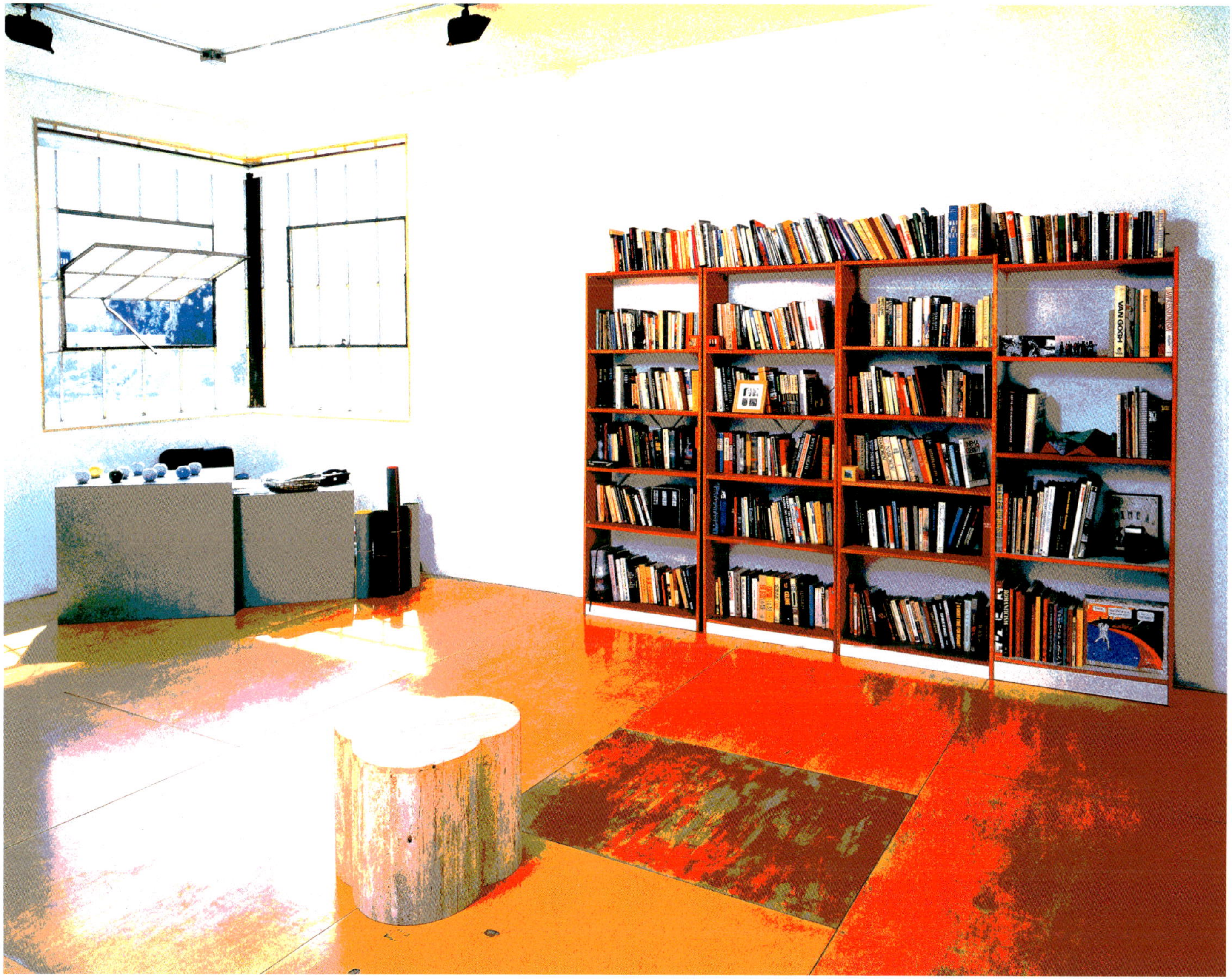

53

einer Version Amerikas in den fünfziger Jahren verketten, einer Version, die sich aus unterschiedlichen Vor-Bildern aus verschiedenen Zeiten zusammensetzt in der die Einzelteile sich zu einer umfassend konstruierten Ordnung fügen, die die Illusion von Stimmigkeit ermöglicht. Der Citroën passt da nicht hinein. Mit Motorschaden steht er auf den Gleisen an einem Bahnübergang. Schnitt. Ein Güterzug nähert sich. Schnitt. Er fährt in den Tunnel vor dem Bahnübergang ein, die näherkommenden Geräusche verkünden das Unausweichliche: Mit voller Geschwindigkeit erfasst die Lokomotive das Auto Gorins. Glas und Metall zerbersten. Der mächtige Zug schiebt den Wagen aus dem Bild."

„Clocks are on!" Mit diesem Aufruf beginnt die Schicht der Modelleisenbahner. Für die Dauer eines (jeden) Dienstag Abend tauchen die Zugleute in eine eigene Welt, eine eigene Geschwindigkeit ein. „In the process, work and play got strangely confused."[8] Die Leute, jeder in Ausübung seiner Funktion, begeben sich freiwillig in die Ordnung ihrer konstruierten Welt. Sie beziehen ihr Vergnügen aus den Routinen der Abläufe, die der Betrieb der Anlage vorgibt. Und aus den Erledigungen, die sie in die Rhythmen des Fahrplans einweben. Gorin erliegt der Faszination dieser Ordnung, er wird eingetaucht, als eines Abends Corky, der General Manager, ein Modellauto in die Landschaft setzt. „I was in, all right? But how had I come to sign on for this trip?", fragt Gorin, während das Modellauto seines Citroën DS in die verschiedenen Szenarien der Modelleisenbahnanlage gestellt wird. Gorin betritt ein Bild in Form des Klischees eines französischen Autos.

„Clocks are on!" Ebenfalls mit diesem Aufruf wechselt „Routine Pleasures" nach etwa einer Stunde vom distanzierten Schwarzweiss in die Farbigkeit der filmischen Illusion. In Anlehnung an den amerikanischen Spielfilm „The Wizard of Oz" aus dem Jahr 1939 (Regie: Victor Fleming) kennzeichnet dieser Schritt auf der materiellen Bildebene die Gleichzeitigkeit von Aktualität und Virtualität. In jenem Film - weithin bekannt als der erste Farb-Spielfilm - erscheint der Protagonistin Dorothy (dargestellt von Judy Garland) die Traumwelt des Zauberreiches zunächst lebenswerter als die graue Wirklichkeit der Rahmenhandlung. Hier

landscape one evening. "I was in, all right? But how had I come to sign on for this trip?", Gorin asks himself while the model of Citroën DS is inserted into the various sceneries in the model railroad layout. Gorin enters the picture in the form of the cliché image of a French car.
"Clocks are on!" With the same call, "Routine Pleasures" shifts after about an hour from the distanced perspective of black-and-white into the colourful world of cinematic illusion. In an unmistakable reference to "The Wizard of Oz" (Victor Fleming's 1939 classic), this material shift in visual perspective underscores the simultaneity of reality and virtuality. In Fleming's movie – well-known as the first full-length color feature – the young protagonist Dorothy (Judy Garland) initially finds the dream world of the enchanted kingdom preferable to the grey reality of the frame story. It is a brilliant Technicolour world. Its splendid colour identifies the realm of fantasy, yet Dorothy (and the audience) experience her adventure as real life. The shift to colour also signals the beginning of a trend that would eventually lead to the association – now taken for granted – of reality with the colour image, with the perceived illusion of authentic reality. Gorin also shifts to colour to achieve a real-life illusion. He meets the expectations of his audience, the train people, who are to have 'their' film. However, by injecting images of paintings by Farber at previous points in the film (the camera pans over his paintings appear in colour), Gorin achieves a simultaneity of maximum identification and obvious construction. The scene is experience and commentary in one. The complete immersion of the camera into the model-railroad scenes enhance the illusion of real presence; yet the staged character of the shots is emphasized at the same time, as the elements of the model lose their natural look in the close-up view. It becomes clear that the experience of objects and actions can unite two completely different views: everyday life, routine, normalcy and function, on the one hand, abstraction and model, on the other. The outcome is a paradox that evades its own description. Gorin becomes aware in the course of the film that he has come to understand the code language used by the train people. The language brings him closer; he enters the landscape, moving from observation into dream, into the visual image, fading into pure image where description reaches its greatest degree of detail.

Segment 4. The conditions of imagination

Nelson explains how he got his name. Gene had forgotten his real name (mistaken identity) and called him Ed. Gene thought, "well, let him talk", but it went on like that, and soon everyone was calling him (as introduced in a segment title)

Ed! Ed!

Louis Althusser's reflections on ideology and ideological mechanisms of power (" Ideology and Ideological State Apparatusses")9 describe a similar naming process through which the (supposedly self-determined) subject is drawn into an other-defined position, which it assumes from then on. Written between January and April 1969, and published in 1970, the essay is clearly a polemical response to the failure of the revolutionary movement of 1968. In attempting to answer the question of why the French populace did not respond positively to the ideas behind the May uprising of 1968, Althusser focuses upon the mechanisms of the reproduction governing the conditions of production. Others have discussed the weaknesses of Althusser's argumentation and its questionable currency.10 Yet in light of the influence of French and British film theory of the 1970s, his view would seem to offer an explanation for Gorin's playful insertion and revision of his own background, his own patterns of perception. Pursuing the association a bit further, I would like to sketch Althusser's theory briefly.

"Ideology is a representation of individuals' imaginary relationships with their real living conditions."11 Various different systems of authority – church, school, cultural institutions, etc. – shape the individual through education and prescribed ritual into a subject who acts in a material context and in accordance with his convictions. In other words, every one of these places prescribes a certain position for the subject, and the individual integrates himself into it. But why does he assume this position at all? Althusser's answer: "Ideology addresses individuals as subjects."12 What we regard as self-evident, our freedom as individuals, Althusser sees as an effect of ideology which is imprinted upon us

herrscht das bunte Technicolor. Es markiert in seiner überbordenden Farbpalette das Reich der Fantasie, dennoch erlebt Dorothy (und die FilmzuschauerInnen) ihre Abenteuer als reale Erfahrung. Der Wechsel zur Farbe steht zudem für den Beginn einer Entwicklung, in deren Folge filmische Realität immer mehr und heute selbstverständlich mit dem farbigen Bild, mit der wahrnehmungsgetreuen Illusion von Präsenz verbunden sein sollte. Für das stimmige Bild wird auch bei Gorin die Farbe eingeschaltet. Er erfüllt die Erwartungshaltung seines Publikums, der Zugleute, die 'ihren' Film bekommen sollen. Dadurch, dass an vorherigen Stellen das Farbfilmmaterial jedoch mit der Malerei Farbers besetzt wird (die Kamerafahrten über seine Gemälde sind in Farbe gedreht), erreicht Gorin nun die Gleichzeitigkeit größtmöglicher Identifikation und eindeutiger Konstruiertheit. Die Szene wird Erfahrung und Kommentar zugleich. Zum einen unterstützt das vollständige Eintauchen der Kamera in die Szenarien der Modellanlage die Illusion von Präsenz. Zum anderen bleibt der inszenierte Charakter der Aufnahmen erkennbar, denn in der Nahbetrachtung verlieren die Elemente des Modells ihren selbstverständlichen Anschein. Es wird nachvollziehbar, wie die Erfahrung von Objekten und Handlungen zwei völlig unterschiedliche Bewertungen miteinander vereinen kann. Alltag, Routine, Norm(-alität), Funktion auf der einen Seite, Abstraktion, Modell auf der anderen Seite. Im Ergebnis ein Paradox, das seiner Beschreibung entkommt. Gorin bemerkt im Verlauf des Films, wie er immer mehr von der codierten Sprache der Zugleute versteht. Über die Sprache folgt die Annäherung, er taucht in die Landschaft ein, aus der Beobachtung in den Traum, in das Bild, um dann im Moment der größtmöglichen Detailbeschreibung im Bild aufzugehen.

Segment 4: Die Bedingung der Imagination

Nelson erzählt, wie er zu seinem Namen kam. Gene hatte Nelsons Namen vergessen (Verkennung) und nannte ihn Ed; der dachte, lass ihn reden, aber das ging so weiter und bald rief ihn jeder (im Film folgt ein Zwischentitel)

Ed! Ed!

Louis Althussers Überlegungen zu „Ideologie und ideologische Staatsapparate"9 beschreiben einen vergleichbaren Prozess der Anrufung, bei der das (vermeintlich selbstbestimmte) Subjekt in eine fremddefinierte Position gezogen wird, die es von da an einnimmt. Geschrieben von Januar bis April 1969 und 1970 als „Anmerkungen für eine Untersuchung" veröffentlicht, ist dieser Text offensichtlich eine polemische Reaktion auf das Scheitern der revolutionären Bewegung des Jahres 1968. Althusser versucht zu beantworten, weshalb die französische Bevölkerung nicht positiv auf die Inhalte vom Mai '68 reagiert habe und stößt dabei auf die Mechanismen der Reproduktion der Produktionsverhältnisse. Fragen nach Schwächen oder Aktualität der Argumentation sind anderswo bereits diskutiert worden 10. Aufgrund des Einflusses auf die französische und britische Filmtheorie der siebziger Jahre scheint hier jedoch ein Beispiel für Gorins spielerische Einbringung und Revision seines eigenen Hintergrundes, seiner eigenen Wahrnehmungsmuster gegeben. Der Assoziation folgend möchte ich Althussers These kurz skizzieren.

„Die Ideologie ist eine 'Darstellung' des imaginären Verhältnisses der Individuen zu ihren wirklichen Lebensbedingungen."11 In verschiedenen ideologischen Staatsapparaten - Kirche, Schule, kulturelle Einrichtungen etc. - wird das Individuum über Erziehung und festgelegte Rituale zum materiell handelnden Subjekt in Ausübung seiner Überzeugung geformt. Mit anderen Worten: Jeder dieser Orte sieht bestimmte Positionen für das Subjekt vor, eine Praxis, in die das Individuum sich einfügt. Warum aber nimmt es diese Position überhaupt ein? Althussers Antwort: „Die Ideologie ruft die Individuen als Subjekte an."12 Was wir für selbstverständlich halten, dass wir freie Subjekte sind, ist nach Althusser ein Effekt der Ideologie, der sich über den Anrufungsprozess, über die Rituale, in die wir von Geburt an verstrickt werden, in uns einschreibt.13 So wie 'Nelson' zu 'Ed' wird, dadurch dass er immer wieder als dieser angerufen wird, bis er automatisch auf die Anrufung reagiert, sich also in die Kategorie Subjekt unter diesem für ihn vorgesehenen Namen einfügt. Er unterwirft sich einer Ordnung und akzeptiert diese als die seinige.

through the process of identification, through the rituals in which we are involved from birth.13 Just as Nelson becomes "Ed" by being addressed in this way until he responds automatically, assuming his position as a subject under this assigned name. He subordinates himself to an order and accepts it as his own – just as the train people repeat certain procedures over and over again to ensure that the model railroad continues to function, drawing their own self-identities from its context.

Belief that conscious free-will underlies our decisions about actions is one of the conditions of imagination. Gorin, a self-professed former Marxist, presents the members of the group in their functional positions, in the roles they have assumed with conscientious devotion to duty in the game. The youngest member is the "President" – a position that has no real significance in the hierarchical order but is important in a symbolic sense. The others have held the office, and so may he as well. There is a "Scenery Superintendent", responsible for upkeep of the landscape. The "Model-Builder" paints the trains and gives them their unique identities. The "Sound Manager" provides realistic background sound, and the imagined picture combines the sounds with the symbolic order in the mind. The images are already there; the film follows them.

"Work and its rhythm. Tools and what they do with you."14 The human being becomes a function of work, of production, and not the other way around. Yet the decision to work does not relate to the product but instead to the routine, to the rituals, to the encounters that work makes possible. A second world emerges alongside the world of production – the world of relationships. In 1995, Philippe Parreno organized the workshop "Factory of Clouds" at the Kunstverein in Hamburg. The exhibition "While ..." was developed by teams working in groups, creating items for exhibition, designing thought clouds. The idea was that, under the conditions of the exhibition business, the product of which is closely bound to the concept of freedom, relationships would emerge among the participants that would represent the real product of the workshop, although it was not a product that could be incorporated into the economic process. The train people also

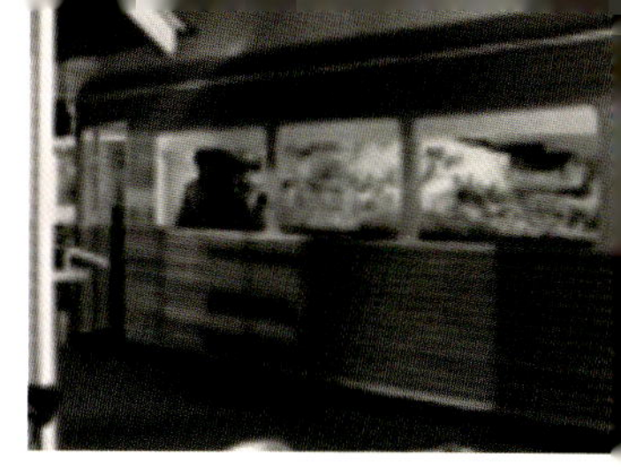

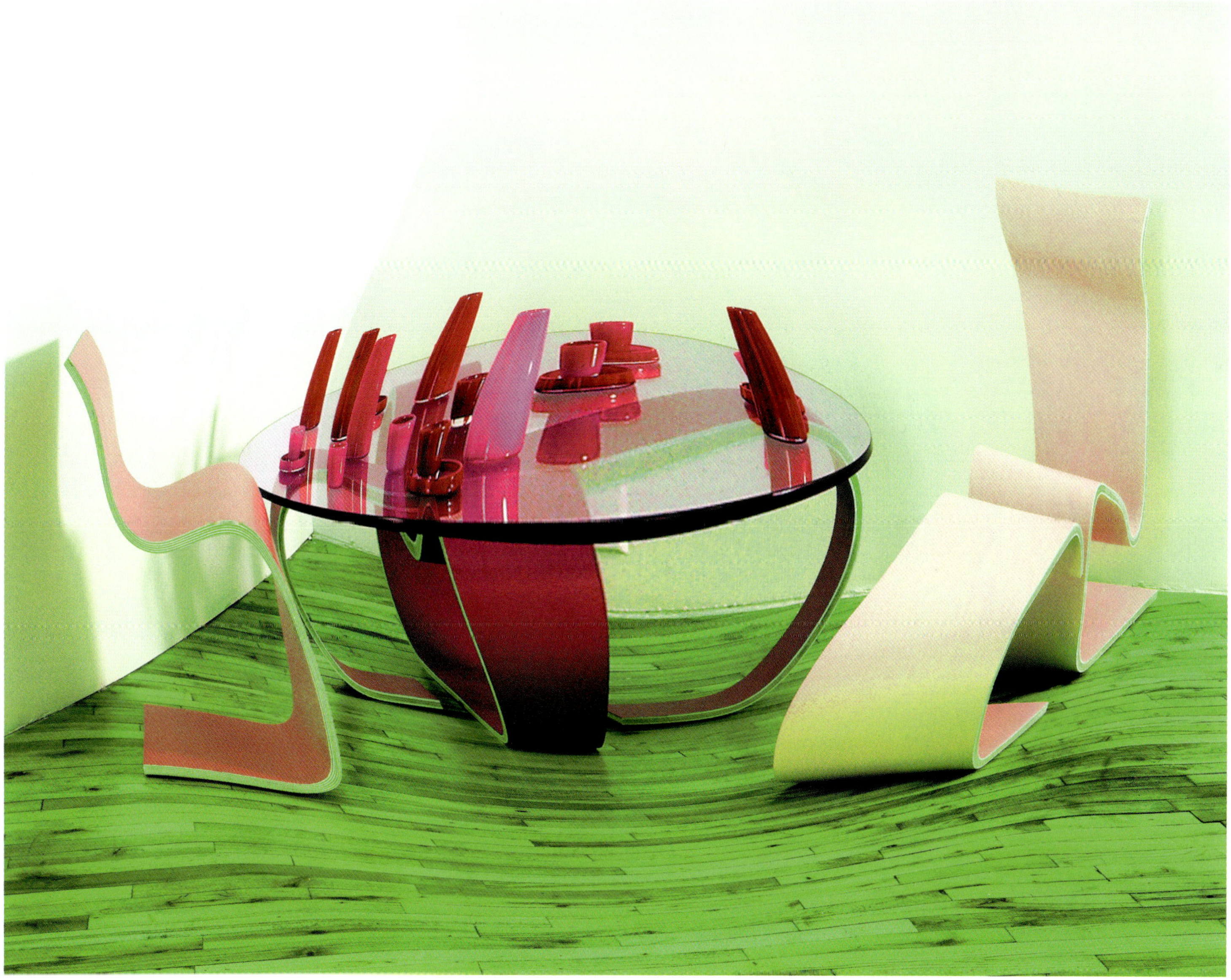

So wie die Zugleute bestimmte Abläufe wiederholen, damit die Anlage funktioniert, und daraus ihre Identifikation innerhalb ihres Gefüges beziehen.

Der Glaube an die bewusste Freiwilligkeit in der Wahl meiner Handlungen ist ein Teil der Bedingung der Imagination. Gorin, ein Ex-Marxist wie er von sich selbst sagt, stellt die Mitglieder in ihrer Funktion vor, in der Rolle, in die sie sich für ihr Spiel begeben haben und die sie mit Gewissenhaftigkeit ausfüllen. Da ist das jüngste Mitglied, der 'President'. Eine real unbedeutende Position innerhalb der Hierarchie, aber von symbolischer Wichtigkeit. Die anderen waren es schon, also darf er es auch sein. Es gibt den 'Scenery Super Intendent', verantwortlich für den Erhalt der Landschaft. Der 'Modellbauer' bemalt die Züge und gibt ihnen eine unverwechselbare Identität. Da ist der 'Sound Manager', der für die realistische Tonuntermalung der Szenerie sorgt. Das imaginierte Bild im Kopf verbindet die Geräusche mit der symbolischen Ordnung. Die Bilder sind schon da, der Film folgt.

„Arbeit und ihr Rhythmus. Werkzeuge und was sie mit dir machen."14 Der Mensch wird zur Funktion der Arbeit, des Produzierens, nicht umgekehrt, aber die Entscheidung zur Arbeit gilt nicht dem Produkt, sondern der Routine, den Ritualen, Begegnungen, die durch das Arbeiten erst möglich werden. Neben der Welt der Produktion entsteht eine zweite Welt, die Welt der Beziehungen. Philippe Parreno veranstaltete 1995 im Kunstverein in Hamburg den Workshop „Factory of Clouds". In Gruppenarbeit wurde die Ausstellung „While..." entwickelt, Ausstellungsstücke hergestellt, Gedankenwolken entworfen. Der Gedanke war, dass sich innerhalb der Bedingungen des Ausstellungsbetriebes, dessen Produkt selbst an den Freizeitbegriff gebunden ist, Beziehungen zwischen den Teilnehmern herstellen, die das eigentliche, jedoch nicht in den ökonomischen Prozess einfügbare Produkt des Workshops darstellen.
Auch die Zugleute scheinen ihr Vergnügen genauso aus den Routinen ihrer wöchentlichen Rituale zu ziehen wie aus der Perfektionierung ihres Produkts. Sie begeben sich in eine ideologische Ordnung, nehmen als Subjekte die Funktionen zum

appear to derive their pleasure as much from their routines, their weekly rituals, as from the process of perfecting their product. They take their places within an ideological order, assuming subject roles dedicated to preservation of the system and, in the process, deriving for themselves a sense of enjoyment to which Gorin begins to subscribe more and more. It is as if he were being drawn step by step into a position that enables him to become part of the order, but only to make it a platform for his reflections on these processes at the same time. Actuality and virtuality circle around one another, becoming indistinguishable. It is a back-and-forth between planned event and random occurrence, between ritualized order and the appropriation of process, between modern answers and the questions that take on the character of answers in the process of review.

Schedules

"Was it their schedule that sheltered them from the storm?", Gorin asks, discovering in the limitation of decision-making freedom imposed by the train people upon themselves parallels to his imagined freedom as a film-maker. He, too, works within certain parameters, of course. Roger explains that they can change the schedule as they wish within the scope of the general conditions. It is a game played with contingencies, with the schedule serving as a "temporal landscape", as Roger refers to it.

Gorin arrives at the construction of an all-encompassing image, the ingredients of which must remain in their proper place, in order to live in it. The protagonists voluntarily subordinate themselves to a staged order that is itself composed of images based upon experienced reality. The order requires them to perform their routines in order to preserve the picture. In this way, the model railroaders perpetuate the experience of exercising control over the world they have created as subjects acting of their own free will.

Description 2:

The film begins with an image: two men sitting on a bench,

confined in a small waiting room. While they wait for the arriving train, they tell their life stories to each other. One is Jean-Pierre Gorin; the other is Roger, one of the people from Del Mar, one of the model railroaders. Off-camera, Gorin says that he has always liked the idea. When Roger has finished his story, he begins to tell his. It is the story of a guy who moved from Paris to Los Angeles in 1977, a man who entered a world which already existed in his head before he arrived: in pictures seen in movies by Howard Hawks, Wellman, John Ford – Ford, the director of the great American landscapes, of the dream of the conquest of the West. Perhaps that explains the railroad.

The very first landscape images are stills, views of the model, close-ups in which the frames are filled with the realistic illusion of the model. Then a flap opens in the landscape. The train people enter and begin working on their model. The dimensions shift. Photographs show scenes from the early phases of the model's existence. But what do they really reveal?

"But maybe I should start differently." Gorin interrupts himself, introducing the second segment with the photo of a college football player in pose: another, different image of America. It is the beginning of the story of Manny Farber, the carpenter, film critic and teacher, the painter. "MANNY FARBER": the words appear when the name is mentioned – print, name as image, as trademark, as signature.

The film does not actually begin with the shot of the men on the bench. The opening image is a black screen, underlay with the sounds of a railways station. The sound from off camera expands the frame of the screen. The image takes shape in the imagination: a cliché, a routine, a sense of pleasure.

1 Gorin in "Routine Pleasures", 1986; directed by Jean-Pierre Gorin
2 Quotation translated from Gilles Deleuze," Das Zeit-Bild. Kino 2", Frankfurt am Main, Suhrkamp, 1997/1985p. 71.
3 Ibid., p. 71
4 Ibid., p. 77
5 Ibid., p. 169

Erhalt des Systems ein, entwickeln dabei aber ein Vergnügen, ein Potential, auf das Gorin sich mehr und mehr einlässt. Es ist, als werde er mehr und mehr in die Position gezogen, die ihn Teil der Ordnung werden lässt, jedoch nur um sie im gleichen Moment zur Plattform seiner Reflexion über diesen Prozess zu machen. Aktualität und Virtualität kreisen umeinander, werden ununterscheidbar. Es ist ein Doppelspiel zwischen Stattfinden und Passieren, zwischen der rituellen Ordnung und der prozessualen Aneignung, zwischen den Antworten der Moderne und den Fragen, die in ihrer Revision die Position der Antworten einnehmen.

Fahrpläne

„Was it their schedule that sheltered them from the storm?", fragt Gorin und entdeckt in der Einschränkung der Entscheidungsfreiheit, die sich die Zugleute auferlegen, Parallelen zu seiner imaginierten Freiheit als Filmemacher. Natürlich arbeitet auch er innerhalb bestimmter Parameter. Roger erzählt, dass sie den Fahrplan innerhalb der Bedingungen ändern könnten wie sie wollen. Es ist das Spiel mit der Kontingenz, der Fahrplan als "temporal landscape", wie Roger es nennt. Gorin stößt auf die umfassende Konstruktion eines Bildes, dessen Bestandteile an ihrem Platz bleiben müssen, um darin leben zu können. Die Protagonisten unterwerfen sich freiwillig einer inszenierten Ordnung, die selbst einmal aus den Bildern einer gelebten Realitiät entstanden ist. Die Ordnung fordert ihrerseits Handlungsabläufe ein, damit das Bild aufrecht erhalten werden kann. So bewahren die Modelleisenbahner das Erlebnis, als selbstbestimmt handelnde Subjekte die Kontrolle über die von ihnen erschaffene Welt auszuüben.

Beschreibung 2:

Der Film beginnt mit einem Bild: Zwei Männer sitzen auf einer Bank, gefangen in einem kleinen Wartesaal. Sie warten auf den nächsten Zug. Dabei erzählen sie einander ihr Leben. Der eine: Jean-Pierre Gorin. Der andere: Roger, einer von den Leuten aus

Del Mar. Einer von den Modelleisenbahnern. Gorin erzählt, aus dem Off, er habe so eine Vorstellung immer gemocht. Wenn Roger seine Geschichte beendet hat, wird Gorin seine erzählen. Es ist die Geschichte von einem, der 1977 von Paris nach Los Angeles zog. Der in eine Welt zog, die, bevor er ankam, bereits in seinem Kopf existiert hatte. In Bildern, vermittelt durch Filme von Howard Hawks, von Wellman, John Ford. Ford, der Regisseur der großen amerikanischen Landschaften, des Traumes von der Eroberung des Westens, vielleicht deshalb die Eisenbahn.
Vom ersten Moment an werden die Landschaftsbilder Standbilder, zeigen Ansichten des Modells, Nahaufnahmen, in denen der Bildrahmen von der realistischen Illusion des Modells ausgefüllt ist. Dann öffnet sich eine Klappe in der Landschaft, die Zugleute treten hervor, beginnen am Modell zu arbeiten. Die Dimensionen verschieben sich. Fotografien zeigen Bilder vom Entstehen der Anlage, doch was zeigen sie schon?

"But maybe I should start differently", unterbricht sich Gorin und leitet das zweite Segment mit dem Foto eines Collegefootballers in Pose ein. Ein anderes, ein weiteres Bild von Amerika. Der Beginn der Geschichte von Manny Farber, dem Schreiner, Filmkritiker und -lehrer, dem Maler. 'MANNY FARBER': das SchriftBILD erscheint bei Erwähnung des Namens, Schrift, der Name als Bild, als Markenzeichen, als Signatur.

Eigentlich beginnt der Film gar nicht mit den Männern auf der Bank. Das erste Bild ist schwarzer Bildschirm, Geräusche vom Bahnhofstreiben. Der Ton aus dem Off erweitert den Rahmen der Bildfläche. Das Bild entsteht im Kopf, ein Klischee, eine Routine, ein Vergnügen.

1 Gorin in: "Routine Pleasures", 1986; Regie: Jean-Pierre Gorin
2 Deleuze, Gilles, Das Zeit-Bild. Kino 2, Frankfurt am Main, 1997/1985
3 ebd., S. 71
4 ebd., S. 77
5 ebd., S. 169
6 Balke, Friedrich, Gilles Deleuze, Frankfurt am Main, 1998, S.70
7 Gorin in Routine Pleasures
8 Althusser, Louis, Ideologie und ideologische Staatsapparate, Berlin, Version 1,97
9 vergleiche dazu etwa: Stuart Hall, The problem of ideology: Marxism without

6 Balke, Friedrich, Gilles Deleuze , Frankfurt am Main, Campus, 1998, p.70.
7 Gorin in "Routine Pleasures".
8 From Althusser, Louis, "Ideologie und ideologische Staatsapparate", Berlin, b-books, Version 1.97.
9 See, among others, Stuart Hall, "The problem of ideology: Marxism without guarantees", in: David Morley und Kuan Hsing-Chen (eds.), *Stuart Hall*, London/New York, Routledge, 1996, pp. 25 – 46.
10 Quotation translated from Althusser, p. 32.
11 Ibid., p. 39.
12 A necessary effect that relates in a fundamental way to growth of identity as a subject. Althusser recognizes parallels to Lacan's model of the origin of the subject in entry into the symbolic order.
13 Gorin in Routine Pleasures

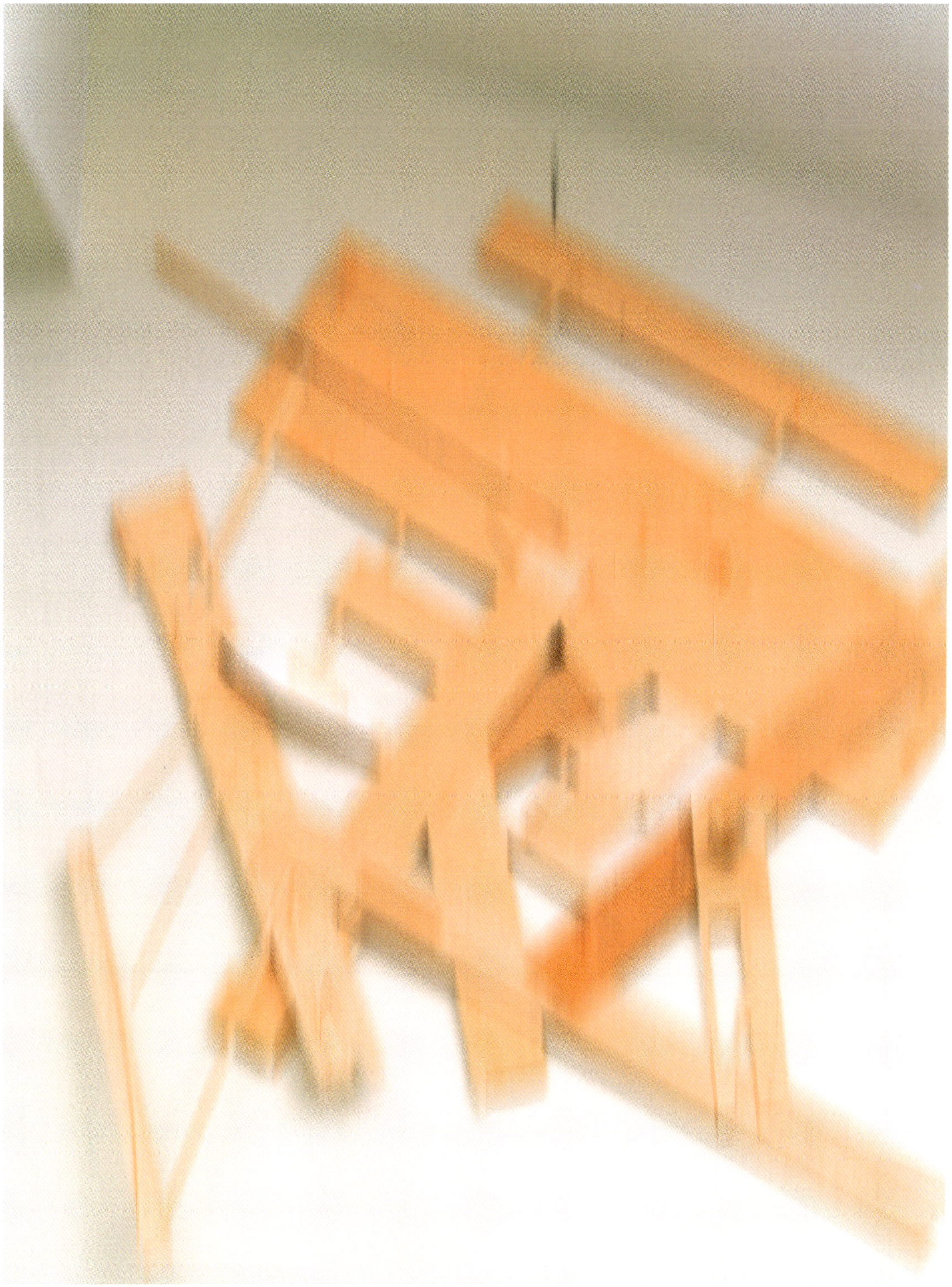

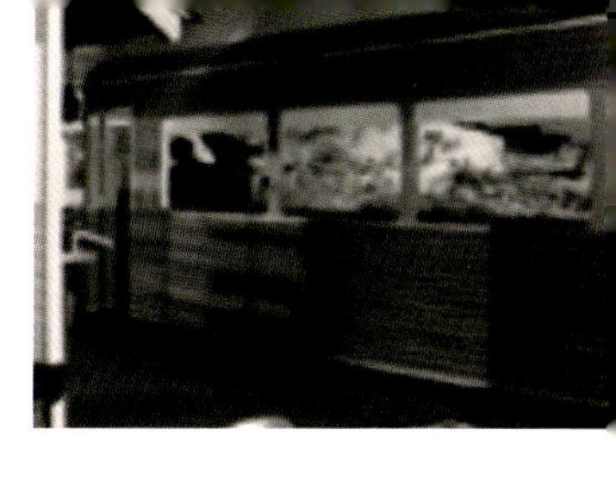

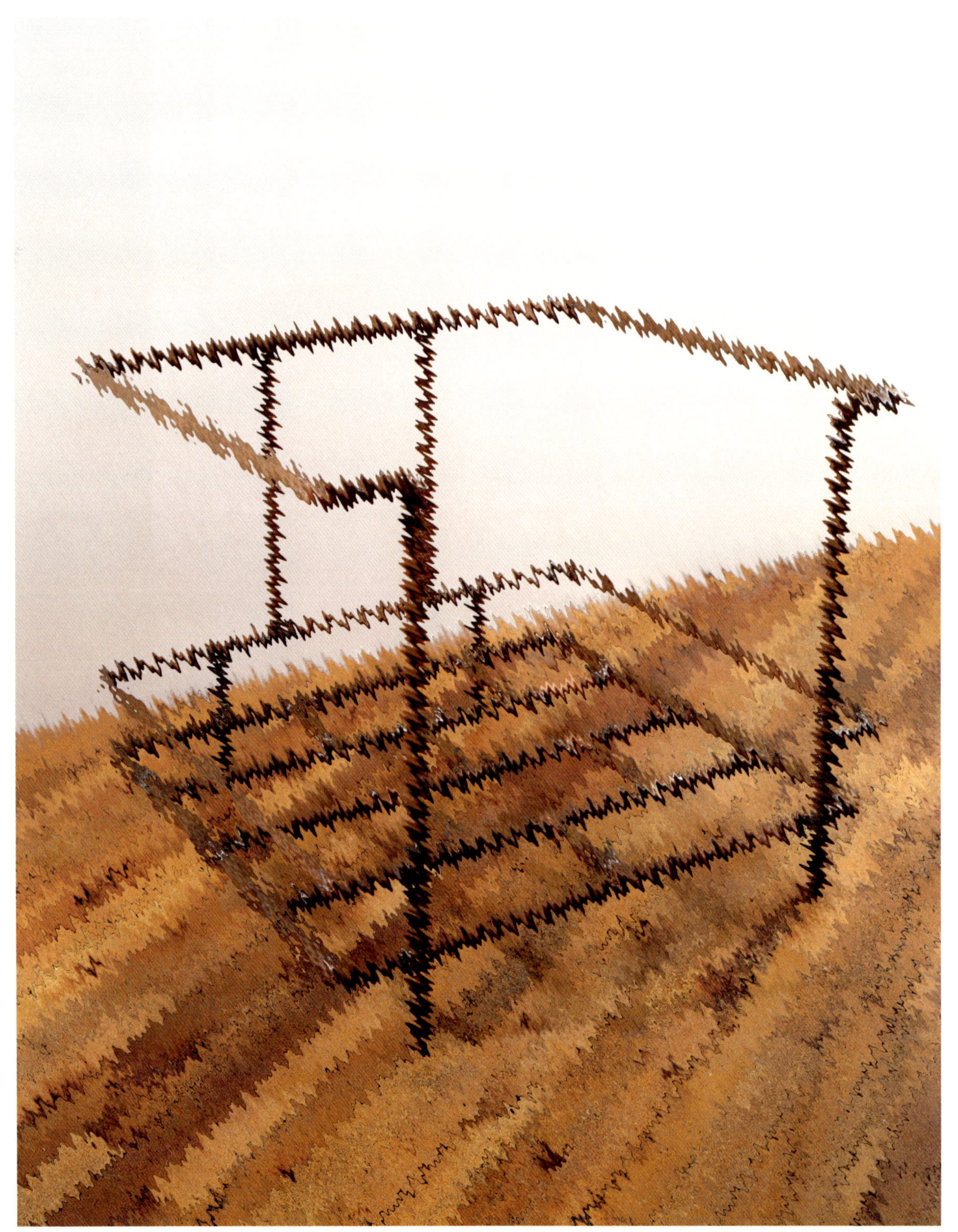

guarantees, in: David Morley und Kuan Hsing-Chen (Hg.), Stuart Hall, London/New York: Routledge, 1996, S. 25 - 46

10 Althusser, S. 32

11 ebd., S. 39

12 Ein notwendiger Effekt, der grundlegend mit der Subjektwerdung zu tun hat. Althusser zieht hier Parallelen zu Lacans Modell von der Subjektwerdung durch den Eintritt in die symbolische Ordnung.

13 Gorin in Routine Pleasures

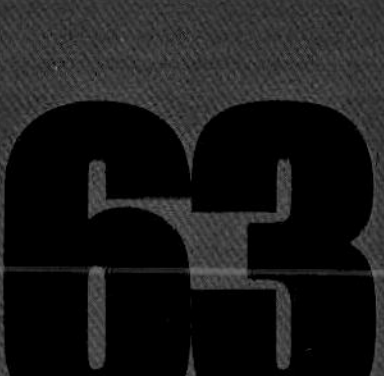

Philippe Parreno

"It's me and the system ..."

Regrettably we must start with a long digression. In 1970 Roland Barthes wrote his first articles for the "Cahiers du Cinéma". He admits at the time to being more interested in the pictograms, - the stills frames from the films - than in the films themselves. When the stills for illustrating the magazine articles were spread in front of him, it was these fixed images which caught his fancy. He was a bit ashamed; cinema is about movement, after all. At first he chalked this seduction up to his lack of cinematographic culture until he developed the idea of a third kind of reading of images, which he called the 'obtuse sense'.

Communication was the first comprehension tool at our disposal. Often based on some kind of historic legitimacy, communication refers to something, has as its goal to inform: we say that communication is information. Then we put the signification on the side of the symbolic. We often appeal to this binary relationship, signifier/signified or construction/deconstruction in order to understand, analyze or generate an image. The baby-boom generation has often overdone this. They had the Cold War where logically one finds two opposed blocs, and a third world which occured almost by accident, a consequence, just the 'remainder' of the fraction. Indeed, we remain so attached to this form of organization of the universe that the third world is still designated as an entity in front of which two blocs in

Philippe Parreno

"It's me and the system ..."

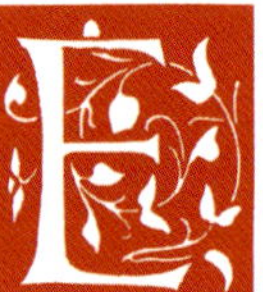

Es ist leider notwendig, dass ich mit einem langen Ausflug beginne: 1970 schreibt Roland Barthes seine ersten Chroniken in den „Cahiers du Cinéma". Er gesteht, dass ihn die Piktogramme – Bilder aus Filmausschnitten – mehr interessieren als die Filme selbst. Er schämt sich sogar ein wenig dafür, weil doch jeder weiß, dass das Kino eine Geschichte der Bewegung ist. Die Piktogramme, mit denen Filmzeitschriften regelmäßig ihre Artikel bebildern, liegen vor ihm, und genau diese Piktogramme faszinieren ihn am meisten. Er gibt sich für einen kurzen Moment dieser Verführung seiner kinematografischen Unkultur hin, bis ihm die Idee eines dritten Sinnes der Bildinterpretation kommt, den er den 'stumpfen Sinn' nennt.

Die Kommunikation war das erste Werkzeug, mit dessen Hilfe wir die Welt erkennen konnten. Oft auf einer historischen Gegebenheit basierend, gibt sie die Hinweise. Das Ziel der Kommunikation ist es zu informieren. Man sagt ja, die Kommunikation sei die Information. Erst danach kam die symbolische Bedeutung. Man berief sich noch sehr oft auf die Binome Bedeutender/Bedeuteter und Konstruktion/Dekonstruktion, um Bilder verstehen, analysieren und produzieren zu können. Die Babyboom-Generation hat dies zur Genüge missbraucht. Die Folge daraus war der Kalte Krieg, in dem sich logischerweise zwei Blöcke gegenüberstanden und eine Dritte Welt - der Rest des geteilten Kuchens, für die man sich später auch zu interessieren begann. Übrigens sind wir so sehr an diese Weltordnung gebunden, dass die Dritte Welt noch immer als eine dritte Welt bezeichnet wird. Hier klingt deutlich Geringschätzung durch, außerdem stehen ihr noch immer zwei oppositionelle Welten gegenüber. Die Konzeption der Welt hat sich in unzählige Vorstellungen aufgesplittert. Der 'dritte Sinn', dieser 'stumpfe Sinn', wie Barthes ihn definierte, beschäftigt sich mit diesen *Visionen*. Der 'dritte Sinn' aus der Lektüre tritt in Form einer Gegen-Erzählung in Erscheinung. Das ist eine Erzählung, die vielfältig und umkehrbar ist und sich an ihrer eigenen Dauer festmacht. Sie lässt uns in eine andere Zeitlichkeit eintreten, die weder leicht verdaulich (wie im Kino) noch träumerisch (wie in der Literatur) ist.

Dieser 'dritte Sinn' wird immer stärker wahrgenommen, man untersucht ihn sogar. Immer mehr werden wir von diesen Räumen, die man als nicht-mediatisierte Räume bezeichnen könnte, angezogen... Sie operieren in den Falten der Information. Kinder ziehen oft die Bilder von Comics dem Text vor, und Leute, die nicht in den Besitz eines Objekts gelangen können, weil es zu teuer ist, geben sich damit zufrieden, es zu begehren. Sie begnügen sich damit, Schaufenster anzusehen, Zeitschriften oder Kaufhaus-Kataloge durchzublättern. Auf alle Fälle gibt es großes Interesse fürs Interieur - Innendekorationszeitschriften florieren. Man kann all das als Sehnsucht nach vorstellbaren Geschichten, die aus einer gegebenen *Szene* entstehen, interpretieren. Das Wort *Szene* trägt unwahrscheinlich viele Bedeutungen in sich. Bezogen auf eine Film-Szene kann es einen Moment, aber auch eine Handlung oder auch das Set, in dem sich die Handlung abspielt, bedeuten. An diesen Orten können die "Sensations d'art" (gemäß dem treffenden Ausdruck von Dominique Gonzalez-Foerster), die Möglichkeiten von Existenz und Repräsentation, erprobt werden. Dies zu sagen ist zwar ein Klischee, aber die Kunst hat nie aufgehört, neue Formen zu erfinden, die die menschliche Existenz repräsentieren. So als ob letztlich die Moderne von diesem geistigen Raum ausgehen würde, von dieser Ebene, diesem Tisch der Immanenz.

Die abstrakten Räume basieren nicht auf magnetisch aufge-

opposition fight it out. Though conception of the world is clearly contrary to fact, it has been largely disseminated in innumerable '*visions*' of the world. This 'third reading', through what Barthes would call the 'obtuse sense' is interested in these '*visions*'. It presents itself as counter-narrative, a hidden and reversible narrative, attached to its own duration. It pulls us along into another temporality which is neither digetic (as at the cinema) nor dreamlike (as in literature).

The more one searches for it, the easier it becomes to perceive this 'third sense'. Our attraction for this kind of non-mediated space is growing. These spaces exist in the folds of information. Children often prefer the pictures in comics to the text in the speech bubbles, and consumers who cannot acquire an object too expensive can be satisfied with desiring it. They are content to window-shop, to leaf through magazines and catalogues. There is also the new passion for interiors, and "deco" magazines are more and more popular. All of this can be interpreted as a desire for stories which can be imagined from a given '*scene*'. The word '*scene*' benefits from an extraordinary polysemia since it designates both the scene in a film - i.e. an instant or an action, as well as the decor in which the action takes place. These are indeed loci in which one can experience the "sensation of art" (to use a term coined by Dominique Gonzalez-Foerster), possibilities of existence and representation. It is a cliché to say that art has never ceased to propose new ways of representing human existence. As if modernity ultimately stems from this mental space, this plateau, of this table of immanence.

These abstract spaces have nothing to do with the time of magnetic tape. They have their own temporality based on the script. These scenarios are so many parallel stories. This or that scenario imagined by an architect or a designer or an artist might be far from a cinematographic one. In film, one must refer to a mechanism of production, in other words, as a projection before one. The etymology of production takes us to "producere" in Latin, which means to advance something. Seen in the perspective of Marxist intuition, modern art has shown that producing signifies not so much fabricating objects as advancing the work. It is more a question of living with rather than producing, of living out a narrative rather than projecting stories. The script becomes a narrative which must include all the stages of a production line: production - realization - reception. These stages, nested one within the next, produce a narrative. First one must be faced with an image, a social lapse of time, or a private moment to snap a photo. If one changes the point of origin, the result will have to differ. The photos of Wolfgang Tillmans only exist because they are already evolving in images. He then pulls out his instamatic and snaps a photo. The *mise-en-scène* has already happened.

Of course, some architects produce models, elaborate three-dimensional simulations in the guise of a scenario. They are images which, in order to sell themselves must stop you short. Advertising is often that, it must literally stop us from thinking and walking on. They have a specific target. Their realization must be as close as possible to the model, just as films must follow the script as closely as possible. It is a question of economy.

Jorge Pardo's house on Mount Washington is not inscribed in this logic of production, it operates on another economy of narrative. The money invested in a prototype or a model is invested elsewhere, in the very tools of representation and creation of the project. In this sense projects like these cannot be utopian because they are not projective. It is not so much their feasibility which must be shown, but rather their potential to generate stories which must be demonstrated. Stories which are continued by a spectator's glance or by his words.

In this way, the new modalities of construction are inscribed in a singular time frame. They invent their own narrative modality. This search for another narrative is undoubtedly necessary in order to make oneself heard without having to resolve the contradictions of history, without any convoluted political engagement. The problem is not to destroy the story but to subvert it, destruction or subversion not being at all the same thing. The 'obtuse sense' is fluid and complex; it belongs to a transforming and hybridized new culture.

zeichneter Zeit. Sie haben ihre eigene Zeitlichkeit und basieren auf einem Drehbuch. Diese Szenarien sind auch parallele Geschichten. Das hier gemeinte Szenario oder eines, wie es gewisse Architekten, Designer oder Künstler verstehen, ist weit vom einem solchen fürs Kino entfernt. Im Kino hat geht es um die Mechanik der Produktion, die eine Art Nach-vorne-Projizieren ist. Das Wort Produktion kommt vom lateinischen "producere", das bedeutet, etwas vorantreiben. In der logischen Folge der marxistischen Intuition hat die moderne Kunst gezeigt, dass produzieren nicht so sehr bedeutet, Objekte herzustellen, als das Werk voranzutreiben. Es geht mehr ums Bewohnen als ums Produzieren, eher darum, eine Erzählung zu bewohnen als Geschichten zu projizieren. Das Drehbuch wird zu einer Erzählung, die alle Etappen einer Produktionskette umfasst, Produktion - Realisation - Rezeption. In diesen ineinandergreifenden Etappen entsteht eine Erzählung. Aber zuerst muss man in ein mögliches Bild eintreten, in eine soziale Situation oder einen privaten Moment, um überhaupt ein Abbild machen zu können. Wenn man den Ausgangspunkt ändert, verändert sich zwangsläufig das Ergebnis. Die Fotos von Wolfgang Tillmans existieren nur durch das, was er bereits in seinen Vorstellungsbildern entwickelt hat. Daraufhin nimmt er seine Instamatic zur Hand und macht ein Bild. Die Regieführung hat bereits stattgefunden.

Einige Architekten produzieren natürlich noch immer Modelle - hochentwickelte, dreidimensionale Simulationen - in der Verkleidung von Szenarien. Diese Bilder hören auf zu existieren, sobald sie verkauft sind. Die Werbung verhält sich auch oft so, sie muss uns buchstäblich vom Vorwärtsschreiten und Denken abhalten. Es gibt eine präzise Adresse. Die Realisierung muss so nah wie möglich am Modell bleiben, ebenso wie das Skript so nahe wie möglich am Film sein muss. Das ist eine ökonomische Angelegenheit.

Das Haus von Jorge Pardo am Mount Washington unterliegt nicht dieser Produktionslogik, Pardo arbeitet mit einer anderen Erzähl-Ökonomie. Das Geld, das normalerweise für einen Prototypen oder ein Modell verwendet wird, ist hier anderweitig, in die Werkzeuge der Repräsentation und in den Verlaufs des Projekts eingesetzt. In diesem Sinne kann dieses Projekt keinen utopischen Charakter haben, da es nichts Projektives besitzt. Es soll weniger die Machbarkeit gezeigt werden, als das Potential an Geschichten, die dadurch generiert werden können. Diese Geschichten werden um den Blick oder durch Wörter verlängert.

In dieser Hinsicht schreiben sich die neuen Konstruktionsmodalitäten in eine einfache Dauer ein. Sie erfinden ihre eigene Erzählweise. Recherchen betreffend eine andere Erzählform sind zweifellos notwendig, damit man gehört wird, ohne die Widersprüche der Geschichte lösen zu müssen und ohne sich in einer existierenden Politiktradition zu engagieren. Das Problem dabei ist, die Erzählung nicht zu zerstören, sondern sie zu unterminieren. Zerstörung und Subversion sind nicht dasselbe. Der 'stumpfe Sinn' ist fließend, komplex, er gehört zu einer sich verändernden und hybriden Kultur der Welt.

Der 'dritte Sinn' kam, bevor er instrumentalisiert wurde, vom Betrachter her und nicht vom Produzenten. Das Bild, das Vorstellungsbild, ein Tafelbild, ein Foto, ein Film, ein Ort, eine Erinnerung oder ein Traum haben den "Wieder-Erinnerungseffekt" gemein. Die Werbung hat den Vorteil, den sie für sich daraus ziehen kann, erkannt. Deswegen verändern sich auch die Strategien. Das große Ding der Werbung in den 70er-Jahren war, sich nicht auf der Seite des Verkäufers zu positionieren, sondern auf der Seite des Kunden. Die Präsentation eines neuen Produkts beginnt oder endet immer mit einem Vorausgreifen der Sehnsüchte. Man versucht vorauszusehen, was der Kunde, den es ja manchmal noch gar nicht gibt, zu konsumieren wünscht. Das gehört zur Grundlage des Marketing. Die Phantome kehren zurück, um dort, wo sie herkommen, herumzuspuken. Neue Phantome entstehen. Es sind die Phantome der Konsumenten, die es noch nicht gibt, die aber bereits das begehren, was man gerade für sie zu produzieren sucht. Wenn sie bei uns herumspuken, dann deshalb, damit die Zukunft, so wie sie versprochen wurde, auch sicher stattfindet. Sie bewahren ihre Existenz wie die imaginierten Personen von Fantasia, die, während sie gegen das Nichts kämpfen, ums eigene Überleben ringen. Je komplexer, verführerischer das Bild am Anfang erscheint, desto mehr ist es

Before being instrumentalized, this 'third sense' was born on the side of the spectator not on the side of the producer. The image, the mental image, a painting , a photograph, a film, a space, a memory, a dream all have the idea of rememorization in common. Advertising has understood the advantages which could be gleaned from this situation. And so the strategies have changed. The main trick of advertising in the 70s was to put the spin on the side of the consumer instead of the producer. Now, when a new product is presented, the desires of the consumer are always anticipated, there is an effort to predict what the consumer, who doesn't even exist yet, is going to want, or is going to like consuming. These are the fundamentals of marketing. The ghosts came back up to here to haunt the spaces in which they lived. New phantoms appear. They are the phantoms of consumers who do not yet exist, but who already desire what one is searching to create for them. If they come to haunt us it is to make sure the future they have been promised is really going to take place. They preserve their existence just like the characters in Fantasia who in battling against the void, fight for their own survival. The more the original image is complex, seductive, the more it can carry speculative narratives. Marketing, of course, turns this "third sense" inside out like a glove. It can be acceptable to get lost in different narratives, but on the condition - a commercial imperative - of getting found in the skin of a new consumer. Both the producer and the consumer must get their benefit.

"*It's not the money, it's not the money; it's me - it's me and the system - the system...*" Steve McQueen in "The Thomas Crown Affair", by Norman Jewison

There is a myth born of this speculation, it has to do with permanent availability, it's the myth of total flexibility. It gave its name to a production system. Los Angeles, for example, is a city which gives the impression of never being finished; the flexibility gives it the aspect of always being under construction. It is a city in process, without any facade, in which one can lose one's way but not one's point of view. Back stage and front stage are always

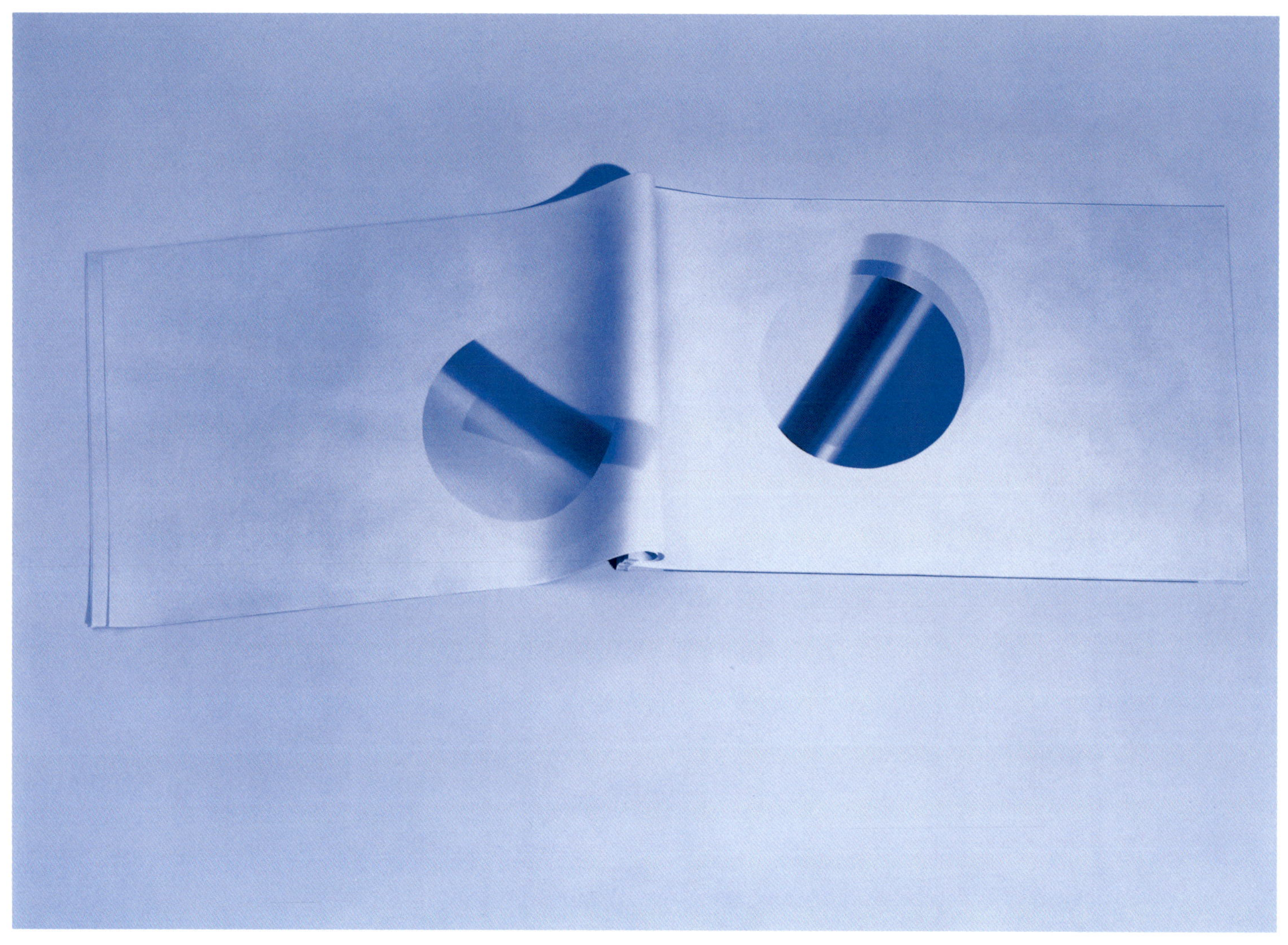

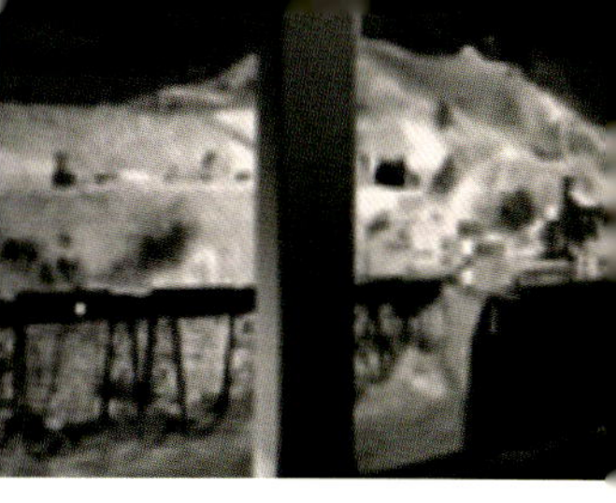

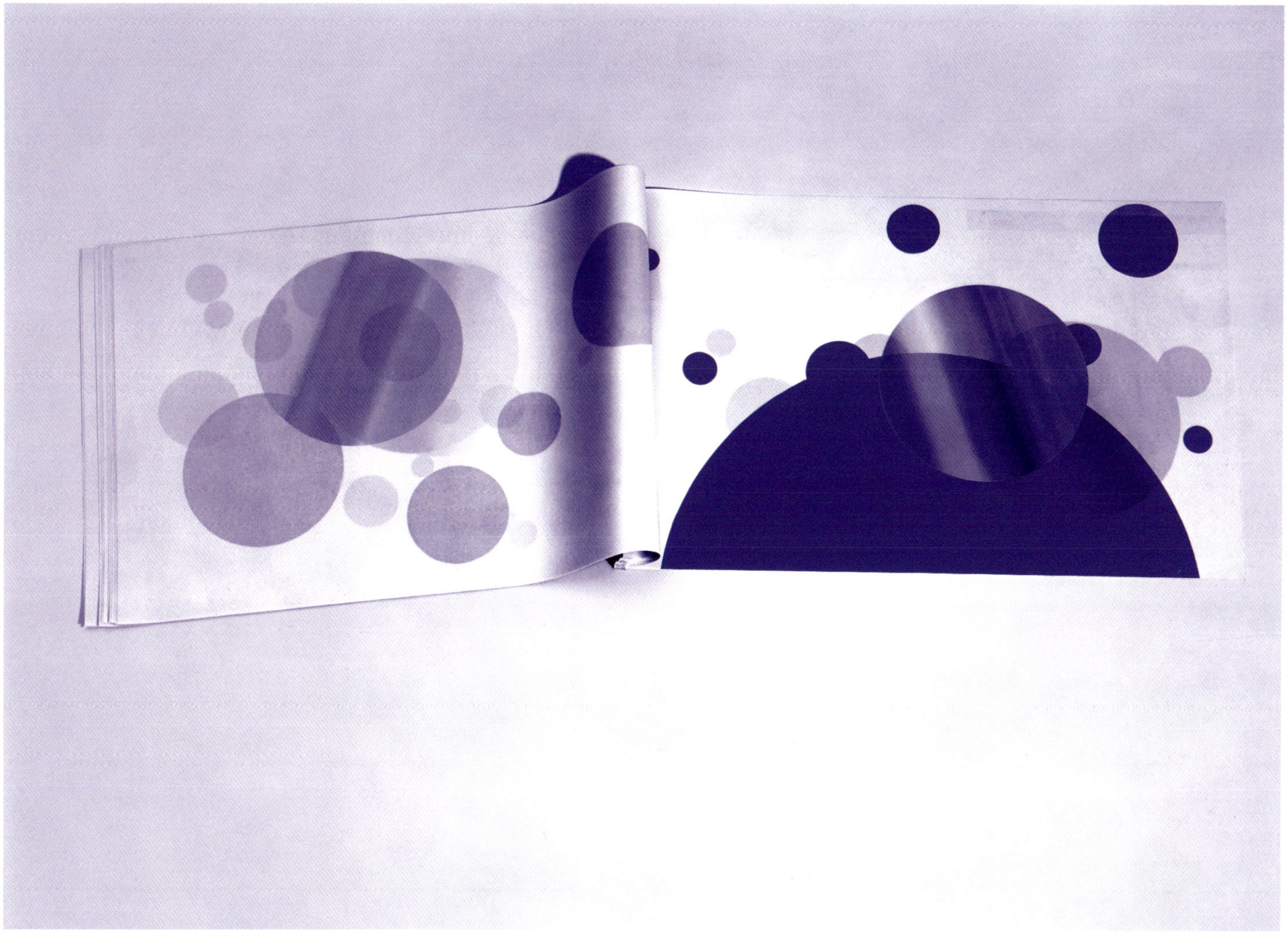

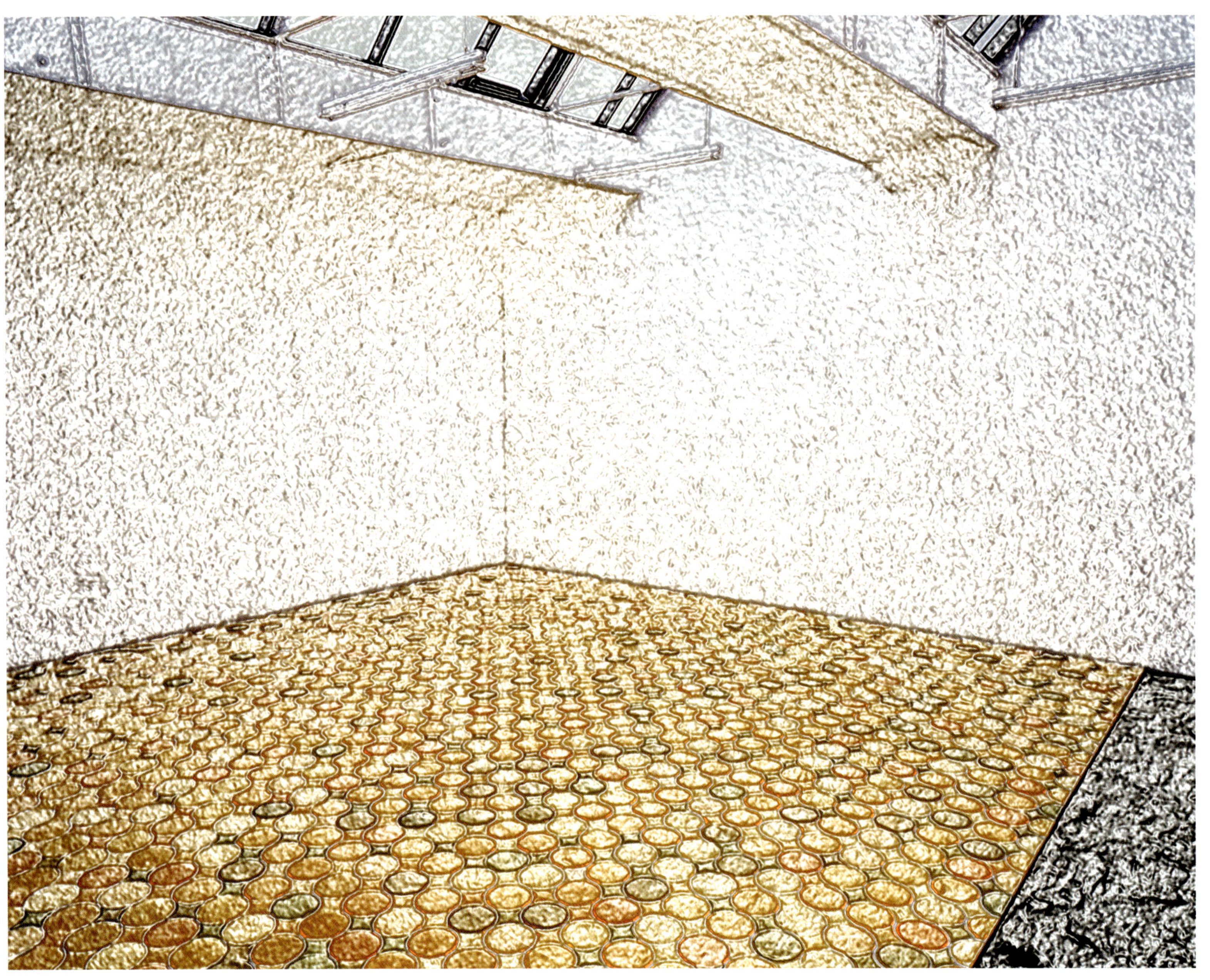

Träger einer spekulativen Erzählung. Das Marketing dreht also diesen 'dritten Sinn' um wie einen Handschuh. Sich in den Geschichten verlieren, na gut, aber unter der Bedingung – die kommerzielle Vorschrift bedingt dies –, sich immer in der Haut eines neuen Kunden wiederzufinden. Der Produzent ebenso wie der Konsument müssen sich darin wiederfinden können.

"*It's not the money, it's not the money, it's me ... it's me and the system, the system...*" Steve McQueen in "The Thomas Crown Affair" by Norman Jewison

Aus dieser Spekulation ist ein Mythos entstanden, der sich um die permanente Verfügbarkeit dreht. Es ist der Mythos der totalen Flexibilität, und er hat sich in die Logistik der Produktion eingeschrieben. Los Angeles zum Beispiel ist eine Stadt, die nicht den Eindruck vermittelt, dass sie fertig ist. Ihre Flexibilität verleiht ihr den Anschein einer ewigen Baustelle. Die Stadt ist ohne Fassade, wie eine Baustelle eben, in der man zwar den Weg, das Viertel, aber nie den Blick verlieren kann. Backstage wird mit der Bühne verwechselt. Disneyland hat es verstanden, diese Konstante zu entwickeln, während die osteuropäischen Vergnügungsparks ganz im Gegensatz zur Idee eines Urbanismus der variablen Geometrie gebaut worden sind. In Prag etwa ist man sehr weit von den Vergnügungsparks à la Disneyland entfernt. Zwangsläufig bekommt man auch die Rückseite des schönen Scheins zu sehen: wenn man um eine Attraktion herum geht, ist die Wahrscheinlichkeit sehr hoch, dass man bei den Toiletten landet. Es gibt keine Koordination der Blickpunkte.
Die Vulgarisierung dieses Problems haben sich die Videospiele zur Aufgabe gemacht.

"*The modern architect who has become the space architect, sees the house as an organism in which every detail, including furniture is related to the whole and to the idea which is its source.*"
R.M. Schindler, 1935

Auf die Kunst übertragen kann die Idee einer Ausstellung als ihre

confounded. Disneyland grew out of this constant whereas East European amusement parks were constructed with a totally opposing point of view. In Prague, for instance there is nothing like Disneyland. One also gets to see the back-side of the sets because if one walks around an attraction, one has a great chance of landing in the toilets. No one thought to control the points of view. A kind of control which has become increasingly disseminated with the popularity of video games.

"*The modern architect who has become the space architect, sees the house as an organism in which every detail, including the furniture, is related to the whole and to the idea which is its source.*" R.M. Schindler, 1935

In art, this idea is often expressed when the exhibition is considered as a specific art form. An idea which undoubtedly comes from the "Salon des Refusés" where artists themselves were obliged to take charge of hanging the shows. The great collective exhibitions which mark the history of modern art such as the last suprematist exhibition in 1915 or Duchamp's organization of the surrealist group in 1938 posited a new reading of the works. This anxiety to rationally organize the proximity of the works almost got through to the spectators at the time of the Salon. It seemed so evident that the painting was a world unto itself and discrete, that the accumulation of several pictures side by side was in no way troubling. Then modern artistic sensibility began to consider groups of work instead of individual pieces. Importance was given to the dynamic which links the works to each other. Thus Schindler designed nearly 250 objects which were meant to be integrated into spaces. It is impossible in such work to determine where the architectural project ends and interior decoration begins.

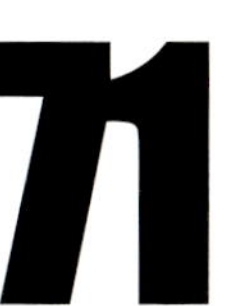

There is no image of Jorge Pardo's exhibition at the Los Angeles MOCA. The image has been replaced - and that is the first conceptual shift of the project - by the building plans for a house. At the MOCA, a sign reads: "For his exhibition, Jorge Pardo has built a house." In the place of an exhibition one must thus imagine a house. If one accepts a rapid comparison between an exhibition and a film, this caption which replaces the best picture of the show (the one usually proposed by the museum's press department), has the same effect as Barthes' film still. Pardo's house is supposed to prolongate this phase of destruction of the representation.

The form of the house is determined by the form of the plot, the house merges with the slope. Open in the center, its functions have been pushed to the outside in such a way that the house appears not so much to be a residence but a wall, a private place. Symbolically or mythologically it inscribes itself into this mode of residential living. The house thus presents itself as an object impossible to photograph, it abstracts itself immediately and literally from representation. That is the second significant shift. If one cannot have a general view, one cannot have an image comparable to images forming between the lines. Then one must necessarily make a narrative. After all, the project's first formulation did take the form of a book ... But how to read a book which is not made of words? How to write a narrative without using language?

In Dan Simmons' novel "Hyperion" so called distrans doors allow humans to travel in space, instantly, without any temporal deficiency - similar constructs appear in numerous science-fiction novels, under the name Toboggan, Télépode ... In Simmons' book, this means of transport is sufficiently democratic to allow the more privileged beings to have their own Distrans for private use, which are built into their houses. Architects are specialized in such construction. The rooms of the house are dispersed on different planets, in different points of known space. Crossing the threshold of a room, one changes galaxies, all while drinking a glass of champagne. The glass of champagne is no doubt an important detail. Glamour is a vector of transport, just like the Boeing 737 was in the 60s. But what is most astonishing in the description of this kind of architecture is that there is no view from the outside. There is no object. The way these houses are described in the novel one can only experience them, the object only exists in the imagination. It is a mental object. A private space which each person must imagine, a private space dreaming of becoming public...

spezifische Form betrachtet werden, eine Idee, die sicher auf den „Salon der Abgewiesenen" (salon des refusés) zurückgeführt werden kann, wo die Künstler selbst die Hängung ihrer Arbeiten vornehmen mussten. Durch die großen Gruppenausstellungen, die in die Kunstgeschichte der klassischen Moderne eingegangen sind, wie die letzte futuristische Ausstellung der Suprematisten von 1915 oder Duchamps Gestaltung der surrealistischen Ausstellung von 1938, entstand eine neue Art von Werklektüre. Beinahe wäre das Bemühen, das Nebeneinander der Arbeiten rational zu organisieren, bis zum Kunstamateur durchgedrungen. Natürlich formiert jedes Bild seine eigene Welt, und auch eine Anhäufung von Bildern stört in keiner Weise den Wert des einzelnen. Später beschäftigte sich die moderne, künstlerische Sensibilität dann immer mehr mit Ensembles anstatt mit isolierten Werken.
Eine Gruppe von Arbeiten wurde zusammengestellt und stellte ein eigenes Werk dar. Das Hauptaugenmerk wurde eher auf die Dynamik gelegt, die die Arbeiten verband. Schindler schuf in diesem Sinne beinahe 250 Objekte, die in Räume integriert werden sollten. Es ist unmöglich, genau den Punkt zu bestimmen, wo die Architektur aufhört und wo die Innenraumgestaltung beginnt.

Von der Ausstellung Jorge Pardos im MOCA gibt es kein einziges Bild. Das Bild ist durch die Konstruktionspläne des Hauses ersetzt worden, und das war die erste Verschiebung des Projekts. Als Legende zu seiner Ausstellung im MOCA war zu lesen, dass Jorge Pardo ein Haus gebaut hat. Anstatt einer Ausstellung hatte man sich nun ein Haus vorzustellen. Wenn man, ein wenig vereinfacht, eine Ausstellung mit einem Film vergleicht, steht die Aussage zur Ausstellung an Stelle eines Fotos, wie es normalerweise veröffentlicht würde - meist wird die beste Aufnahme von der Presseabteilung des Museums zur Verfügung gestellt - und hat hier die Wirkung eines Piktogrammes (wie bei Barthes). Das Weiterbestehen von Pardos Haus war folglich ein Hinausschieben der Phase der Zerstörung der Repräsentation.

Die Form des Hauses ist von der Form des Grundstücks bestimmt, das Haus geht sogar in den Abhang über. Zur Mitte hin geöffnet, sind die Funktionseinheiten des Hauses in einer Weise rund um

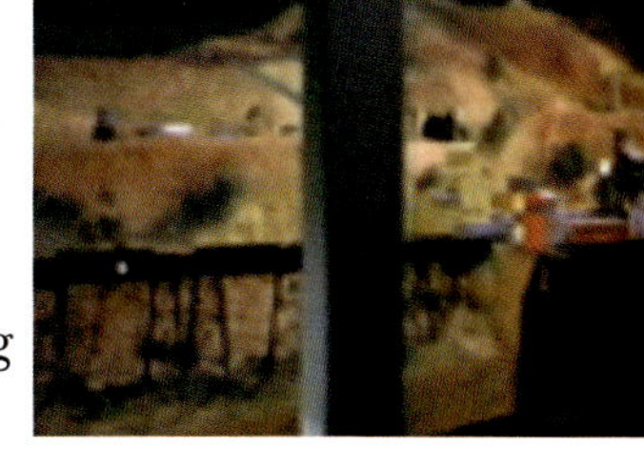

Das Projekt des Hauses bestand darin, das vorgegebene Schema so weit zu verzerren, bis es sich mit den geografischen Gegebenheiten des Terrains vermengte. Die verformten Zimmer, Bade-, Schlaf-, Wohnzimmer, Küche etc. wurden dadurch Teil des Umfangs des Grundstücks.
Was du mir hier erzählst, führt direkt zu dieser Art von Auffassung. Im Gegensatz dazu befindet sich das Projekt von Pardo auf einem Abhang...Da gibt es diesen schönen Bau von Renzo Piano in Genua, das Gebäude der UNESCO, das mit dem Gefälle des Bodens eins wird, oder dieses Werk von F. L. Wright, das Haus Pauson in Phoenix, das aus einem bestimmten Blickwinkel wie ein simpler Steinhaufen auf einem Hügel aussah1. Dieser Konstruktionstyp steht im Widerspruch zu den Vermittlungsmechanismen, die die Architektur des zwanzigsten Jahrhunderts durchziehen - mehr vom Kontext dominiert als sie ihn dominiert. Ihre ambivalente Sichtbarkeit lässt sich nicht durch eine Fotografie wiedergeben. Im Gegensatz zu einer Spur, die einer objektiven Realität verpflichtet ist und fortdauert, haben diese Projekte innerhalb der Architekturgeschichte ihren Platz. Im Streit über das Volle und das Leere entsteht die Entropie der modernen Stadt. Stolz und arrogant erscheinen ihre Antworten auf anderen Gebieten und widersetzen sich meiner Meinung nach der Konsumierung des kulturell wiederholbaren Produktes. Abhängig von einer existierenden Topografie - sie unterwerfen sich ihr sogar - bedienen sich diese Projekte der Prozesse, die es nicht bei historischen Fragen oder Werten belassen. Das Haus kapitalisiert die geografische Situation. Dieses Eingeständnis ist bedingt durch die Unterordnung. Es nimmt eine bereits vorhandene Bestimmung auf, ohne sich davon gefangen nehmen zu lassen. Sicherlich mag dies in Bezug auf den Architekturgedanken, der sich prinzipiell rund um die Binome Mumifizierung/Zerstörung und Rehabilitation/ Konstruktion dreht, weit hergeholt erscheinen.

Ich möchte auf das Thema "Flame" von Charles Eames in "Power of Ten" zurückkommen. Bestehend aus einem fortlaufenden Zoom, das vom intergalaktischen Kosmos bis zur menschlichen Zelle reicht, von einem Frühstück im Grünen bis zur Haut eines Schlafenden, bricht diese Kartografie mit dem fragmentierten Sichtbarmachen durch aufeinanderfolgende, unterschiedliche

hierarchy and moral values - becomes the operating concept.

But let us be honest, the architectural object has usually inscribed itself in a history of cultural objects, of models to be reproduced, to be adapted to topographic, climatological, programmatic constraints etc. The example of the De Stijl movement is very revealing: influenced by the American city, Mondrian transformed his canvas into a fragment of an area plan, whose colour could be reinterpreted as depth, digging into the page. The architect Rietveld took up this chromatic image again and transformed it into something facetious, that is the first twist. The second is more symptomatic: Doesburg gluts himself with this wallpaper motif and slaps it all over his buildings. This process says a lot for the knotty relationship between art and architecture, particularly when architecture is created with borrowed models.

What is so interesting to me about Jorge Pardo's house as an atypical work is that it proceeds in a manner quite other than the reinterpretation of objects validated in the domain of architecture. An attitude before being a form.
But few people are ready to let themselves be dominated by a context, by being receptive to the physiology of the territory. Accepting the geography determines the project. Before producing attention is given to the procedure.
An added dimension of this type of work is that it leaves one to perceive the possibility that architecture can be shared, not only as a collective culture, but also in an operative reality. A house created by an artist is not always an artist's house. But it is definitely architecture.
It is true that for many years, instruments made for measuring space have been monopolized by architects; and it is upon this competence that they founded their domination of the territory and of history.

Software currently available at any local grocery store now integrates these measuring instruments. They allow just about anybody to elaborate a project and produce it. Pardo's project can only be

seen and described in terms of its pertinence not as a function of its belonging to some kind of corporation or artistic domain.
In order to justify their aptitude to understand the mutations of the societies for which they ought to produce, and inscribe themselves in a period, architects have often simplified their functions and increased their pretensions. This was the price of the hegemony of Modernism. But its failure is profound. To speak of geography, of contextualization, these are open processes which represent nothing but they restore human processes, situations."

76

"*But I'm building a summer house down on the beach, my special place.*" Steve McQueen in "The Thomas Crown Affair" by Norman Jewison

There is another house that Jorge Pardo means to build in Puerto Rico. Just like the Los Angeles house, it takes up the same digressive processes. First there is the instauration of a plateau of primary decisions. The space is constructed in a universe which pre-exists before the work and founds its process of production upon this. In this instance it happens to be a house on top of a cliff overlooking the sea. The house is beautifully exposed, with a panoramic view of the sea. It offers up an image. Pardo's construction hypothesis is the question what image to give back to the landscape. All the decisions he makes involve finding a solution to this problem. The house is built at the lowest point of the plot, against a wall, a large white wall; like a painting on a wall; so two ideals of beauty reflect back at each other, face to face. The walls of the house are made of colorful, flexible sheeting. They fold back into the weight-bearing pillars and unfolded give off an image of modernity. When the house is lived in, it opens completely. Bathed in light, the secondary house becomes a house in process. It is difficult to imagine. Among all the points of view, which to choose? At which moment is the house showing its most characteristic face? Under what angle? In what state?

Its representation seems tied to a lapse of time like that in which one begins to tell a story. A story but not a film or a novel. What is

Größenverhältnisse. Das Lokale ist nicht mehr ein Synonym für Isoliertheit. Durch diese Repräsentation der Welt können die Orte und Milieus, so wie sie sind, wieder in die elementaren Bestandteile eines Realitätsprinzips eingeführt werden. Im Gegensatz zur Geschichte, die hierarchisiert und klassifiziert, indem sie sich auf moralische Werte stützt, ist hier die Geografie Operante des Konstruktionsprozesses.

Aber seien wir ehrlich, das architektonische Objekt hat sich am stärksten in die Geschichte der kulturellen Objekte eingeschrieben. Es gibt Modelle, mit denen man reproduzieren, topografische, klimatische, programmatische etc. Zwänge adaptieren kann. Das Beispiel der De-Stijl-Bewegung ist aufschlussreich: Von der amerikanischen Stadt beeinflusst, macht Mondrian seine Leinwand zum Fragment eines Flächenwidmungsplanes, wobei die Farbe als eben dargestellte Vertiefung interpretiert werden kann. Der Architekt Rietveld verwendet das chromatische Bild und zerlegt es in Facetten. Dies ist der erste Verstoß. Der zweite ist symptomatischer: Doesburg ergötzt sich an diesen hässlichen Tapeten und füllt damit seine Gebäude voll. Die Interaktion zwischen Kunst und Architektur wirkt lange nach auf Grund der engen Verknüpfungen, vor allem wenn sie über entliehene Modelle läuft.

Was mich am Haus von Jorge Pardo als atypisches Werk interessiert, ist, dass es im Feld der Architektur anders vorgeht als über die Reinterpretation gültiger Artefakte. Eine Haltung, noch bevor sie zur Form wird!
Aber es gibt wenige empfindsame Menschen, die von einem Kontext dominiert sind und gleichzeitig für die Physiologie eines Grundstücks empfänglich. Die Akzeptanz der Geografie bestimmt das Projekt. Bevor produziert wird, wird über die Prozedur nachgedacht.
Eine andere Dimension, die man bei dieser Art von Arbeit erahnt, ist, dass in der Architektur einerseits die kollektive Kultur vorhanden ist, andererseits die operationelle Realität. Ein Haus, das von einem Künstler realisiert wurde, muss deswegen nicht unbedingt ein 'Künstlerhaus' sein. Wohl aber ist es Architektur.
Man muss dazu sagen, dass seit vielen Jahren die Maßinstrumente des Raumes von Architekten monopolisiert worden sind. Auf

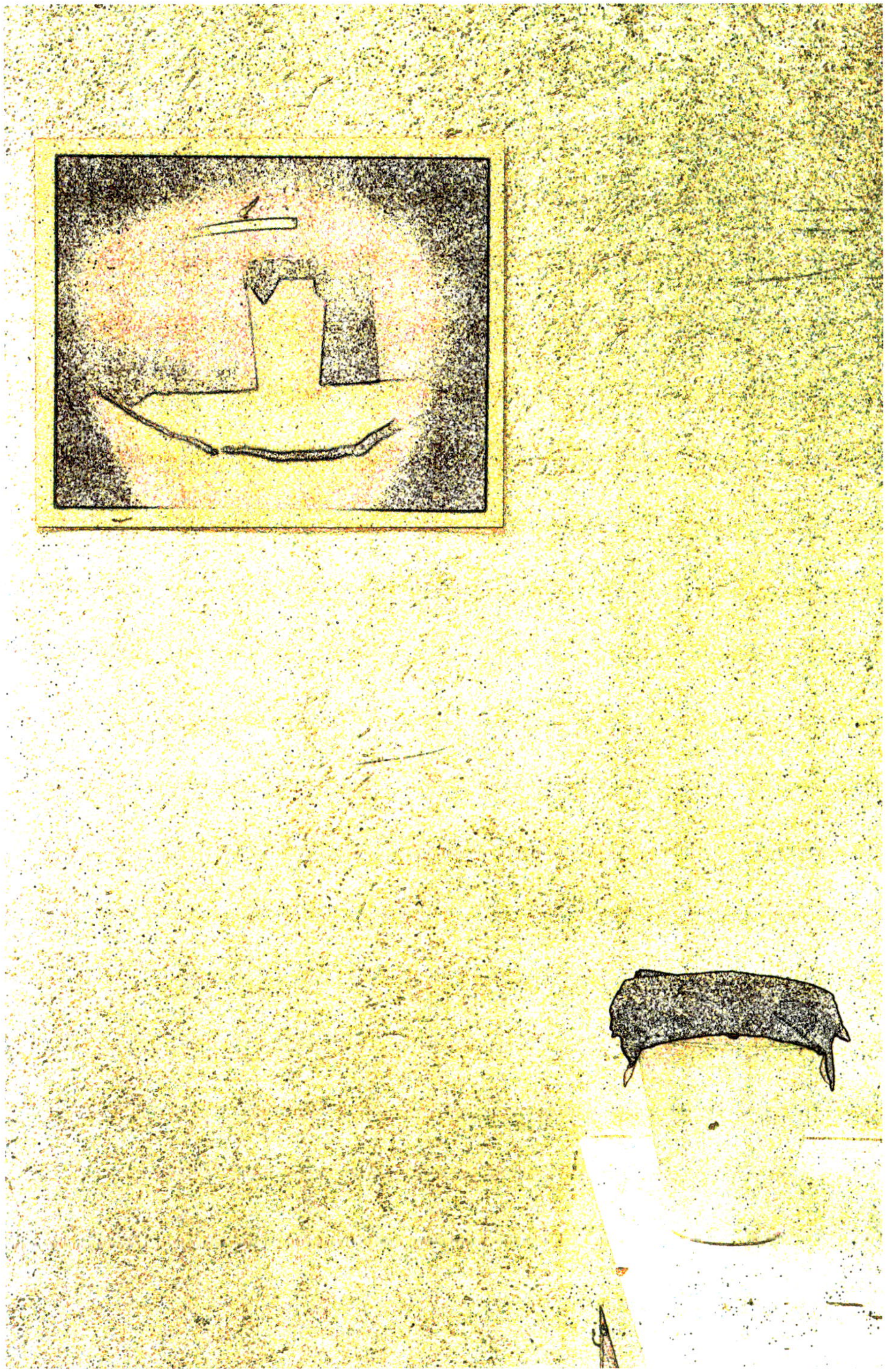

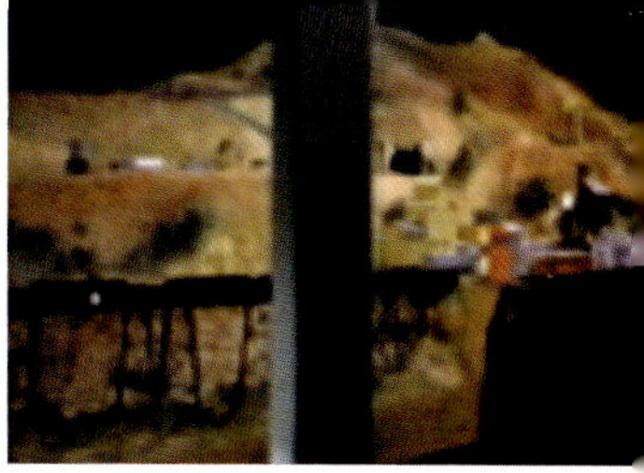

filmic captures our passion, but the filmic is not the film any more than the novelistic is the novel.

"Blackness
We hear:

Voice

Ready?

Second Voice

Yeah. Boot it."

It starts with a burst of bright white static exploding across the darkness.
Above the sea, rapid breathing.
An image wavers and stabilizes: The inside of a boat. Silence.
Rapid Flash. "

A lovely house built on the cliff can be seen against a great white wall. Its windows of varied colours glisten.
Panoramatic, the house overlooking the sea. The light comes up.
A boat on the sea. From the boat the house looks as if still under construction.

Fade to black.

1 destroyed in 1943 (copy editor's note)

Grund dieser Kompetenz haben sie die Vorherrschaft über das Grundstück und über die Geschichte gewonnen.

Die heutige Software, die man im Supermarkt um die Ecke kaufen kann, enthält die selben Maßinstrumente. Sie erlaubt es jedem, der Lust dazu hat, ein Projekt zu entwickeln und zu produzieren. Dieses Projekt kann nicht unter dem Gesichtspunkt der Angemessenheit gesehen oder beschrieben werden, es gehört keiner Kooperation und keinem künstlerischen Feld an. Um die Fähigkeit, die Mutationen der Gesellschaften, für die sie produzieren sollten, zu rechtfertigen und sich in einen Abschnitt einzuschreiben, haben die Architekten oft die Funktionen vereinfacht und die Ansprüche aufgeblasen. Dies war der Preis, den die Hegemonie der Moderne forderte. Aber ihr Misserfolg ist zu Ende. Geografie und Kontextualität sind offen und stellen nichts dar, aber sie stellen menschliche Prozesse und Situationen wieder her."

"But I'm building a summer house down on the beach, my special place"
Steve McQueen in "The Thomas Crown Affair" by Norman Jewison

Jorge Pardo plant noch ein anderes Haus, und zwar in Puerto Rico. Es folgt denselben Prozessen wie das Haus in Los Angeles. Zuerst wird eine Basis primärer Entscheidungen gelegt. Der Raum ist in einem Universum gebaut, das vor dem Werk existiert und dessen Produktionsprozesse bestimmt. Es handelt sich hier um ein Haus auf der Spitze eines Felsen, der aus dem Meer herausragt. Das Haus ist total exponiert. Es bietet einen Panoramablick auf das Meer. Es offeriert ein Bild. Die Aufgabe, die sich Pardo als Konstruktions-Hypothese stellt, ist es, dem Bild, das das Haus in der Landschaft bietet, nachzugehen. Die Entscheidungen, die er dazu trifft, suchen eine Lösung dieses Problems. Das Haus steht am tiefsten Punkt des Grundstücks und hebt sich von einer Mauer ab, einer großen weißen Mauer. Diese weiße Mauer hat zwei Funktionen. Zum einen reflektiert sie Licht in das Haus, deshalb ist die Idee auch akzeptabel, und zum anderen isoliert sie das Objekt von der Landschaft, indem sie es einrahmt. Wenn man das Haus vom Meer

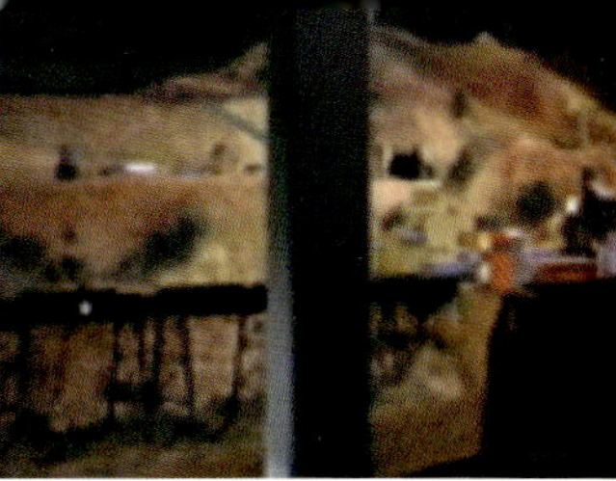

aus betrachtet, nimmt man eine Form, die auf einer weißen Mauer zu hängen scheint, wahr. Zwei Ideen von Schönheit verweisen aufeinander, eine auf die andere. Die Wände des Hauses sind flexible und bunte Wände. Sie lassen sich in die Trägersäulen des Gebäudes klappen, aber aufgeklappt ergeben sie ein Bild von Modernität. Wenn das Haus bewohnt ist, öffnet es sich also völlig. Ins Licht getaucht, wird das sekundäre Haus zu einer Baustelle. Es ist schwierig, sich davon ein Bild zu machen. Welchen soll man bloß wählen unter all diesen Gesichtspunkten? Zu welchem Zeitpunkt bietet das Haus sein repräsentativstes Bild? Unter welchem Winkel? In welchem Zustand?

Die Repräsentation scheint auf eine Dauer angelegt zu sein, die so lange dauert, bis man daraus eine Geschichte machen kann. Eine Erzählung, aber kein Film und kein Roman. Das Filmische begeistert uns, aber das Filmische ist nicht der Film, so wie das Romaneske nicht auf den Roman reduziert werden kann.

"Blackness
We hear

Voice

Ready?

Second Voice

Yeah, Boot it."

"It starts with a burst of bright white static exploding across the darkness.
Above the see, rapid breathing.
An image wavers and stabilizes: the inside of a boat. Silence.
Rapid Flash. "

Ein schönes Haus steht auf einem Felsen, es hebt sich von einer großen weißen Wand ab. Seine Fenster glänzen in unterschiedlichen Farben. Panoramatisch, weil das Haus aufs Meer blickt. Es wird hell. Auf dem Meer ein Boot. Vom Boot aus wirkt das Haus wie eine Baustelle.
Ausblendung: Alles wird schwarz.

1 Zerstört 1943 (Anmerkung der Lektorin)

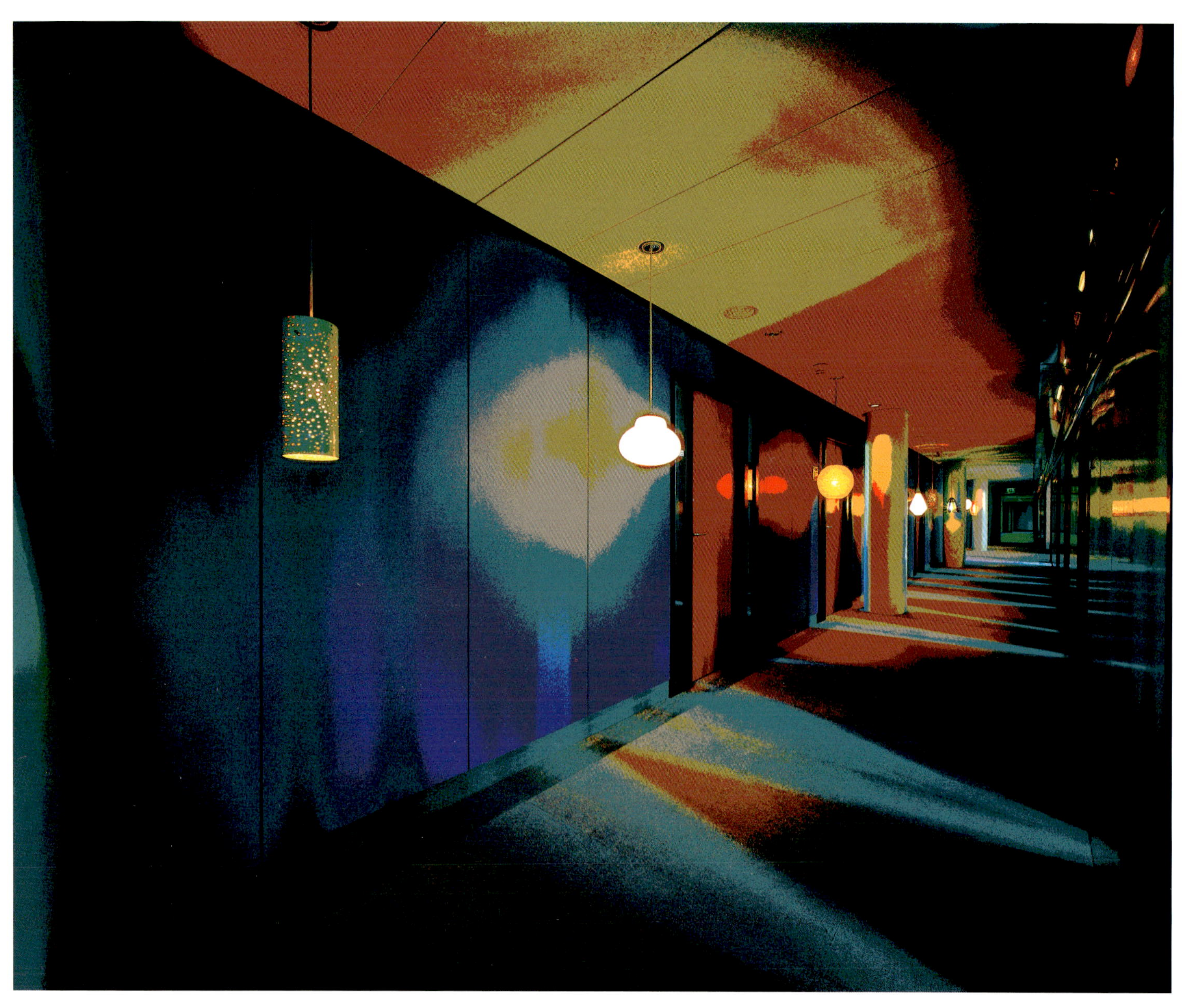

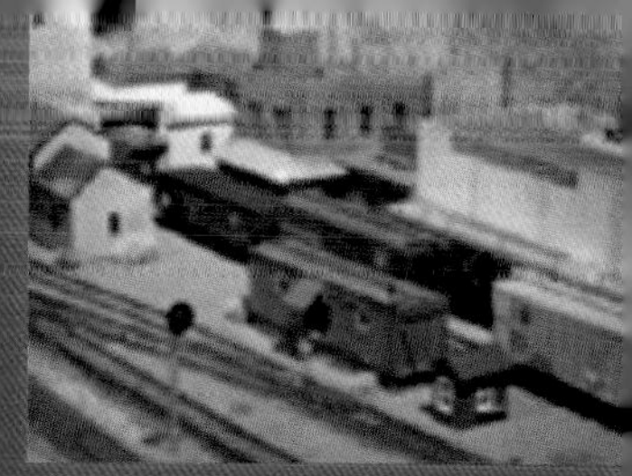

81

Andreas Spiegl

Die Moderne und ihr Doppelgänger

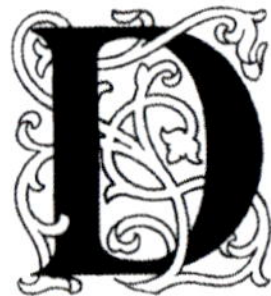ie Palette der Arbeiten von Jorge Pardo umfasst Stühle, Lampen, Tische, (s)ein Haus (in Los Angeles), ein Pier (in Münster) und ein Boot. Zusammen gesehen deuten diese auf die Einrichtung eines quasi-bürgerlichen Lebens mit Haus und Freizeitgestaltung. Selbst das Boot ist nichts anderes als eine schwimmende Behausung und damit gleichfalls eine mobile Einrichtung. In diesem Sinne stellt sich die Frage nach der Bedeutung und Funktion von Haus und Einrichtung vor dem Hintergrund zeitgenössischer, (alltags-)kultureller, künstlerischer und theoretischer Problemstellungen. Der folgende Text gliedert sich in zwei Teile. Der erste Teil widmet sich allgemeinen Fragen des Hauses und versucht eine Antwort zu finden auf die Frage, warum Jorge Pardo überhaupt am Häuslichen arbeitet. Der zweite Teil handelt von der These, dass das Haus – als Paradigma und als gesellschaftlich aktuelle Projektionsfläche des Privaten – in die Krise geraten ist.

I. "Das Haus ist Metapher für das, was der Metapher vorausgeht." 1

Das Haus ist ein symptomatisches Objekt und ein symptomatischer Raum zugleich. Symptomatisch deshalb, weil sich an ihm, an seiner Gestalt, an seiner Funktion und an seiner Behausung die verschiedensten Ansprüche und Beanspruchungen der Gesellschaft und des Subjekts ablesen lassen. Als Behausung unumgänglich, markiert es primär eine Schutzbedürftigkeit des Subjekts, das damit zugleich als fragile Konstruktion definiert wird. Es bietet

Andreas Spiegl

Modernism and its Doppelgänger

he full range of Jorge Pardo's works encompasses chairs, lamps, tables, a house (his own) in Los Angeles, a pier (in Münster) and a boat. Viewed as a whole, the oeuvre suggests the trappings of a quasi-middle-class existence complete with home and leisure activities. Even the boat is nothing other than a floating domicile and thus a mobile domestic institution as well. In this sense, the question arises as to the meaning and function of house and domestic institution within the context of contemporary issues of a cultural (in a day-to-day sense), artistic and theoretical nature. The following text is comprised of two parts. The first is devoted to general matters of relevance to the house and to the search for an answer to the question of why Pardo works in the domestic sphere at all. The second part examines the theory that the house – as a paradigm and as a socially contemporary projection screen for private life – has entered a period of crisis.

I. "The house is a metaphor for what precedes metaphor." 1

A house is both a symptomatic object and a symptomatic space – symptomatic, because it reflects – in its form, its function and its role as shelter – the full spectrum of the varying needs to which it responds and the uses to which it is put by the society and the individual subject. Indispensable as shelter, it underscores primarily the subject's need for protection, thus defining it as a fragile construction. It provides protection not only against the

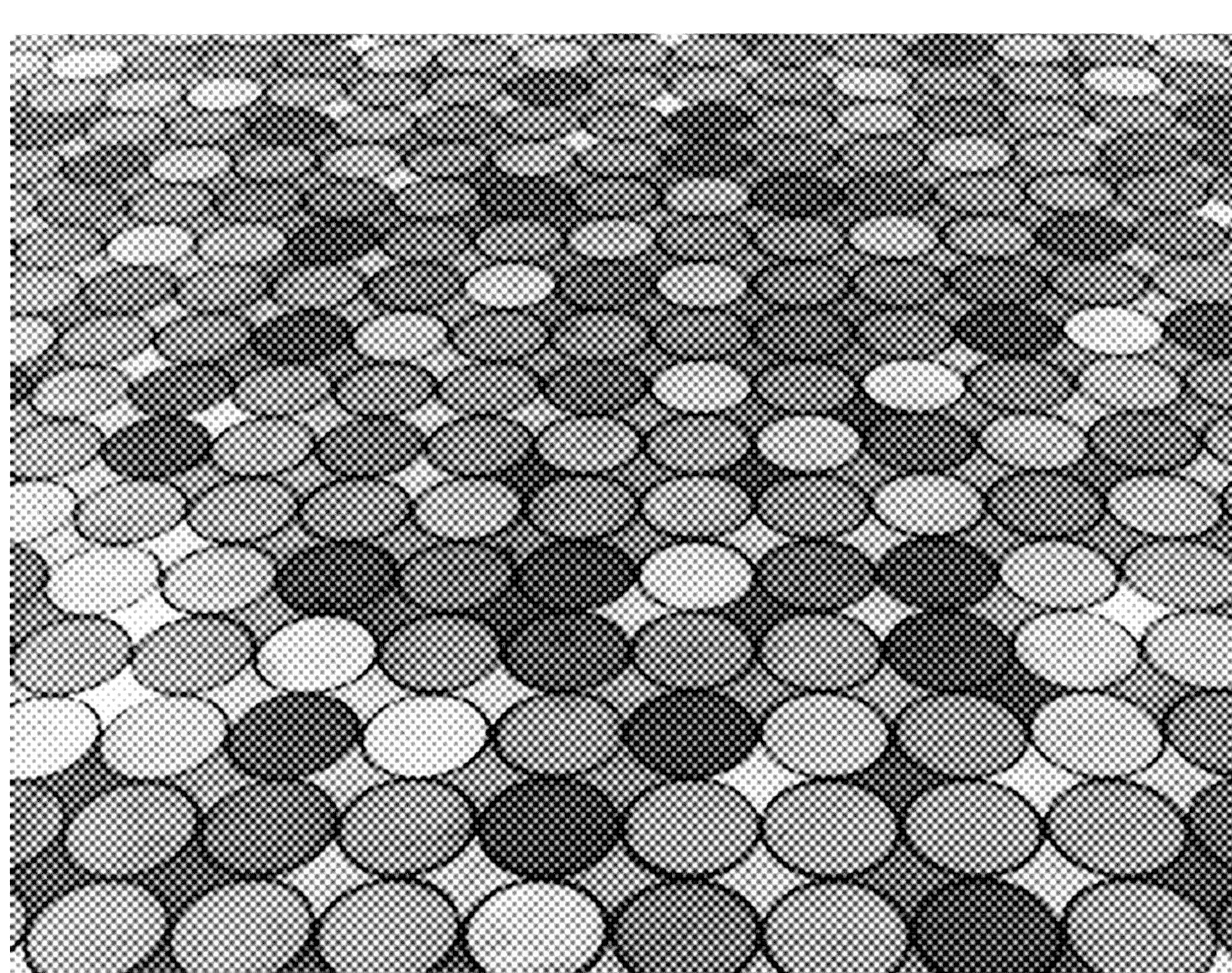

Schutz nicht nur vor der Witterung, sondern auch vor einem gesellschaftlichen Klima, das dadurch mit den Unwirtlichkeiten der Natur assoziiert, ja gleich gesetzt wird. Vor dem Haus ist die Gesellschaft genauso wild wie die Natur. Damit emanzipiert es sich und seine Theoretisierung von einer allein architektonischen Fragestellung. „Immer wird das Haus als eine erste primitive Grenzziehung verstanden, die ein Innen gegen ein Draußen herstellt – eine Grenze, die als ein Mechanismus der Zähmung, der Domestizierung fungiert. Als Paradigma von Interiorität ist das Haus für die Philosophie unentbehrlich."2 Was Wigley für die Philosophie geltend macht, ist erst recht ein Paradigma für die Kunst seit der Moderne. Am Verhältnis zum Haus lässt sich ihre Doppelnatur aus Autonomie und Funktionalisierung bestimmen. Emanzipiert sich die Kunst im Laufe des 19.Jahrhunderts und im Rahmen ihrer Autonomisierung vom ästhetischen Einrichtungsgegenstand für das Haus, für das Gotteshaus, für den Palast und für die bürgerliche Wohnung, indem sie sich freiwillig ins institutionelle Exil der Salons, Museen und Kunstvereine zurückzieht, identifiziert sie sich gleichzeitig vollkommen mit dem Haus, an dem und in dem sie ihre Totalisierung der Lebensverhältnisse exemplifiziert. Das Haus wird zum Modell für den Kunstbegriff der Moderne. Paradoxerweise, und hier unterscheidet sich die Kunst vom Paradigma der Philosophie, geht mit dieser Gleichsetzung von Kunst und Haus die Interiorität der Kunst wie die des Hauses verloren. Solange die Kunst nicht ihr eigenes Haus hatte, solange sie ästhetische Einrichtungsgegenstände für andere, sprich religiöse, politische oder bürgerliche, Repräsentationszwecke produzierte, unterlag ihr Charakter dem Prinzip der Interiorität unter dem Dach einer anderen Macht; sie war Interieur, selbst dann, wenn es sich um Werke unter freiem Himmel oder an der Fassade eines Gebäudes handelte. Erst mit der postulierten Totalisierung der Kunst zum gesellschaftlichen Alltag und zu einer Lebenspraxis, fielen die Grenzen zwischen Innen und Außen, zwischen Form und Inhalt, zwischen Form und Funktion, und vor allem zwischen Individuum und Gesellschaft.3 In einem Haus der Moderne, in einem Haus von Corbusier, Mies van der Rohe oder Rietveld, gibt es nur mehr ein Außen, d.h. einen Begriff von Realität, der die Wände zwischen Außenraum und Innenraum nur

weather but against the social climate as well, which is thus associated, indeed equated, with the inclemencies of nature. Outside the house, society is just as savage as nature. In this way, the house liberates itself and its theoretical construction from the constraints of exclusively architectural enquiry. "The house is always understood as a first, primitive boundary that posits an interior as opposed to an exterior – a boundary that functions as a civilising, domesticating mechanism. As a paradigm of interiority, the house is indispensable to philosophy."2 What Wigley claims as a domain of philosophy here is certainly also a paradigm of art since the modern period. Art's dual autonomous and functional nature is reflected in its relationship to the house. Whereas art emancipated itself in the course of its quest for autonomy during the 19th century from its role as aesthetic furnishing for houses, for churches, for palaces and for bourgeois apartments through its voluntary institutional exile in salons, museums and art galleries, it also identified completely with the house, with which and in which its drive for the totalization of living circumstances was exemplified. The house became a model for the modernist concept of art. Ironically – and it is here that art breaks away from the paradigm of philosophy – this equation of art with the house leads to the loss of interiority for both art and the house. As long as art lacked its own house, as long as it produced furnishings for other purposes of ostentation – religious, political or private – its character was subject to the principle of interiority under the roof of another authority; it remained interior even when it manifested itself in works placed in the outdoors or on building facades. It was not until art was totalized as a part of everyday societal routine and practical modes of existence that the boundaries between inside and outside, between form and content, between form and function and especially between the individual and society fell away.3 In a house of the modern period, in a house created by Corbusier, Mies van der Rohe or Rietveld, there remains only an exterior, i.e. a concept of reality that views the walls separating exterior and interior space as mere elements of composition and which seeks to replace them, wherever possible, with the transparency of glass – with non-walls. Exterior and interior are conceived of as synonymous, whereby the primacy of the universal as a comprehensive (external) principle floods and envelops every possible construction of the interior. This modernist "externalisation of the interior" is expressed even more clearly by the critics of modernism than by its own representatives. Thus Ernst Bloch writes in his "Prinzip Hoffnung" that, in light of modern architecture, which "was born with an orientation to the exterior, to the sun and to publicity, ... the need for insular security in life, at least in living space, (grows) stronger.... Deinteriorization became hollow space ... ".4 At the same time, psychoanalysis was at work not only on the exploration of the psychic interior – that is, of the subconscious and of dreams – but on the osmotic levelling of the boundaries between inside and outside. Repression has its cause on the outside – which Freud also associated with the culture that refuses to hear or see the interior, and vice-versa. Problems are caused not by the outside itself, however, but by the attempt to isolate oneself in the interior.5 Viewed in this way, the outside actually erects a boundary against the inside. Psychologically speaking, a house would then be the construction of a culture that wishes to see and hear nothing from the interior and the individual and thus encloses and isolates it.

The desire for a comfortable or *homely* domestic interior would then be a response of the subject who ostensibly translates his social isolation into personal comfort and thus hides the fact of his social exile from himself. Wherever domestic furnishing also has a representative function to fulfill or seeks to do justice to such a function, the household interior reproduces an exterior which it incorporates into itself in opposition to its own explicit objective. And there lies the origin of the impression of something that is "not quite at home in its home" or of "unhomely homes", the phenomena Anthony Vidler explores in his book on modernism and its implicit "Architectural Uncanny".6 Mark Wigley arrives at the same conclusion in his critique of Derrida and the latter's readings of Heidegger. In "Sein und Zeit", Heidegger defines the uncanny as a "mode of non-at-homeness".7 And Wigley writes: "The mask of the familiar is a primitive protective shell, a house, or rather a pseudo-house that conceals a fundamental non-familiarity. The uncanny is literally a 'non-home'; a sense of estrangement from it experienced in the house."8 If we were to trace a continuous thread in Wigley's attempt to establish a link

mehr als Kompositionselemente begreift und diese, soweit möglich, auch gegen die Transparenz des Glases, d.h. gegen die Nicht-Wand, ersetzt. Außen und Innen werden synonym gedacht, wobei das Primat des Universellen als umfassendes (äußeres) Prinzip sämtliche Konstruktion des Innen durchflutet. Deutlicher als bei ihren Vertretern kommt diese moderne „Durchaußung des Innen" bei ihren Kritikern zu Wort. So schreibt schon Ernst Bloch in seinem „Prinzip Hoffnung", dass sich angesichts der modernen Architektur, die „bei ihrem Entstehen grundsätzlich auf das Draußen orientiert war, auf Sonne und Öffentlichkeit ...das Bedürfnis nach verschlossener Lebenssicherheit, wenigstens im Wohnraum (mehrt). (...) Die Entinnerlichung wurde Hohlraum...".4 Gleichzeitig arbeitet die Psychoanalyse nicht nur an der Entdeckung der psychischen Interieurs, d.h. des Unbewussten und der Träume, sondern auch an der osmotischen Nivellierung der Grenzen zwischen Innen und Außen. Die Verdrängung hat ihren Grund im Außen – mit der Freud auch die Kultur assoziert, die das Innen nicht hören oder sehen will und vice versa. Probleme verursacht aber nicht das Außen selbst, sondern der Versuch der Einschließung im Innen.5 In diesem Sinne produziert erst das Außen eine Grenze zum Innen. Psychisch gesehen wäre damit ein Haus die Konstruktion einer Kultur, die vom Inneren und Individuellen nichts hören und sehen will und diese einschließt.
Der Wunsch nach einer behaglichen, heimeligen bzw. heimlichen Einrichtung wäre dann die Entgegnung des Subjekts, das seine soziale Eingeschlossenheit als individuellen Komfort ausgibt und damit seine gesellschaftliche Exiliertheit vor sich selbst verheimlicht. Wenn die heimliche Einrichtung zugleich repräsentative Zwecke zu erfüllen oder diesen gerecht zu werden sucht, dann reproduziert das häusliche Innenleben wieder ein Außen, das es damit entgegen seinem Anspruch mit einschließt. Daher rührt dann der Eindruck eines "not quite at home in its home" bzw. der "unhomely homes", dem Anthony Vidler in seinem Buch über die Moderne und ihr implizites "Architectural Uncanny" nachspürt.6 Zu dem gleichen Ergebnis kommt Mark Wigley in seiner Auseinandersetzung mit Derrida und dessen Lektüre von Heidegger. Heidegger definiert in "Sein und Zeit" das

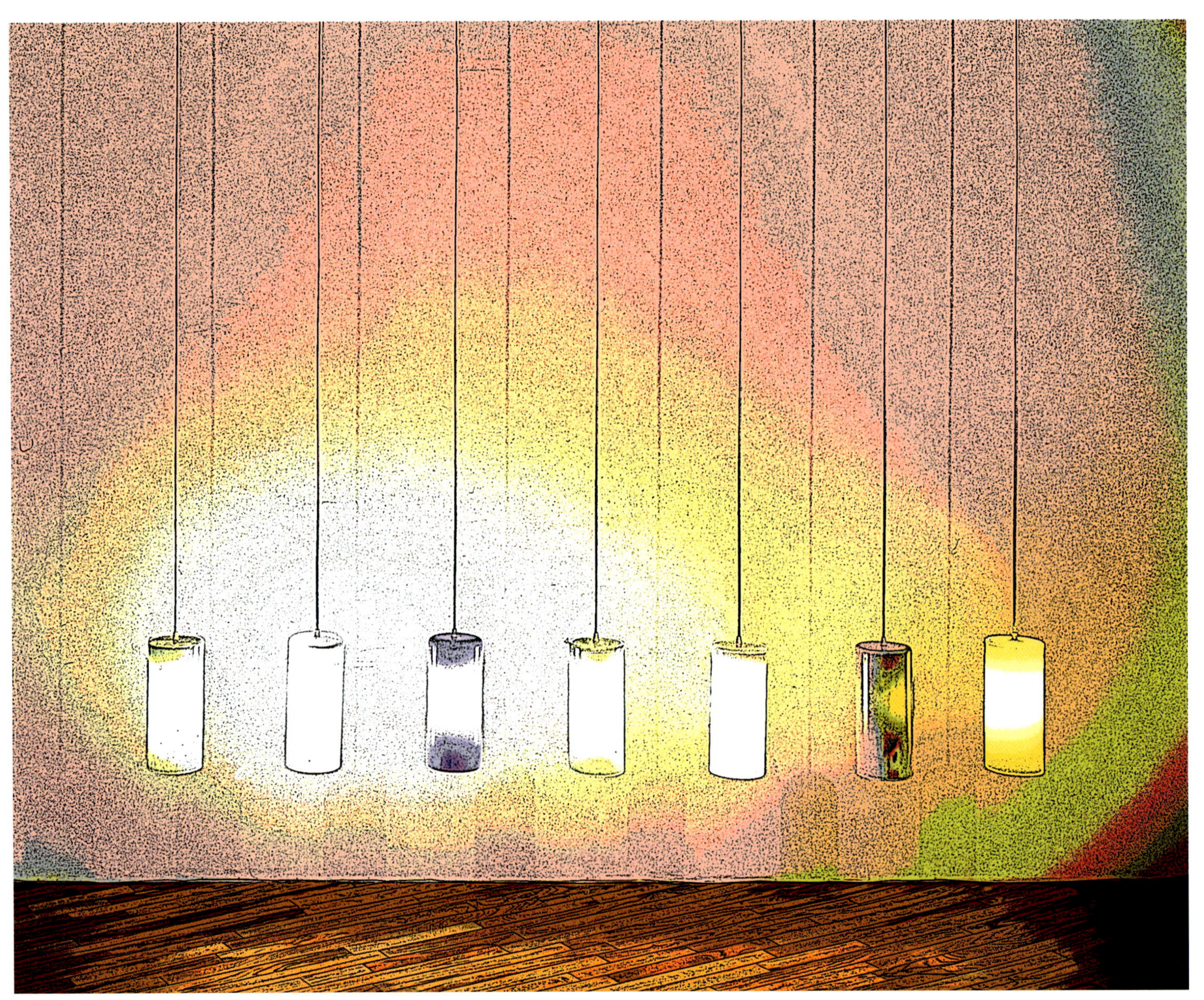

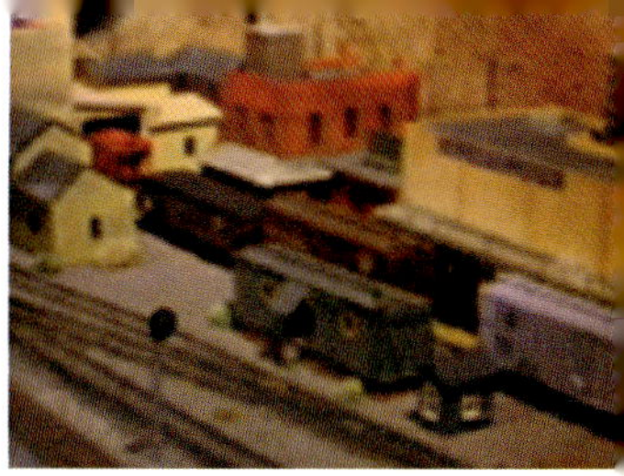

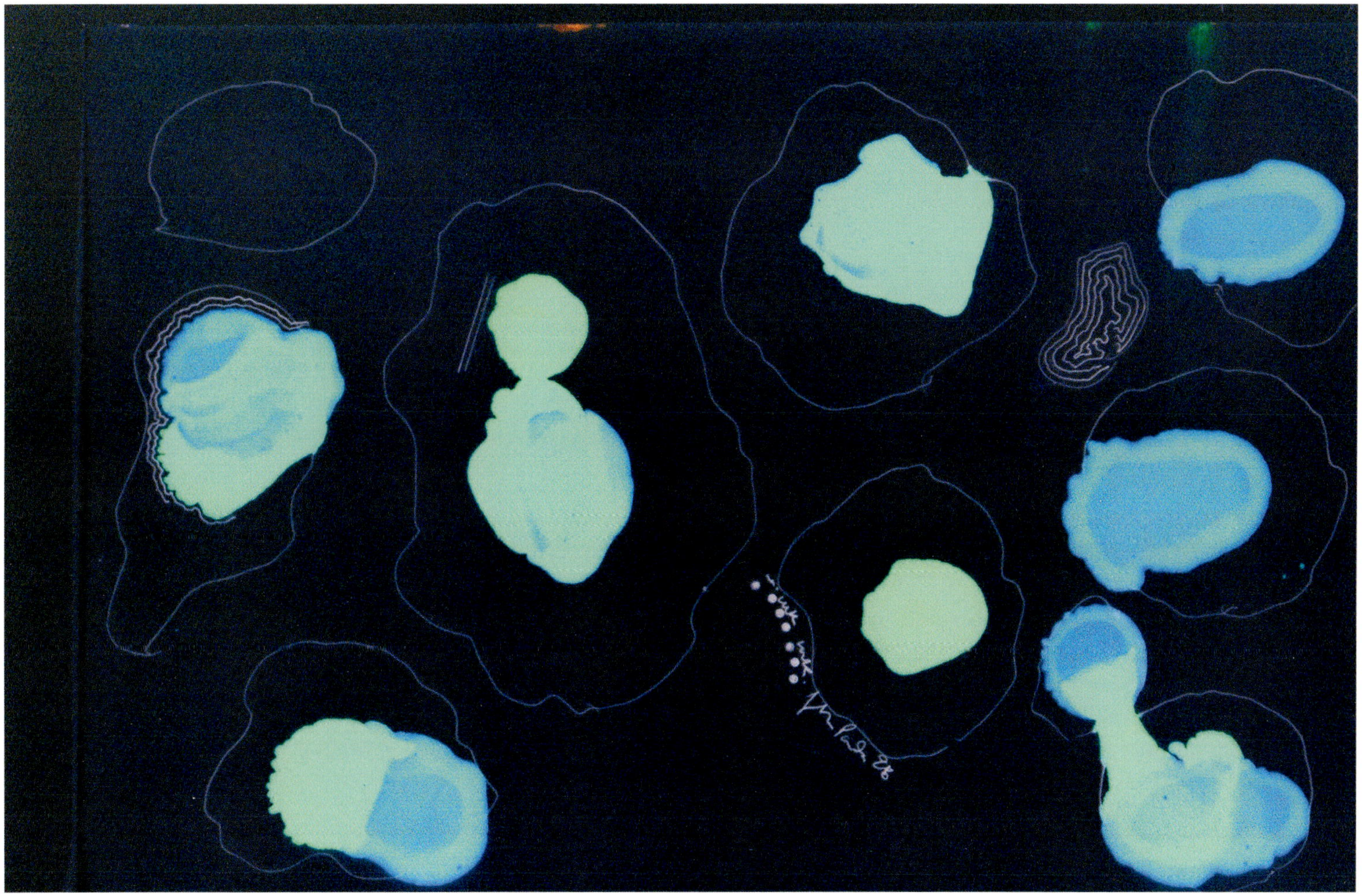

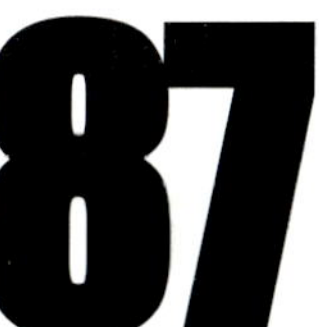

Unheimliche als einen "Modus des Un-zuhause".7 Und Wigley: „Die Maske des Vertrauten ist ein primitiver Schutz, ein Haus, eher noch ein Pseudo-Haus, das eine fundamentale Unvertrautheit verschleiert. Das Unheimliche ist im wörtlichen Sinne ein 'Unzuhause'; eine im Haus erlebte Entfremdung von ihm."8 Wollte man einen roten Faden in Wigleys Versuch einer Verbindung von Dekonstruktion und Architektur nachzeichnen, dann basiert dieser auf einer eigentlich schon modernen Erfahrung: auf einem fundamentalen und immanenten Widerspruch, den die Metaphysik um ihrer selbst Willen verschleiern musste. Eine quasidekonstruktivistische Freilegung dieses Widerspruchs haben schon vor Derrida Adorno und Horkheimer in ihrer "Dialektik der Aufklärung" betrieben: „Das mythische Grauen der Aufklärung gilt dem Mythos,"9 und weiter: "Wie die Mythen schon Aufklärung vollziehen, so verstrickt Aufklärung mit jedem ihrer Schritte tiefer sich in Mythologie. Allen Stoff empfängt sie von den Mythen, um sie zu zerstören, und als Richtende gerät sie in den mythischen Bann. (...) Das Prinzip der Immanenz, der Erklärung jeden Geschehens als Wiederholung, das die Aufklärung wider die mythische Einbildungskraft vertritt, ist das des Mythos selber."10 Wenn Freud mit Bezug auf Schelling das Unheimliche definiert als „etwas, was im Verborgenen hätte bleiben sollen und hervorgetreten ist", dann haben Adorno und Horkheimer bereits das Umheimliche der Aufklärung markiert, „denn dies Unheimliche ist wirklich nichts Neues oder Fremdes, sondern etwas dem Seelenleben von alters her Vertrautes, das ihm nur durch den Prozeß der Verdrängung entfremdet worden ist."11 Unheimlich an der Aufklärung wäre dann ihr Versuch, sich gegen die Mythen zu wenden und diese aufzulösen zu suchen, um sich letztlich selbst als und im Mythos wieder zu finden. Der vorübergehende Eindruck des Heimlichen, des Geborgenen und Vertrauten, den die Aufklärung mit der Auflösung des Irrationalen und Mythischen zu erwecken suchte, indem sie das Bekannte an die Stelle des Unbekannten setzen wollte, mündet letztlich wieder im Unheimlichen. Freud selbst bedient sich in seiner Erläuterung des Unheimlichen der Entgegensetzung einer durch Rationalität gekennzeichneten zeitgenössischen Kultur und der Wiederkehr eines für überwunden gehaltenen „Animismus der Primitiven"12: "Das Unheimliche ist also auch in diesem Falle das ehemals Heimische, Altvertraute. Die

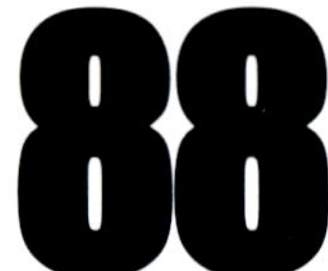

between deconstruction and architecture, if would have its basis in what is actually a modern experience: a fundamental and immanent contradiction over which metaphysics was forced to cast a veil for its own sake. Adorno and Horkheimer pursued the quasi deconstructivist revelation of this contradiction in their "Dialektik der Aufklärung": "The mythical horror of the Enlightenment relates to the myth;"9 and later: "As myths bring about enlightenment, enlightenment finds itself more deeply involved in mythology with every step it takes. It receives from myths all the material it needs to destroy them, and as their judge it falls under the mythical spell. ... The principle of immanence, the explanation of every event as repetition, which enlightenment embraces in opposition to the mythical imagination, is that of myth itself."10 When Freud, with reference to Schelling, defines the strange as "something which should have remained hidden but has instead emerged", then Adorno and Horkheimer identified the strangeness of enlightenment, "for this strangeness is really nothing new or unfamiliar but instead something familiar to emotional life from long ago, something that has simply been estranged from it through the process of repression".11 The uncanny aspect of the Enlightenment, then, would be its attempt to turn against myths and to dissolve them, only to rediscover itself as and in myth. The temporary impression of affinity, of security and familiarity which the Enlightenment sought to awaken by eradicating irrationalism and myth by replaceing the unknown with the known ultimately leads back to the uncanny. Freud himself, in his explanation of the uncanny, made use of the opposition of a contemporary culture characterised by rationalism with the return of a "primitive animism" thought to have been overcome12: "Thus in this case as well the uncanny is that which was once familiar. The prefix "un" attached to the word is the mark of repression, however."13 "If this is indeed the secret nature of the uncanny, then we understand that linguistic usage allows the familiar to become its own opposite."14

This structural relationship between the familiar and the unfamiliar (strange or uncanny) is to serve as a matrix in the following attempt to approach the work of Jorge Pardo. Let us summarise briefly: The familiar is a reaction to the unfamiliar, which is repressed only to

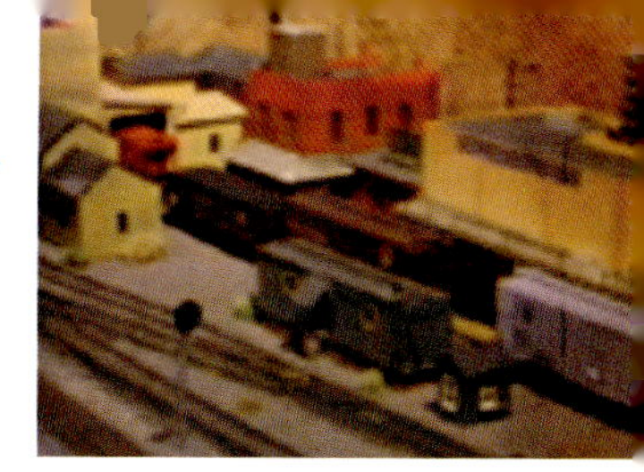

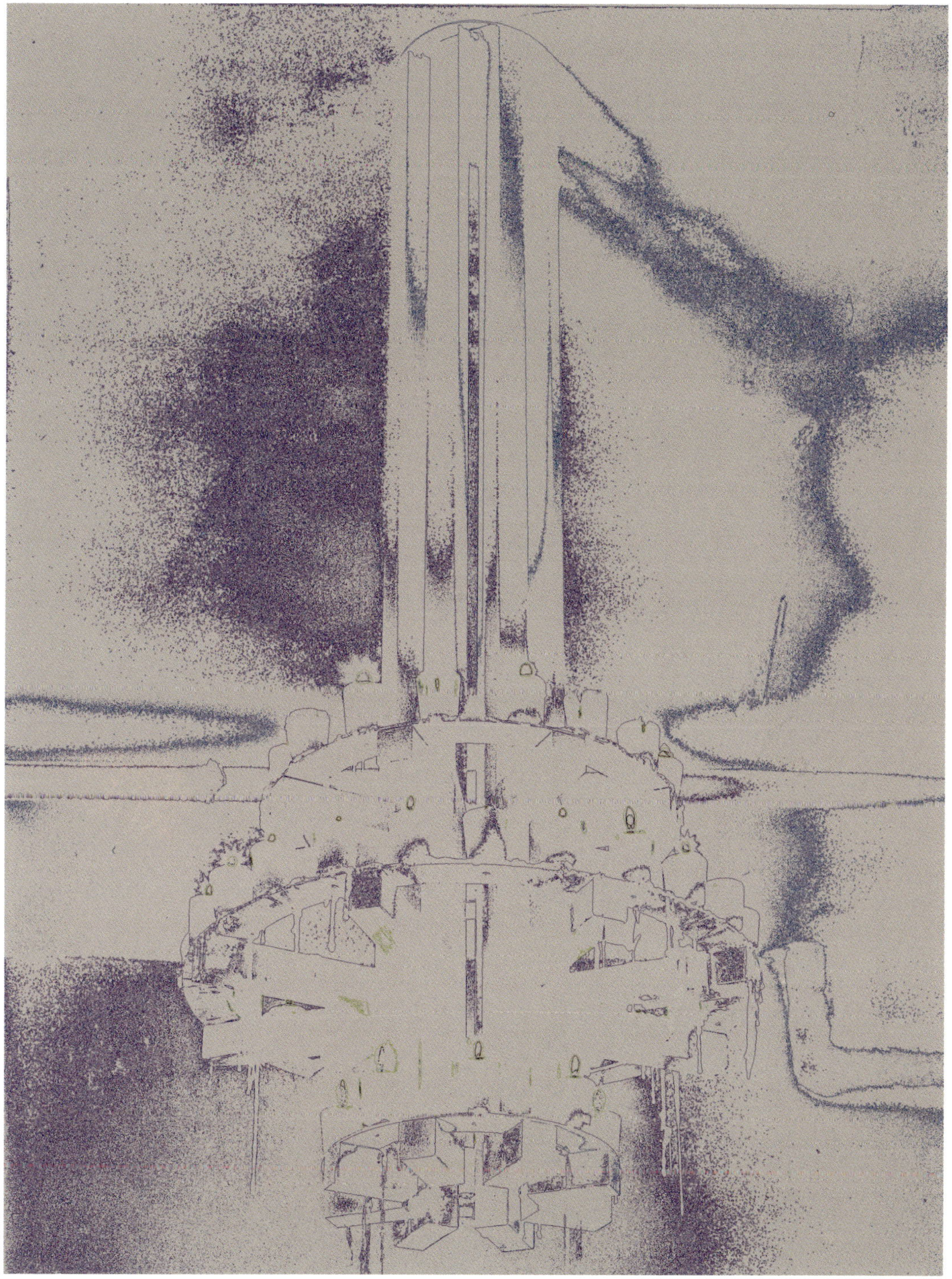

Vorsilbe 'un' an diesem Worte ist aber die Marke der Verdrängung."13 „Wenn dies wirklich die geheime Natur des Unheimlichen ist, so verstehen wir, dass der Sprachgebrauch das Heimliche in seinen Gegensatz, das Unheimliche übergehen lässt." 14

Diese strukturelle Beziehung zwischen dem Heimlichen und Unheimlichen soll uns im Weiteren als Matrix dienen, um uns der Arbeit von Jorge Pardo anzunähern. Fassen wir kurz zusammen: Das Heimliche ist die Reaktion auf das Unheimliche, das verdrängt wird, um sich dann wieder als immanent Unheimliches zu Wort zu melden. Demnach geht das Unheimliche als eigentlicher Anlass dem Heimlichen voraus. Der Eindruck des Heimlichen und Vertrauten kann zwar sein fundamentales Argument – das Unheimliche – verschleiern oder verdrängen, aber nicht aufheben oder loswerden. Es ist nur eine Frage der Zeit, bis sich dieses als Verdrängtes zurück meldet, um dann das Heimliche wieder ins Unheimliche zu verkehren. So kann aus einem heimlichen Haus ein Spukhaus werden.

Übertragen wir diese Matrix auf das Verhältnis zwischen der Kunst und dem Haus: Der Kunst der Moderne geht eine Trennung von ihrer Interiorität und einem Haus, das nicht ihres ist, voraus. Demnach würde das Unheimliche der Kunst vor der Moderne darin liegen, dass sie immer einen Platz hatte, der nicht der ihre war. Sie war immer und überall hin eingeladen, aber eben nur zu Gast, als Fremde. Daher rühren ihre Autonomiebestrebungen, die sich in diesem Sinne als Suche nach einer Eigentumswohnung bzw. nach einem eigenen Haus beschreiben ließen. In der Gleichsetzung von Kunst und Haus, die nun das Innen und Außen gleichermaßen repräsentiert – und formal auch gleich behandelt – verschwindet nicht nur die Grenze zwischen Innen und Außen, sondern auch ihr Gastrecht. D.h. genau zu jenem Zeitpunkt, zu dem sich Kunst das erste Mal in sich selbst einrichtet und ihre Heimlichkeit erprobt, verliert sie ihr traditionelles Verhältnis zur Gesellschaft, die ihr plötzlich als unheimliche (wie feindliche) gegenüber tritt und vice versa.15 Die verschiedenen Versuche, auf praktischer und theoretischer Ebene, für die Kunst mit ihrem Eigenheim wieder eine

express itself again as something immanently uncanny. Accordingly, the unfamiliar precedes the familiar as the original impulse. While the impression of familiarity and homeliness can veil or repress its fundamental argument – the unfamiliar – it cannot negate or eliminate it. It is only a question of time before it returns as something repressed, turning the familiar into the unfamiliar once again. Thus a familiar house can become a haunted house.

We now apply this matrix to the relationship between art and the house. The art of the modern period is preceded by a separation between its interiority and a house that is not its own. Thus the uncanny aspect of art prior to the modern period would consist in the fact that it always occupied a place that was not its own. It was always invited in readily and everywhere, but always as a guest, a stranger. And that is source of its quest for autonomy, which we might describe in this sense as a search for a domicile or a house of its own. Not only does the boundary between inside and outside disappear in the equation of art and house, which now represents both interior and exterior – and treats them both the same, in formal terms – but its rights as a guest as well. In other words, at the very moment in which art establishes itself within itself it loses its traditional relationship to society, which suddenly confronts it as an unfamiliar (and hostile) society and vice-versa.15
The succession of various practical and theoretical attempts to rediscover a function or a place for art in society and its own home pervades the history of art and theory in the 20th century.16
The (re)conquest of public space, streets, etc., is a paradigm in which art's own unfamiliarity and estrangement with respect to society become evident. It would appear that art does not quite feel "at home in its own home" in museums and galleries.17
Post-modernism can be viewed as a response to this paradigm, although it made use of both the familiar and the strange.
While its theoretical objections, on the one hand, were dedicated to the attempt to address the unfamiliar features of modernism, its practical work was devoted to the rehabilitation of art and architecture as instruments capable of adaptation and compromise and concerned once again with a sense of familiarity and homeliness. In this context, the spectacular flourishing of architecture during the eighties, in particular the revitalization of museum

architecture, is highly significant. The so-called "hunger for images"18 , proclaimed in view of the revival of painting and its "New Savage" style,19 belongs in the same context. Together with a rejuvenated art market, art was able to make its penitent re-entry as a socially acceptable and long-yearned-for source of furnishing, of interiority. Even the forms of this museum architecture examples of which include Sterling's Kunstgalerie in Stuttgart or Hollein's new museum building in Mönchengladbach – underscore this reconquest of the unfamiliar and "long accustomed": massive, solid walls whose gaps call to mind the rediscovered ruins of ancient times and whose structure reminds us of the mythical Acropolis. These very attempts to adapt forms to surroundings again in architecture and to reintegrate the past into the present in painting are part of the quest to re-establish a link with the time that modernism had repressed.

Despite this distance to modernism, which was declared overcome and dead, at least terminologically speaking, through the addition of the prefix "post", one of its most essential and fundamental features has remained preserved: the "turning out of the interior", the synonymous relationship between exterior and interior, the breaks in the walls which even the heaviest stones and the smallest of windows could no longer close. This spirit of modernism has survived as an unfamiliar and at least formally repressed spirit in the familiar post-modern period: uncanny and ghostlike also because it was meant to conceal the simultaneously forced elimination of (economic and cultural) boundaries between inside and outside, near and far, local and global.20

Thus we are confronted with a significant characteristic of post-modernism: its inherently contradictory character. It reanimates the hermeneutic model of interior and exterior while negating it at the same time. When modernists spoke of a house, they meant either a familiar or a strange one; post-modernism transformed this successive relationship into an aspect of simultaneity.
A post-modern house is thus strange and familiar at once. This ambivalence encompasses not only an aspect of non-distinctiveness and indistinguishability but also a fundamental change as well, for what the house has lost under these circumstances is its own self-

Funktion bzw. einen Platz in der Gesellschaft zu finden, durchziehen in der Folge die Kunst- und Theoriegeschichte des 20. Jahrhunderts.16 Die (Rück-) Eroberung des öffentlichen Raumes, der Straße usw. ist das Paradigma, an dem sich die eigene Unheimlichkeit und Entfremdung der Kunst gegenüber der Gesellschaft ablesen lässt.
Es hat den Anschein, als fühlte sie sich in ihren Museen und Galerien „not quite at home in its own home".17 Die Postmoderne kann als Antwort auf dieses Paradigma gelesen werden, wobei sie das Heimliche wie das Unheimliche gleichermaßen bediente: Widmete sie einerseits ihre theoretischen Einwände dem Versuch, die unheimlichen Züge der Moderne zu adressieren, so richtet sie ihre praktische Arbeit andererseits auf die Rehabilitierung der Kunst und Architektur als anpassungsfähiges und kompromissbereites Instrumentarium, das sich neuerlich und wieder um den Eindruck des Vertrauten und Heimlichen sorgt.
In diesem Zusammenhang ist das spektakuläre Aufblühen der Architektur in den 80er-Jahren, und da vor allem die Revitalisierung der Museumsarchitektur, signifikant. In den gleichen Kontext fällt der sogenannte „Hunger nach Bildern"18 , den man angesichts einer zurückgekehrten und „Neuen Wilden"19 Malerei verkündet hatte. Gemeinsam mit dem aufkeimenden Kunstmarkt konnte sich die Kunst reumütig wieder als gesellschaftsfähiger und lang ersehnter Einrichtungsbedarf, als Interiorität, einbringen. Selbst die Formen dieser Museumsarchitekturen – man denke an Sterlings Staatsgalerie in Stuttgart oder an Holleins Museumsneubau in Mönchengladbach – unterstreichen diese Rückeroberung des Heimlichen und „von alters her Bekannten": massive und solide Mauern, deren Fehlstellen an die wiederentdeckten Ruinen aus alten Zeiten denken lassen und deren Anlage die mythische Akropolis ins Gedächtnis rufen. Gerade die Versuche in der Architektur, ihre Formen wieder an der Umgebung zu orientieren,und in der Malerei, das Vergangene in die Gegenwart zu reintegrieren, suchen an die von der Moderne verdrängte Zeit wieder anzuknüpfen.

Trotz dieser Distanz zur Moderne, die man mit der Vorsilbe "Post-" zumindest terminologisch für überwunden und beendet erklärte,

92

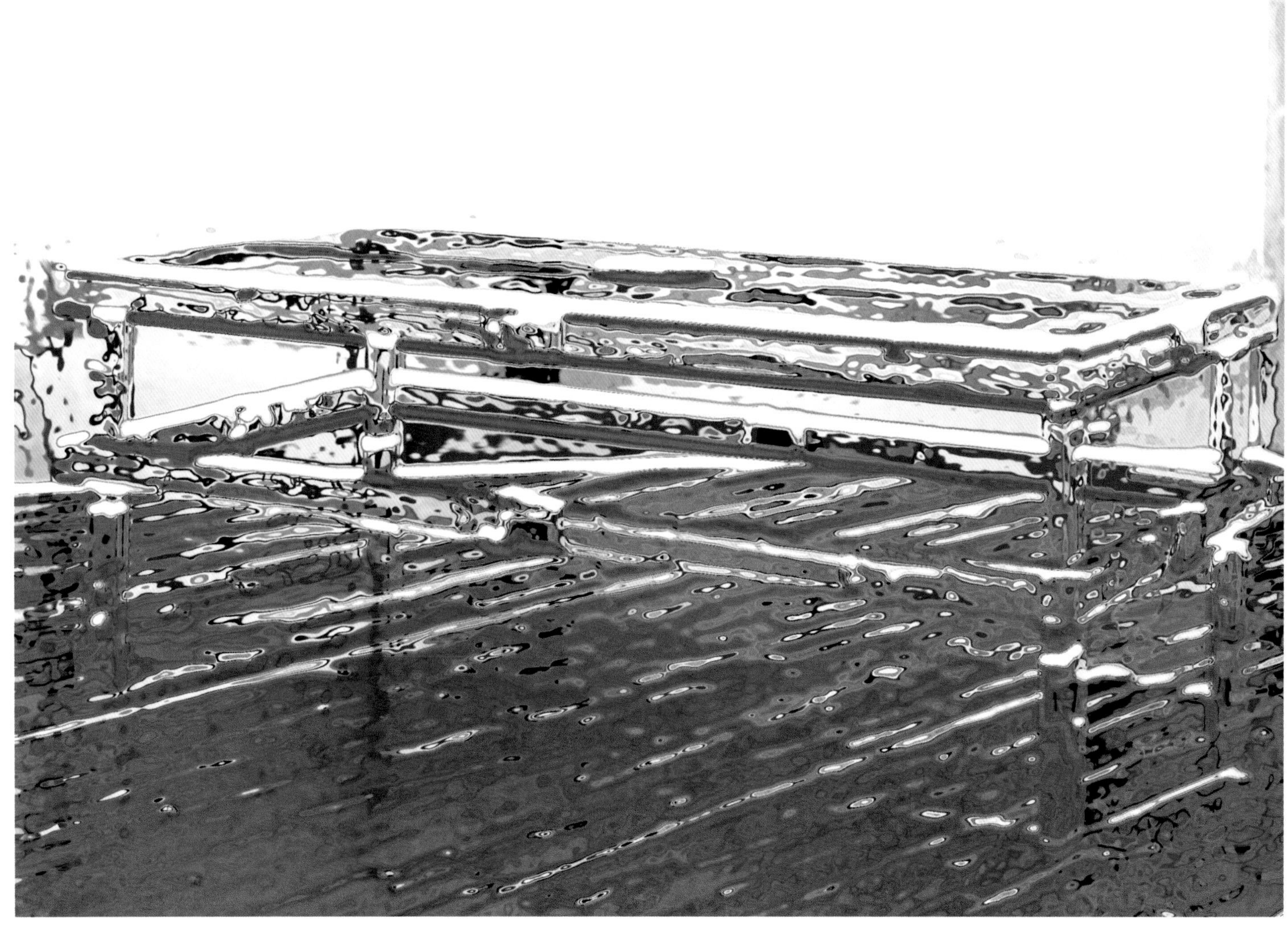

evident character. It has entered a crisis, a virulent one. If the house is a metaphor for what precedes metaphor, then it has lost this head start and is now no more than a metaphor for what it can no longer accomplish in its own right. There is no other or better way to identify this paradigmatic shift than to illustrate it through the example of the house itself. In this sense, Jorge Pardo's decision to subject his practice of art to the very conditions which ultimately seek its negation finds its place within a deconstructivist tradition.21

2. "Familiar yet totally strange"22

Aside from the many works exhibited by Jorge Pardo in galleries or museums, I would like to focus here on his house in Los Angeles, a home he built for himself – as a total work of art, so to speak – and in which he also resides. It is interesting to note that the house was built within the context of an exhibition at the Museum for Contemporary Art in Los Angeles, to which Jorge Pardo had been invited. Instead of making use of the museum architecture itself and simply exhibiting his works there, Pardo chose to declare the house he had been planning for some time an exhibition in exile. The building was open to the public during the first few weeks and is now, following the close of the exhibition, his own private residence. Due to various delays, the house was not completely finished and not fully furnished in time for the exhibition. Except for a few details, the architecture revealed the essential design and structure of his future home, but the furnishings were still arriving piece by piece while the exhibition was in progress. Thus although the house was in use, it was not actually occupied. I would go so far as to suggest that these delays even served the purposes of the project. They made it quite clear that the show was not meant to present the self-contemplation of an artist intent upon putting the secrets of his living and working circumstances up for discussion but to emphasize the house itself as an idea. Thus the exhibition of Jorge Pardo's house falls in line with a tradition whose predecessors include the Stuttgart Weissenhofsiedlung of 1927 and the Case Study House Program initiated in California in 1945.23 The underlying intentions were not entirely the same, however, since

hat sich einer ihrer wesentlichsten und fundamentalsten Züge erhalten: die „Durchaußung des Innen", das synonyme Verhältnis von Innen und Außen, die Sprünge in den Mauern, die noch so schwere Steine und noch so kleine Fenster nicht mehr schließen konnten. Dieser Geist der Moderne hat sich als unheimlicher und zumindest formal verdrängter in der heimlichen Postmoderne erhalten: unheimlich und spukhaft auch deshalb, weil damit die gleichzeitig forcierte Aufhebung der (ökonomischen und kulturellen) Grenzen zwischen Innen und Außen, nah und fern, lokal und global, verschleiert werden sollte.20

Damit stehen wir vor einem signifikanten Zug der Postmoderne: vor ihrer Widersprüchlichkeit. Sie reanimiert nicht nur das alte hermeneutische Modell von Innen und Außen, sondern negiert es zugleich. Wenn in der Moderne von einem Haus die Rede war, dann war es entweder heimlich oder unheimlich; die Postmoderne hat diese sukzessive Relation in ein Moment der Gleichzeitigkeit verwandelt. Ein postmodernes Haus ist demnach heimlich und unheimlich zugleich. In dieser Ambivalenz liegt nicht nur ein Moment des Unentschiedenen und Unentscheidbaren, sondern ein fundamentaler Wandel: Denn was das Haus unter diesen Bedingungen verloren hat, ist seine Selbstverständlichkeit; es ist in die Krise geraten, virulent. Wenn das Haus Metapher war für das, was der Metapher vorausging, dann hat es diesen Vorsprung eingebüßt und ist selbst nur mehr Metapher für das, was es selbst nicht mehr leisten kann. Um diesen Paradigmenwechsel zu markieren, bleibt aber keine andere oder bessere Wahl, als diesen am Haus selbst zu beweisen. Darin steht die Entscheidung von Jorge Pardo, seine künstlerische Praxis jenen Bedingungen zu unterstellen, die sie letztlich aufzulösen sucht, in einer dekonstruktivistischen Tradition.21

2. "Vertraut, aber völlig fremd"22

Neben den vielen Arbeiten, die Jorge Pardo in Galerien oder Museen gezeigt hat, möchte ich mich hier auf sein Haus in Los

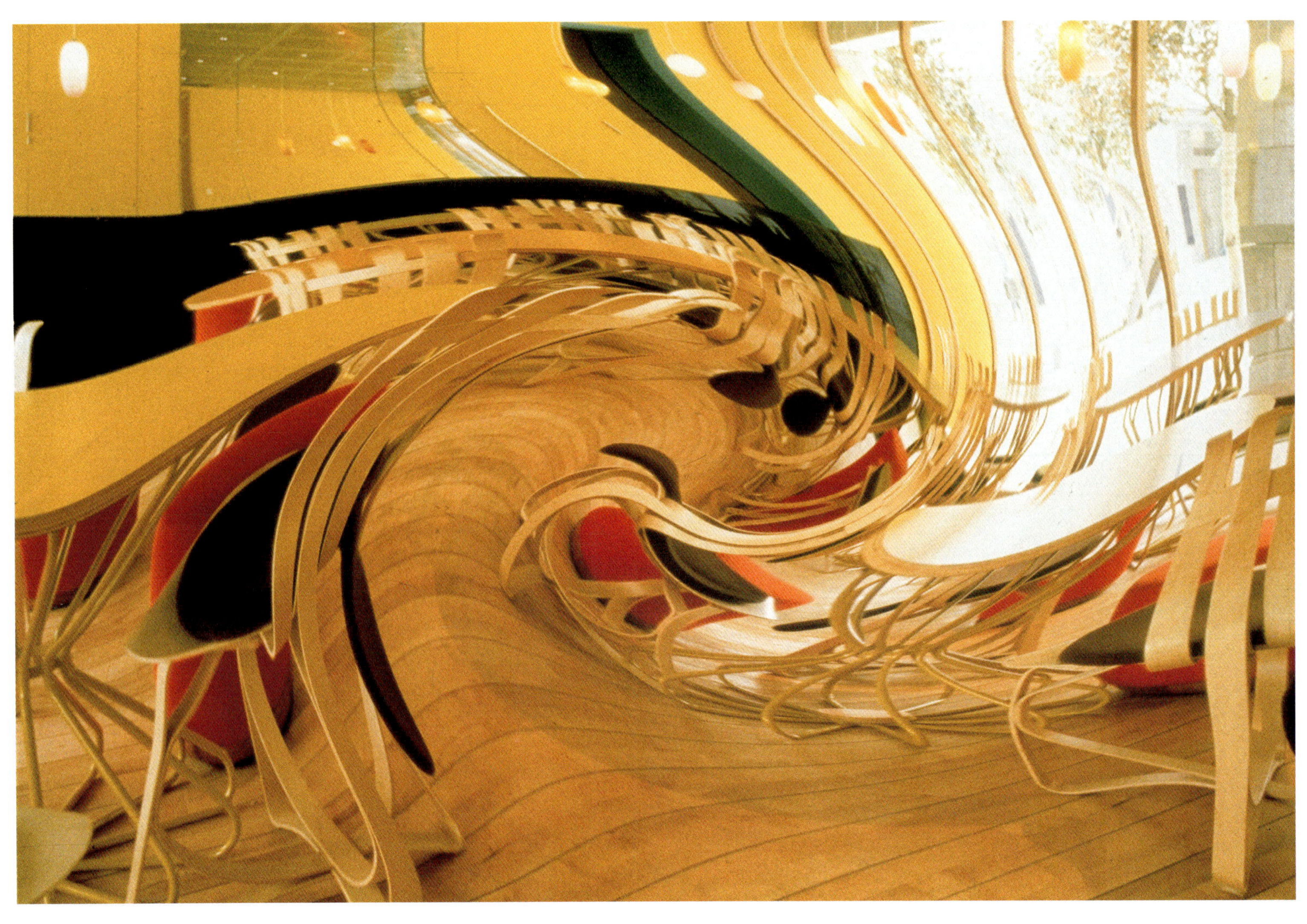

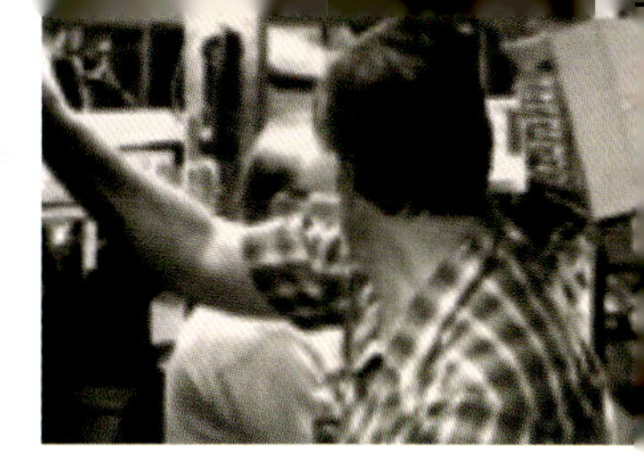

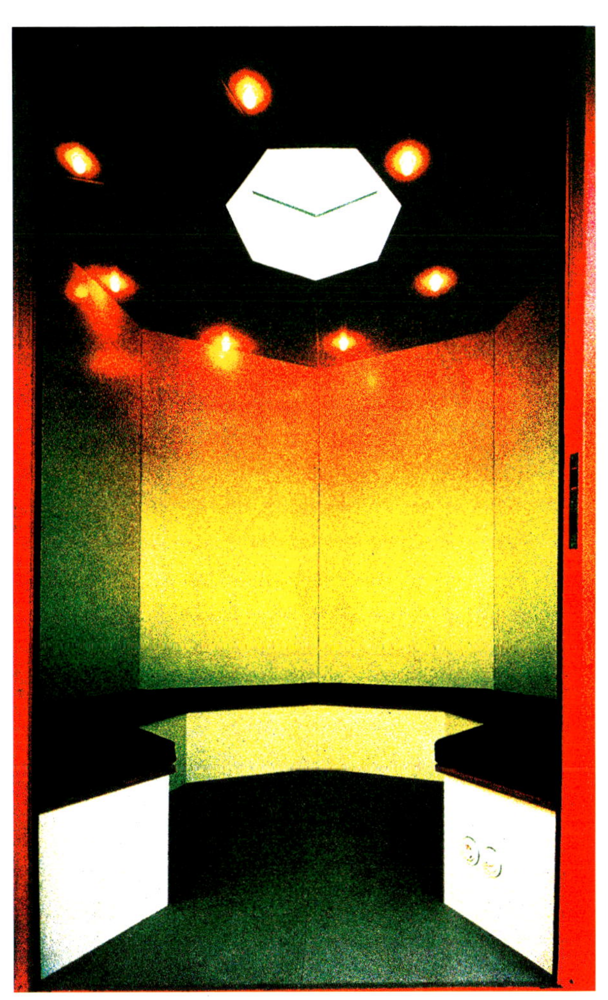

Angeles konzentrieren, das Pardo für sich selbst gebaut hat – wenn man so will: als Gesamtkunstwerk, in dem er auch lebt. Ein interessanter Aspekt ist dabei die Tatsache, dass dieses Haus im Rahmen einer Ausstellung entstand, für die Jorge Pardo in das Museum of Contemporary Art in Los Angeles geladen war. Anstatt aber die Museumsarchitektur selbst in Anspruch zu nehmen und seine Arbeiten dort einfach auszustellen, erklärte Pardo sein lange geplantes Haus zur exilierten Ausstellung, die für die ersten Wochen öffentlich zugänglich war, und nun nach der Ausstellung als sein privater Wohnsitz fungiert. Verschiedene Verzögerungen haben dazu geführt, dass das Haus während der Ausstellung noch nicht ganz fertig bzw. noch nicht ganz eingerichtet war. Während die Architektur bis auf kleine Details sein zukünftiges Haus, seine Anlage und Struktur erkennen ließ, kamen die Einrichtungsgegenstände im Laufe der Ausstellung erst nachseinander dazu. In diesem Sinne wurde das Haus zwar schon verwendet, aber noch nicht bewohnt. Ich denke sogar, dass diese Verzögerungen durchaus im Interesse des Projekts waren. Denn damit wird klar, dass sich die Ausstellung nicht als Nabelschau eines Künstlers vermittelte, der die Geheimnisse seiner Lebens- und Produktionsbedingungen zur Diskussion stellen wollte, sondern das Haus selbst als Idee in den Vordergrund rückte. In diesem Sinne steht die Ausstellung des Hauses von Jorge Pardo in einer Tradition, die ihre Vorgänger in der Stuttgarter Weissenhofsiedlung von 1927 genauso findet wie im sogenannten Case-Study-House-Program, das 1945 in Kalifornien begann.[23] Nur zum Teil decken sich allerdings die Intentionen, denn die Vorbild-Funktion, die diese Programme erfüllen sollten – „an opportunity to send further trial balloons into the modern air"[24] – steht noch ganz im Zeichen der Moderne und eines aufkeimenden Fordismus, der eine billige und einfache Bauweise für den Massenkonsum im Auge hatte. Die Tatsache, dass Pardo zur Finanzierung des Projekts die Pläne für das Haus und damit das Recht auf dessen Reproduktion in einer limitierten Auflage verkaufte, bringt dies zwar in die Nähe des Programms, reduziert dessen potentielle Multiplikation aber schon im Vorfeld. Damit fungiert das Haus weniger als Modell, sondern als künstlerische Arbeit. Wenn es Züge eines Modells trägt, dann genauso wie jedes gemalte Bild, das trotz seiner Einmaligkeit immer auch als Modell einer bestimmten Wahr-

the model function these programs were meant to serve – "an opportunity to send further trial balloons into the modern air"[24] – reflects a wholly modernist mind-set and a budding Fordism intent upon developing cheap and simple construction methods for mass consumption. The fact that Pardo sold the plans for the house and thus the rights to reproduce it in a limited edition in order to finance the project brings it somewhat more closely in line with the goals of the Program, yet in doing so he diminished its potential for multiplication from the outset. Thus the house is much less a model than a work of art. If it has any of the features of a model, then only in the sense that any painted picture, despite its unique character, can always be regarded as a model for a certain culture of perception and thus as representation. Viewed from this perspective, it is appropriate to assess the house in terms of its dual nature as a functional structure and an image.

The sense of astonishment that often emerges when Pardo is seen as a painter – although his three-dimensional, sculptural and ultimately also architectural practice would support assignments to other genres – is thus easily counteracted. For the remarkable thing about his practice, aside from his interventions in the everyday household with colour, is the relationship between the author and his work, one that is akin to that recognized in painting. His house is a visual image designed and composed by the artist himself, which makes it a hand-crafted product. If the house is to be viewed as a picture, however, then it performs the function of a metaphor – a metaphor of a relationship to modernism and a metaphor for the question of what a subject is still capable of achieving for itself today. And it is precisely this issue, I believe, that Pardo seeks to illuminate in his work.

I remember visiting this exhibition and hearing Pardo remark that he actually felt like a stranger in his own house, the details of which were entirely familiar to him. This statement, which is astonishingly reminiscent of the comment by Derrida cited in the title,[25] articulates a crucial perception and a point of departure for a study of his work. As metaphor, it raises the question: What does this mean for the subject who creates a space for itself, only to feel like a stranger in it – a stranger to and within himself?

If we look back over the history of bourgeois society we recognize that the notion of the self-made served as a guarantor for the character of one's own four walls as a home. If there was no comfort to be found otherwise in a disparate society, at least one's own house could serve as an island of refuge. This ideal of home ownership is more popular today than ever before. The building-supply stores that prosper most are those which not only sell products but also promote a sense of self-sufficiency. The paradox inherent in this prefab culture is that, while it symbolically encourages productive self-initiative among consumers, the end result is that the final products resemble each other so closely that they could easily have come from the same assembly line. To this extent, such market strategies are entirely in keeping with the strictest standards of modernism.26 If one day these establishments turn out to be uncanny, then it is industrial society that is repressed in the myth of the self-made and which "should have remained hidden but has emerged".27

To a certain extent, Jorge Pardo's art also examines the problems associated with this aspect. Many of his lamps or chairs are industrially produced products he has purchased in stores or at flea markets. Depending upon their particular characteristics, these objects are either accepted as they are or simply rearranged. The picturesque impression evoked by his installations is usually an expression of his ability to direct the staging of the diverse elements in such a way that they appear to fit together in their altered setting: a stately Eames chair from the fifties no longer clashes with the kitschy lamp from the seventies standing next to it. This in itself is not so remarkable, as the synchrony of the non-synchronous has been regarded as acceptable since the advent of post-modernism. What post-modernism failed to make clear with its marked revitalisation of the familiar was the uncanny disregard for modernism with its utopian potentials. The similarly heralded post-historical period, announcing the end of history and the death of the subject, made all enquiry in this direction superfluous. It was not long after these proclamations that these strategically important yet premature end-games became caught up in crisis. The parallel concerns generated by the growing problems of AIDS

nehmungskultur und damit als Repräsentation betrachtet werden kann. In dieser Hinsicht liegt es nahe, das Haus in seiner Doppelnatur zugleich als funktionale Struktur wie als Bild zu bewerten.

Die Verwunderung, die sich oft einstellt, wenn sich Pardo als Maler versteht – obwohl er angesichts seiner dreidimensionalen, skulpturalen und letztlich auch architektonischen Praxis anderen Gattungen zugeschrieben werden könnte – kann damit entkräftet werden. Denn was seine Praxis neben den farblichen Interventionen in den Alltagshaushalt auszeichnet, ist das der Malerei verwandte Verhältnis zwischen Autorschaft und Werk: Sein Haus ist ein selbst entworfenes und gebautes, komponiertes Bild und damit ein manuelles, handwerkliches Produkt. Wenn das Haus aber als Bild zu betrachten ist, dann erfüllt es die Funktion einer Metapher: einer Metapher für ein Verhältnis zur Moderne genauso wie einer Metapher für die Frage, was ein Subjekt heute noch für sich selbst zu leisten im Stande ist. Und genau das ist das Thema, das Pardos Praxis meiner Meinung nach zu beleuchten sucht.

Ich erinnere mich an eine Aussage von Pardo bei einem Besuch dieser Ausstellung, dass er sich in seinem eigenen Haus, dessen Details ihm vollkommen vertraut seien, eigentlich fremd fühle. Diese Aussage, die nicht nur frappant an die im Titel erwähnte Formulierung von Derrida erinnert,25 formuliert eine zentrale Erfahrung und Ausgangssituation für eine Auseinandersetzung mit seiner Arbeit. Als Metapher stellt sie die Frage: Was bedeutet es für das Subjekt, das sich einen eigenen Raum schafft, sich letztlich fremd darin zu fühlen, d.h. fremd in und vor sich selbst.

Wenn wir auf die bürgerliche Gesellschaft zurückblicken, so galt die Vorstellung des selbst Geschaffenen als Garant für die Heimlichkeit der eigenen vier Wände: Wenn man sich auch sonst nicht sehr behaglich fühlte in der disparaten Gesellschaft, so konnte wenigstens das eigene Haus als inselhaftes Refugium dienen. Dieses Ideal des Eigenheims ist heute aktueller denn je: Vor allem jene Baumärkte boomen, die nicht nur Produkte verkaufen, sondern diesen auch noch den Hauch des Selbstgemachten verleihen. Die Paradoxie dieser Fertigteil-Kultur liegt darin, dass sie symbolisch die Eigenproduktion der KonsumentInnen anregt, mit dem Ergebnis, dass die Endprodukte einander gleichen, als kämen sie direkt vom Fließband. Darin folgen diese Vermarktungsstrategien noch dem tiefsten Modernismus.26 Wenn sich diese Einrichtungen eines Tages als unheimlich entpuppen, dann ist es hier die Industriegesellschaft, die im Mythos des Selbstgemachten verdrängt und „im Verborgenen hätte bleiben sollen und hervorgetreten ist."27 Zum Teil problematisiert auch Jorge Pardos Arbeit diesen Aspekt.

Oft handelt es sich bei seinen Lampen oder Stühlen um industriegefertigte Produkte, die er in irgendwelchen Geschäften oder auf Flohmärkten erstanden hat. Je nach Beschaffenheit der Objekte werden diese übernommen wie sie sind oder eben neu arrangiert. Der malerische Eindruck seiner Installationen rührt meist daher, dass es ihm gelingt, die verschiedenen Elemente trotz ihrer heterogenen Herkunft so zu inszenieren, dass sie stimmig in ihrer Alterität zusammenpassen: Ein gediegener Eames-Stuhl aus den 50ern beißt sich nicht (mehr) mit der kitschigen Lampe aus den 70ern nebenan. Dies ist weniger bemerkenswert, da die Gleichzeitigkeit des Ungleichzeitigen seit der Postmoderne ohnehin salonfähig gemacht wurde. Was die Postmoderne in ihrer ausgeprägten Revitalisierung des Heimlichen allerdings verschwiegen hatte, war die unheimliche Ausblendung der Moderne mit ihren utopischen Potentialen. Das gleichfalls ausgerufene Posthistoire, das Ende der Geschichte und der Tod des Subjekts, erübrigten jegliche Frage danach. Schon bald nach diesen Verkündigungen sind diese strategisch zwar wichtigen, aber vorschnellen Endspiele in die Krise geraten. Allein die parallele und wachsende Aids-Problematik in den 80er-Jahren hat die These vom Tod des Subjekts in eine Frage nach dem (auch physischen) Tod des Subjekts verwandelt. Mit dem Tod des Subjekts aber stand nicht nur das Verhältnis zwischen Privatheit und Öffentlichkeit wieder zur Diskussion, sondern auch die politische Verantwortlichkeit des Einzelnen, d.h. des Subjekts, und damit eine Revision der Postmoderne und Moderne gleichermaßen. Diese Diskussion ist der Kontext, aus dem sich die Arbeit von Jorge Pardo entwickelt. Was

in the 1980s transformed the theory of the death of the subject into a question of the (also physical) *death* of the subject. However, the *death* of the subject focused discussion once again not only upon the relationship between privacy and publicity but upon the political responsibility of the individual, i.e. the subject, and thus upon a revision of both post-modernism and modernism at the same time. This discussion is the context from which Jorge Pardo's work develops. What can the subject still accomplish on its own? A critical examination of this question necessarily leads us back to the modernism that created the figure of the autonomous artist – the artist as a representative figure.

Let us return to the house, to the house as paradigm and as physical body. If the question of the subject implies the question of its ability to survive in nature and society, then the house becomes a paradigm for this relationship. From the standpoint of the subject that builds a house for itself, the house serves not only as space but as a more resistant and larger physical body. The more closely the house adheres to the principle of the self-made, indeed identifies itself as the product of manual labour, the closer is its relationship to the corporeality of its creator, whose expression it is. Pardo's decision to design and build a house himself can be understood against the background of the fundamental question of the subject's capacity to perform. To what extent can a house provide not only shelter but also represent the subject it shelters? To what extent is a house still an expression of the physical nature of this subject? And vice-versa: to what extent can a subject still claim authorship of a house he has built himself in our time? To what extent can we comprehend the discomfort28 we sense when we speak about the body and remind ourselves of its societal definitions as an estrangement of the body itself? Does the house have a gender? The sheer number of questions that arise clearly suggest that they can neither be answered here nor by Pardo's house alone. The quality of his work I wish to emphasize here, however, is closely related to these implicit questions. If we cannot answer them, a look into his method may at least provide clues that will help us to move closer to their solution. As mentioned above (and in this sense Pardo has close ties with a deconstructivist tradition), Pardo does not attempt to solve these problems from the outside but instead goes back to the beginning

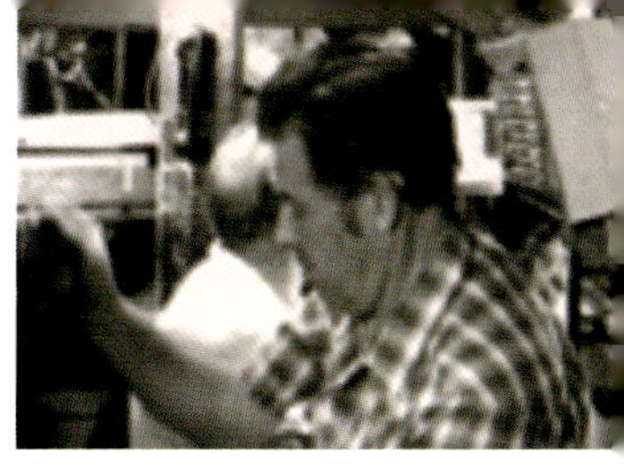

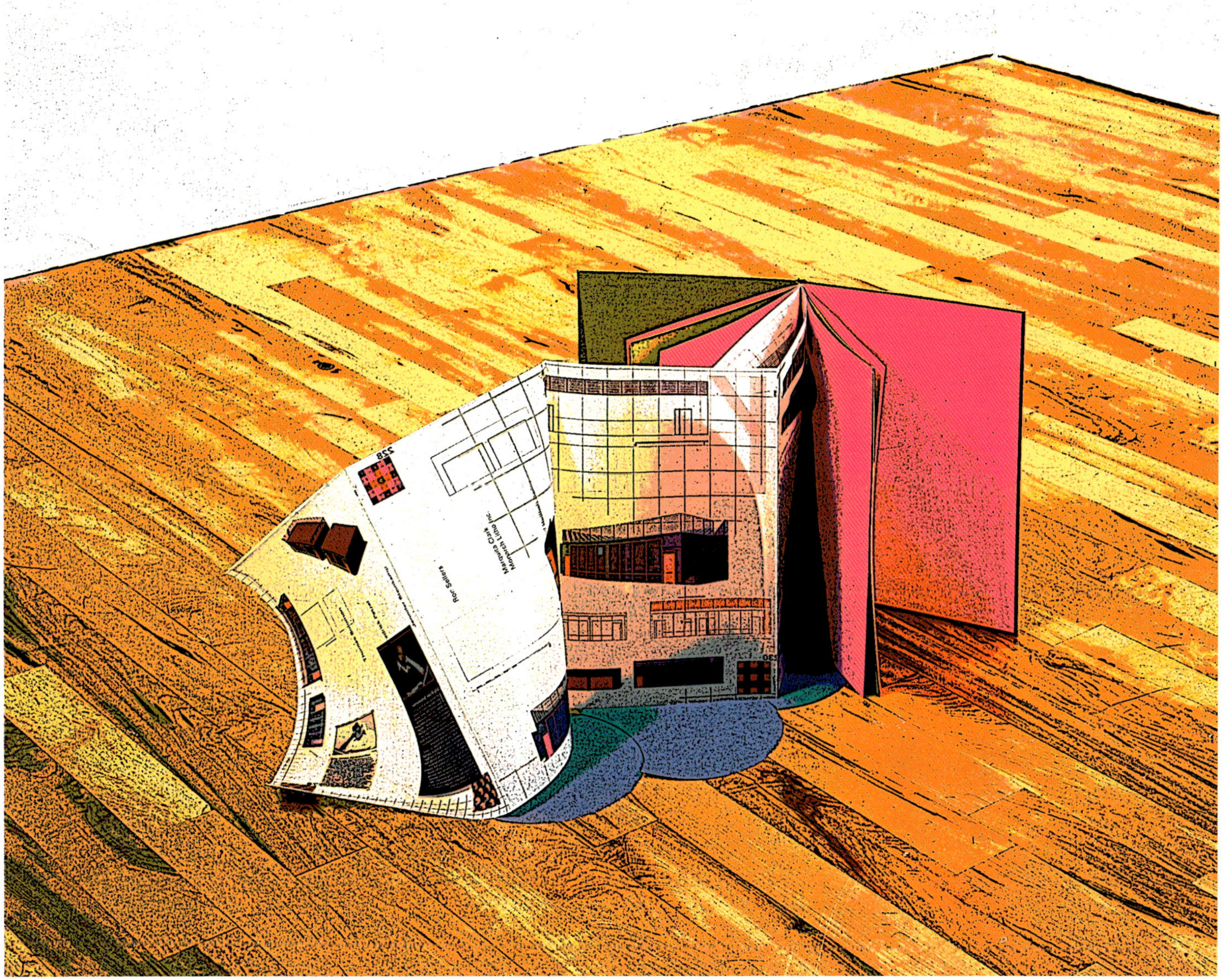

kann das Subjekt selbst noch leisten? Eine kritische Reflexion dieser Frage führt notgedrungen zurück in die Moderne, die die autonome Künstlerfigur, d.h. den Künstler als Repräsentationsfigur geschaffen hatte.

Kehren wir zurück zum Haus, zum Haus als Paradigma und als Körper: Wenn die Frage nach dem Subjekt die Frage nach seiner Überlebensfähigkeit in der Natur und in der Gesellschaft impliziert, dann wird das Haus zum Paradigma für dieses Verhältnis. Aus der Sicht des Subjekts, das sich ein Haus baut, um überleben zu können, dient dieses nicht nur als Raum, sondern auch als resistenterer und größerer Körper. Je näher dieses Haus nun am Selbstgemachten haftet, ja sich als Produkt von Handarbeit zu erkennen gibt, umso enger ist seine Bindung an die Körperlichkeit seines Urhebers, dessen Ausdruck es ist. Die Entscheidung Pardos, selbst ein Haus zu entwerfen und zu bauen, wird vor dem Hintergrund nach der fundamentalen Frage nach der Leistungsfähigkeit des Subjekts nachvollziehbar. Inwieweit kann ein Haus nicht nur Schutz bieten, sondern zugleich das Subjekt, das es beherbergt, repräsentieren? Inwieweit ist ein Haus noch Ausdruck der Körperlichkeit dieses Subjekts? Und umgekehrt: Inwieweit kann ein Subjekt heute noch die Autorschaft für sein selbst gebautes Heim geltend machen? Inwieweit können wir das Unbehagen[28], wenn wir heute vom Körper sprechen und uns seine gesellschaftlichen Definitionen vergegenwärtigen müssen, als Unheimlich-Werden des Körpers selbst verstehen? Hat das Haus ein Geschlecht? Die Fülle dieser Fragen legt nahe, dass ihre Beantwortung weder hier noch von Pardos Haus allein geleistet werden kann. Die Qualität seiner Arbeit aber, die ich hier festhalten will, hängt mit diesen impliziten Fragen zusammen. Wenn wir diese schon nicht beantworten können, so erlauben sie doch einen Einblick in seine Methode, diesen Fragen auf die Spur zu kommen. Wie erwähnt, und darin ist Pardo einer dekonstruktivistischen Tradition verbunden, sucht Pardo diese Problemstellungen nicht von außen zu lösen, sondern er geht zurück, um in der Re-Konstruktion und Wiederholung des Problems gegen dieses Problem selbst vorzugehen. Wenn das Haus aufgrund der angedeuteten Fragen als Paradigma und als Repräsentant einer

in order to confront the problem itself by reconstructing and repeating it. If the house as a paradigm and a representative of a concept of the subject has entered a crisis as a result of the questions suggested above, then he must not only return to the paradigm but prove its immanent strangeness and thus its dubious character through the repetition of the house-building process.

Having thus far discussed only Pardo's decision to build a house for himself, I would now like to offer a few remarks with respect to its form.

The house stands on an incline. Its ground plan describes an oval, the windowless outer walls of which enclose the house. Its interior walls consist of large windows or glass doors that open a view across the open interior courtyard to the house segment on the opposite side. The spatial and functional structure is based upon the principle of a serial arrangement of single rooms of varying sizes and shapes, depending upon their intended function. This oval form suggests a broad spectrum of interpretations ranging from a uterine construction to an allusion to the panopticum of Jeremy Bentham cited by Foucault.[29] In this sense, his references alternate within such a broad spectrum as that between a prison and a mother's womb. The uterus interpretation is supported by an opening of the oval that permits a view over the city and the distant sea. Viewed in this way, the house is not only a self-made structure but the expression of a symbolic, postnatal self-birth. The interpretation as a prison is suggested by the imaginary, mirrorlike self-observation in a permanent relationship of vis-à-vis. From this perspective, guards and inmates would be identical. In view of the subtitle of Foucault's 'Guarding and Punishment', which speaks of the "birth of the prison", it is clear not only that these two poles of the uterus and the prison are closely related but that Pardo's work itself pursues a Foucaultian genealogy. Viewed from this perspective, the phrase "familiar yet totally strange"[30], applicable to both Derrida and Pardo, takes on an entirely new meaning, one that is also within the realm of possibility within the framework of our search for a contemporary definition of the subject. What does it mean when the (metaphorical) yearning for the womb and the fear of imprisonment or of the sense of imprisonment as the last refuge of the intact subject are able to make use of the same form? What does it mean when a subject builds a house that is ultimately a surrogate for both the womb and the prison? "Not quite at home in its own home".[31]

As different as the answers or conjectures in response to these questions may be, they clearly suggest that familiarity and strangeness must now be conceived of simultaneously rather than successively. The coupling is not characterized by co-existence, as was postulated by post-modernism, but by non-distinction and indistinguishability. This ambivalence must not be confused with the principle of openness but must instead be understood as a precise description of a situation from which there is no escape. It is this simultaneous relationship of the familiar and the strange that allows us to describe the distance that separates Pardo from modernism. The house has outlived its usefulness as a paradigm for a relationship between inside and outside. By representing both, the familiar and the strange, interior and exterior, it has ceased to become a real house. It is now only a metaphor for social, economic and ecological relationships which it can neither accommodate nor protect against. But such an outcome would then be very strange, indeed.[32]

1 Wigley, Mark, Architektur und Dekonstruktion: Derridas Phantom (Basel, Berlin, Boston, 1994), 96.
2 ibid., 97.
3 Cf. the De Stijl manifesto of 1918: "3. The new art has brought to light what the new spirit of the times embodies: a relationship of equality between the universal and the individual. 4. The new spirit of the times is prepared to realize itself in everything, even in exterior life. 7. . . . They (contemporary artists) therefore sympathize with all who, an an intellectual or material sense, fight for the creation of an international unity of life, art and culture."
De Stijl, Schriften und Manifeste: Leipzig und Weimar (1984), 49.
4 Bloch, Ernst, Das Prinzip Hoffnung (Frankfurt am Main, 1959), Chapters 33-42, 859.
5 Cf. Sigmund Freud, Abriß der Psychoanalyse. Das Unbehagen in der Kultur (Frankfurt am Main, 1980): "The id, isolated from the outside world, has its own world of experience. . . . In its established dependence upon the outside world, [the ego] reveals the indelible mark of its origin. . . . Thus the ego struggles on two fronts. It must defend its existence against an outside world that threatens to destroy it and against an interior world that demands too much." 54, 55.
"Originally, the ego encompasses everything; later on, it divests itself of the outside world. Our sense of ego today is thus only the shrunken remains of a comprehensive – an all-encompassing feeling that represented a more intimate relationship between the ego and

Subjektvorstellung in die Krise geraten ist, dann muss er nicht nur auf das Paradigma zurückgreifen, sondern in der neuerlichen Wiederholung des Hausbaus dessen immanente Unheimlichkeit und damit Fragwürdigkeit unter Beweis stellen.

Haben wir bisher allein über seine Entscheidung, ein Haus für sich selbst zu bauen, gesprochen, so will ich hier mit einigen Anmerkungen auf seine Form zu sprechen kommen.

Das Haus liegt auf abfallendem Gelände. Sein Grundriss beschreibt eine annähernd ovale Form, deren fensterlose Außenwände das Haus nach Außen abschließen. Die Innenwände bestehen aus großen Fenstern oder Glastüren, die den Blick über den offenen Innenhof auf das jeweils gegenüberliegende Haussegment freigeben. Die räumliche und funktionale Gliederung folgt dem Prinzip der Aneinanderreihung von einzelnen Räumen, die in ihrer Größe und Form je nach Bedarf differieren. Die Lesbarkeit dieser ovalen Form kann von der geschlechtsspezifischen Interpretation einer uterinen Konstruktion bis hin zur Anlehnung an das von Foucault zitierte Panopticum des Jeremy Bentham reichen.[29] In diesem Sinne changieren seine Referenzen zwischen einem so breiten Spektrum wie zwischen dem Gefängnis und dem Mutterleib. Für eine uterine Lesbarkeit spricht eine Öffnung des Ovals, die den Blick über die Stadt und das entfernte Meer erlaubt. Damit wäre das Haus nicht nur selbst gebaut, sondern Ausdruck einer symbolischen und postnatalen Selbstgeburt. Für die Lesbarkeit als Gefängnis spricht die imaginäre und spiegelhafte Selbstbeobachtung im Dauer-Vis-a-vis. Aus dieser Perspektive wären Überwachende und Überwachte ident. Angesichts des Untertitels von Foucaults „Überwachen und Strafen", der von der „Geburt des Gefängnisses" spricht, besteht zwischen diesen beiden Polen des Uterinen und des Gefängnisses nicht nur ein Nahverhältnis, sondern Pardos Arbeit selbst folgt hier einer Foucault'schen Genealogie. Der Derrida'sche wie Pardo'sche Satz "Vertraut, aber völlig fremd"[30] bekommt aus diesem Blickwinkel noch eine ganz andere und ebenfalls mögliche Bedeutung, wenn wir nach der

Bestimmung eines zeitgenössischen Subjektbegriffs Ausschau halten. Was bedeutet es, wenn sich die (metaphorische) Sehnsucht nach dem Mutterleib und die Angst vor dem Gefängnis oder der Eindruck des Gefängnisses als letztmöglicher Ort des intakten Subjekts, der gleichen Form bedienen können? Was bedeutet es, wenn sich ein Subjekt ein Haus errichtet, das sich letztlich gleichermaßen als Ersatz für den Mutterleib wie für das Gefängnis herausstellt? "Not quite at home in its own home".[31]

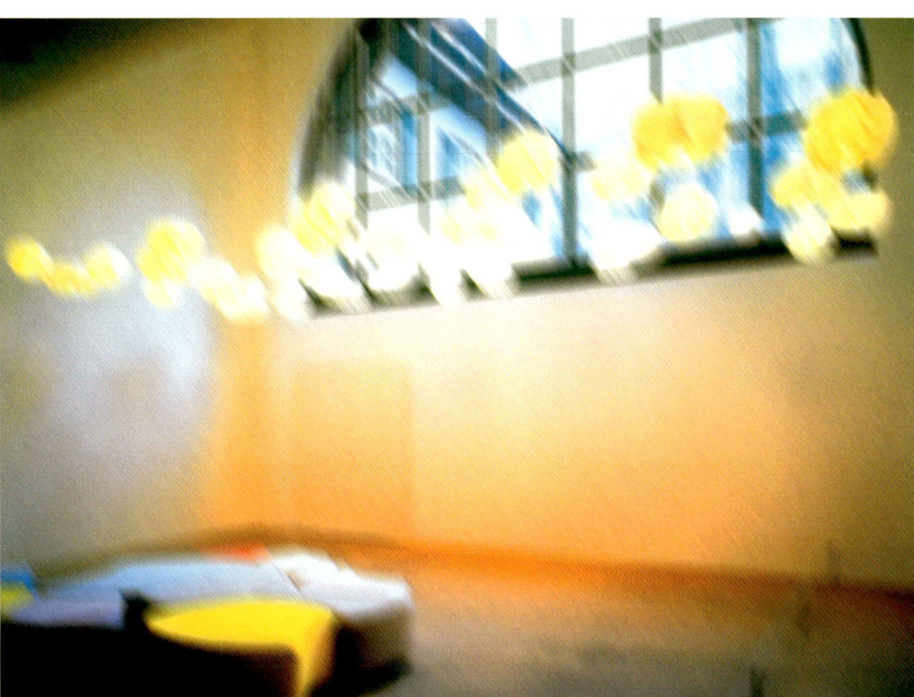

So verschieden die Antworten oder Spekulationen darauf ausfallen mögen, sie geben zu erkennen, dass das Heimliche wie das Unheimliche nicht mehr sukzessiv, sondern simultan gedacht werden müssen. Charakteristisch daran ist weniger das Nebeneinander, das schon die Postmoderne postulierte, sondern das Unentschiedene und Unentscheidbare. Diese Ambivalenz darf nicht mit dem Prinzip der Offenheit verwechselt werden, sondern muss im Gegenteil als präzise und ausweglose Situationsbeschreibung gefasst werden. Erst an dieser simultanen Heimlichkeits-Unheimlichkeitsbeziehung lässt sich die Distanz zur Moderne beschreiben. Das Haus hat damit als Paradigma für ein Verhältnis zwischen Innen und Außen, zwischen Einschluss und Ausschluss ausgedient. In dem es beide, das Heimliche wie das Unheimliche, das Innen wie das Außen repräsentiert, hat es aufgehört, ein eigentliches Haus zu sein. Es ist nur mehr eine Metapher für soziale, ökonomische und ökologische Beziehungen, die es weder beherbergen, noch vor dieses schützen kann. Aber dieses Resultat wäre dann doch unheimlich.[32]

1 Wigley, Mark: Architektur und Dekonstruktion: Derridas Phantom; Basel, Berlin, Boston, 1994, 96.
2 ebenda, 97.
3 Vgl. dazu das Manifest I von De Stijl, 1918: "3. Die neue Kunst hat das, was das neue Zeitbewusstsein enthält, ans Licht gebracht: gleichmäßiges Verhältnis des Universellen und des Individuellen. 4. Das neue Zeitbewusstsein ist bereit, sich in allem, auch im äußerlichen Leben zu realisieren. 7. (...) Sie (die Künstler der Gegenwart) sympathisieren deshalb mit allen, die geistig oder materiell streiten für die Bildung einer internationalen Einheit in Leben, Kunst und Kultur."
De Stijl, Schriften und Manifeste: Leipzig und Weimar, 1984, 49.
4 Bloch, Ernst: Das Prinzip Hoffnung, Frankfurt am Main, 1959, Kapitel 33-42, 859.
5 Vgl. dazu Sigmund Freud, Abriss der Psychoanalyse. Das Unbehagen in der Kultur, Frankfurt am Main, 1980: "Das Es, von der Außenwelt abgeschnitten, hat seine eigene Wahrnehmungswelt. ... (Das Ich) zeigt in seiner festgehaltenen Abhängigkeit von der

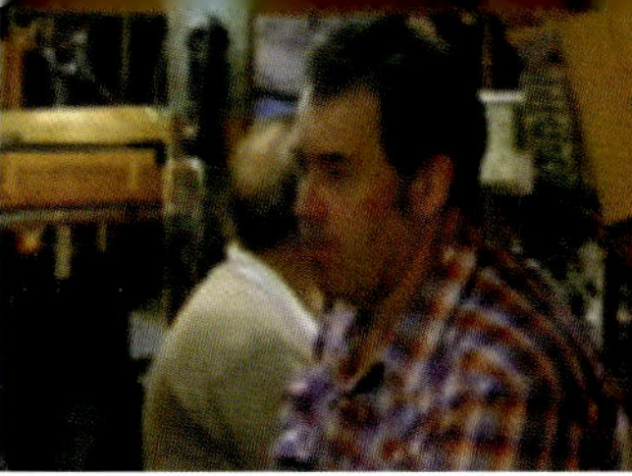

the outside world." 68.

6 Vidler, Anthony, The Architectural Uncanny. Essays in the Modern Unhomely (Massachusetts: MIT Press, 1994), 4.

7 Heidegger, Sein und Zeit (Tübingen, 1979), 189.

8 Wigley, op. cit., 100.

9 Adorno, Theodor W. and Max Horkheimer, Dialektik der Aufklärung (Frankfurt am Main, 1988), 35.

10 ibid., 18.

11 Freud, Sigmund, Psychologische Schriften, Studienausgabe (Frankfurt am Main, 1970), Vol. IV, 264.

12 ibid., 267.

13 ibid., 264.

14 It is only from this perspective that we may find an explanation for the brutality and aggression with which National Socialist society attacked art with its accusation of "degeneracy". The term "degenerate" points in itself to the loss of homeliness and to the diagnosis of the unfamiliar, i.e. the uncanny.

15 This equation of art and its house becomes obvious in art's attempt to abandon its parental home again in order to approach society once again. Apart from the fifties, one could write a history of art concerned only with its various moves in and out of old, repressed domiciles of society. See in this context the movements of the Situationists, the Nouveauy Réalistes, the Actionists, expanded cinema and expanded painting and sculpture, etc.

16 Vidler, Anthony, op. cit., 4.

17 Cf. the book of the same title by Wolfgang Max Faust.

18 The designation of these painters as the "New Savages" strikingly calls to mind Freud's opposition of rationality and a suddenly resurgent "primitive animism" – which Freud associated with neurosis, however. See Freud, 1970, op. cit., 263.

19 It is also significant that Frederic Jameson, in his analysis of post-modernism "Cultural Logic of Late Capitalism" refers not only to the model of a "return of the repressed" in the post-modern era but also relates his reflections to the example of Frank Gehry's house in Santa Monica, a home the architect built for himself. Around an old, existing house – "a cute little house with antiques in it" – Gehry constructed a new shell – a wrapper – which thus not only reverses the old hermeneutic model of inside and outside but – albeit in a critical way – reproduces it as well. In describing his impression, Jameson alludes once again to the duality of homely/unhomely: "Whatever aesthetic thrill we get from this formal innovation (it might be a thrill of discomfort or malaise; but on the other hand, Philip Johnson, who had breakfast there, found it quite gemütlich) will clearly have had something to do with an effacement of the categories of inside/outside, or a rearrangement of them."
Jameson, Frederic, Post-modernism or, theCultural Logic of Late Capitalism (Duke University Press, 1991), 99, 112.

20 Wigley: "In his discussion of Heidegger in *Fines Hominis*, Derrida describes the deconstructive duality of loyalty and violence as an oscillation between two gestures with respect to the house, of which one remains inside while the other ventures out". Wigley, op. cit., 134.
Derrida: ìa. either to attempt to venture forth and achieve deconstruction without changing location by repeating what the fundamental concepts and the original dilemma embody and through the use of the instruments and the stones found in the house, and thus in the language as well, against this very building . . .
b. or to decide to change locations suddenly and permanently, to place oneself outside mercilessly, to affirm the absolute break and the absolute difference."
Derrida, Randgänge der Philosophie (Vienna, 1988), 139. Quoted and translated from

Außenwelt den untilgbaren Stempel seiner Herkunft. ... Das Ich kämpft also auf zwei Fronten, es hat sich seiner Existenz zu wehren gegen eine mit Vernichtung drohende Außenwelt wie gegen eine allzu anspruchsvolle Innenwelt." 54, 55.

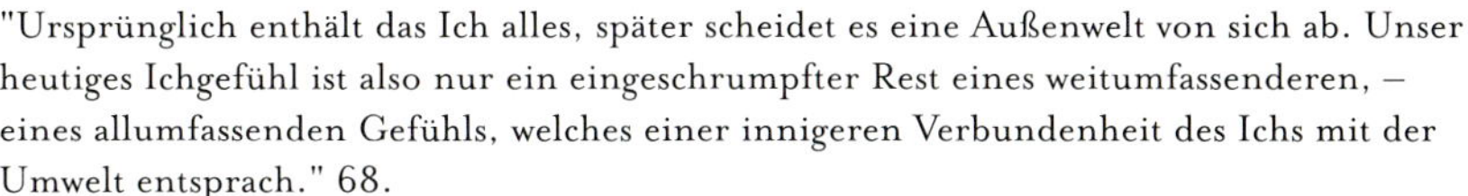

"Ursprünglich enthält das Ich alles, später scheidet es eine Außenwelt von sich ab. Unser heutiges Ichgefühl ist also nur ein eingeschrumpfter Rest eines weitumfassenderen, – eines allumfassenden Gefühls, welches einer innigeren Verbundenheit des Ichs mit der Umwelt entsprach." 68.

6 Vidler, Anthony: The Architectural Uncanny. Essays in the Modern Unhomely; MIT Press, Massachusetts, 1994, 4.

7 Heidegger, Sein und Zeit; Tübingen, 1979, 189.

8 Wigley, a.a.O., 100.

9 Adorno, Theodor W. u. Horkheimer, Max: Dialektik der Aufklärung; Frankfurt am Main, 1988, 35.

10 ebenda, 18.

11 Freud, Sigmund: Psychologische Schriften, Studienausgabe, Frankfurt am Main, 1970, Band IV, 264.

12 ebenda, 263.

13 ebenda, 267.

14 ebenda, 264.

15 Nur aus dieser Perspektive lässt sich die Brutalität und Aggression erklären, mit der sich dann etwa die nationalsozialistische Gesellschaft mit ihrem Vorwurf der „entarteten Kunst" gegen diese wendet. Der Begriff der „Entartung" deutet schon auf die verlorene Heimlichkeit und damit auf die Diagnose des Unheimlichen, sprich: Fremden.

16 Offensichtlich wird diese Gleichsetzung von Kunst und ihrem Haus in den Versuchen, das geerbte Elternhaus wieder zu verlassen, um sich der Gesellschaft wieder anzunähern. Von den 50er-Jahren weg könnte man eine eigene Kunstgeschichte schreiben, die sich nur mit den verschiedenen Aus- und Umzügen der Kunst in neue, d.h. alte und verdrängte Wohnungen der Gesellschaft befasst. Vgl. dazu die Bewegungen der Situationisten, der Nouveaux Realistes, der AktionistInnen, des expanded cinema, der erweiterten Malerei und Skulptur, etc.

17 Vidler, Anthony, a.a.O., 4.

18 Vgl. dazu das gleichnamige Buch von Wolfgang Max Faust.

19 Gerade die Bezeichnung dieser Maler als „Neue Wilde" erinnert frappant an die Freud'sche Gegenüberstellung von Rationalität und "Animismus der Primitiven", der sich plötzlich wieder zu Wort meldet; bei Freud allerdings noch unter den Vorzeichen der Neurose. Siehe Freud, 1970, a.a.O., 263.

20 Bezeichnend ist auch, dass Frederic Jameson in seiner Analyse der Postmoderne „or the Cultural Logic of Late Captialism" nicht nur auf das Modell eines „return of the repressed" in der Postmoderne hinweist, sondern seine Überlegungen am Beispiel des Hauses von Frank Gehry in Santa Monica darlegt, das sich der Architekt für sich selbst gebaut. Gehry hat um ein altes bestehendes Haus – „a cute little house with antiques in it" – eine neue Schale – a wrapper – konstruiert, die damit das alte hermeneutische Modell von Innen und Außen nicht nur verunklärt, sondern – wenn auch kritisch – reproduziert. Für die Beschreibung seines Eindrucks greift Jameson wieder auf die Doppelnatur von heimlich/unheimlich zurück: „Whatever aesthetic thrill we get from this formal innovation (it might be a thrill of discomfort or malaise; but on the other hand, Philip Johnson, who had breakfast there, found it quite gemütlich) will clearly have had something to do with an effacement of the categories of inside/outside, or a rearrangement of them."
Jameson, Frederic: Postmodernism or, the cultural logic of late capitalism; Duke University Press, 1991, 99, 112.

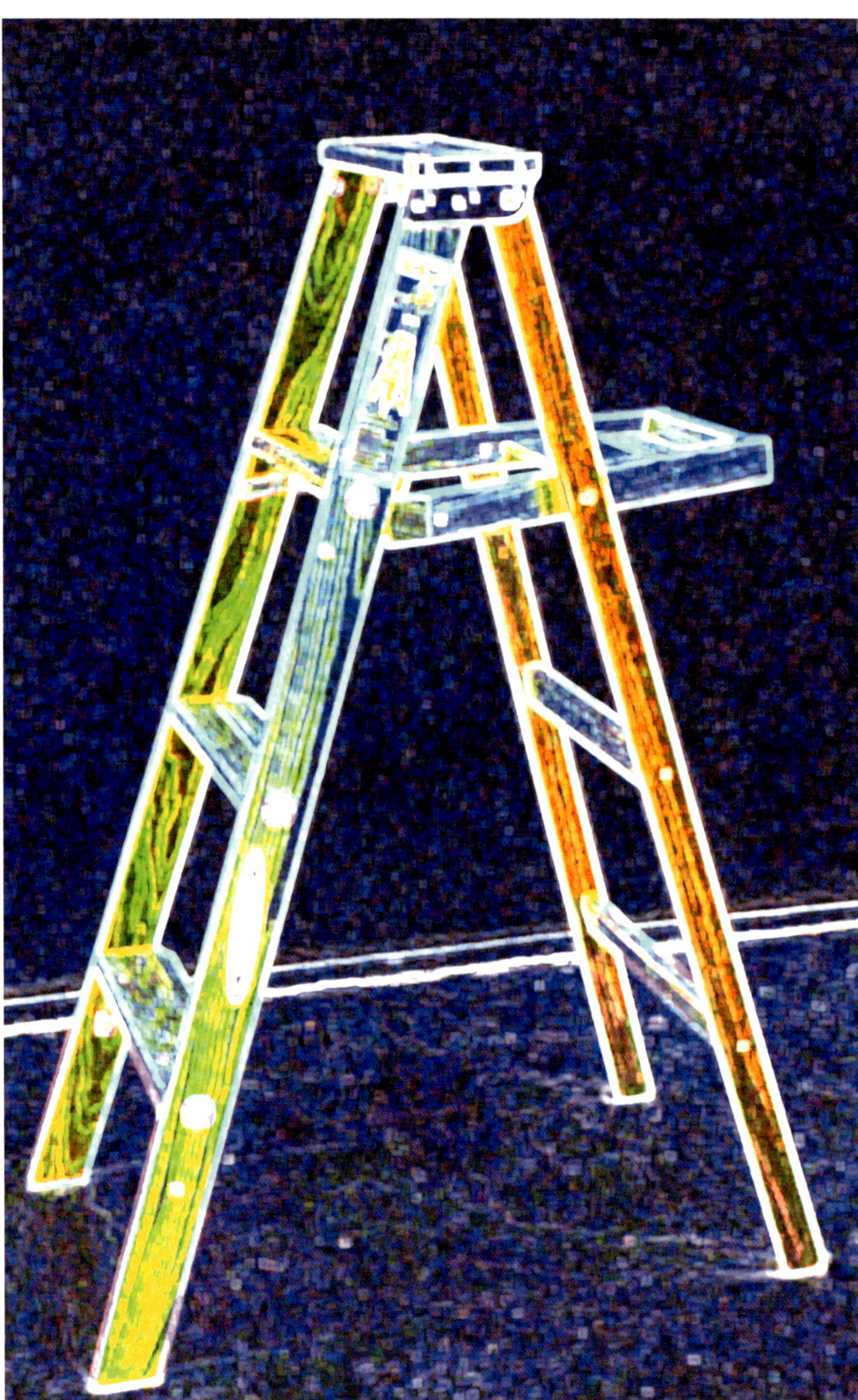

Wigley, op. cit., 134.
21 Derrida, Living On: Border Lines (1979), quoted from Wigley, op. cit., 99.
22 "The Case Study House Program, which began in 1945, aimed to produce contemporary solutions to house design and to offer prototypes from which low- and medium-cost housing could be developed. The magazine commissioned architects to design and build houses, which were illustrated in the magazine, opened as show houses, and finally sold." Kirkham, Pat, Charles and Ray Eames, Designers of the Twentieth Century (Cambridge, London: MIT Press, 1995), 103.
23 *California Arts & Architecture*, August 1943, 19. Quoted from Kirkham, op. cit., 103.
24 See footnote 22.
25 Cf. Adorno and Horkheimer: "Through the mediation of the total society, which affects all relationships and impulses, people are made once again into that which the law of social development, the principle of self, had turned against: into mere generic beings rendered all the same through isolation in forcibly managed collectivity." Dialektik der Aufklärung, op. cit., 43.
26 Freud, Das Unheimliche, op. cit., 264.
27 Cf. Butler, Judith, Das Unbehagen der Geschlechter (Frankfurt am Main, 1991).
28 Cf. Foucault, Michel, Überwachen und Strafen. Die Geburt des Gefängnisses (Frankfurt am Main, 1976), 251f.
29 Cf. Derrida's cryptic logic of assimilation as the production of 'an utterly strange space' that permits one, whatever one is, to continue living as a spirit." Wigley, op. cit., 140. Accordingly, the voluntary assimilation of the subject into a self-constructed prison would offer one was of remain alive as something unfamiliar.
30 Vidler, op. cit., 4.
31 A final reference is made to another artist from California who, at first glance, has nothing in common with the work of Jorge Pardo, yet in whom we recognize a number of related concerns, a certain kindred spirit: Mike Kelley, who stimulated new interest in the uncanny at his exhibition in Sonsbeek in 1993 and formulated it at approximately the same time as Anthony Vidler, who also teaches in Los Angeles.

In German language 'das Unheimliche' (the 'Uncanny') bears reminiscences to the word 'Heim', which translates into 'Home'. Its opposite, 'das Heimliche' literally translates into 'the Secret', but can also be understood as 'Homely' or 'Familiar'. Heidegger uses the oppositional terms 'Heimlich/Unheimlich' both in the meaning of 'Familiar/Uncanny' and 'Homely/Not-at-Home', with the 'homely' always bearing reminiscences to the 'secret', to be understood as hiding from the exterior. Understood like this 'das Unheimliche' connects also to the open, the visible, the non-secret, even though in the reading of the term alone this understanding would hardly occur. In the text above the translation follows the contextual meanings while necessarily neglecting the other meanings circulating around the terms. [Jörn Schafaff]

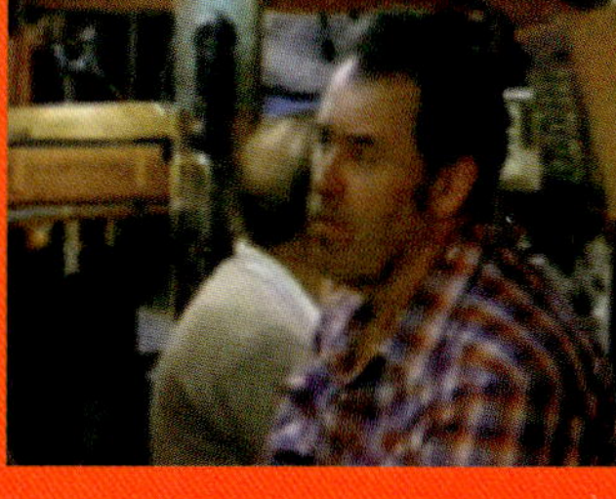

21 Wigley: „Bei seiner Heidegger-Lektüre in 'Fines Hominis' beschreibt Derrida das dekonstruktive Doppelspiel aus Treue und Gewalttätigkeit als ein Oszillieren zwischen zwei Gesten bezüglich des Hauses, wovon die eine im Innen verbleibt, während die andere hinausgeht". Wigley, a.a.O., 134.
Derrida: „a. entweder einen Ausgang und eine Dekonstruktion zu versuchen, ohne den Standort zu wechseln, durch Wiederholung dessen, was die grundlegenden Begriffe und die ursprüngliche Problematik beinhalten, und durch Verwendung der Instrumente und der Steine, die sich im Haus, das heißt auch in der Sprache, vorfinden, gegen eben diese Gebäude...
b. oder zu beschließen, den Standort andauernd und plötzlich zu wechseln, sich brutal nach außen zu stellen, den absoluten Bruch und die absolute Differenz zu bestätigen." Derrida: Randgänge der Philosophie, Wien 1988, 139. Zitiert nach Wigley, a.a.O., 134.

22 Derrida, Living On: Border Lines, (1979), Zitiert nach Wigley, a.a.O., 99

23 "The Case Study House Program, which began in 1945, aimed to produce contemporary solutions to house design and to offer prototypes from which low- and medium-cost housing could be developed. The magazine commissioned architects to design and build houses, which were illustrated in the magazine, opened as show houses, and finally sold." Kirkham, Pat: Charles and Ray Eames, Designers of the Twentieth Century, MIT Press, Cambridge, London, 1995, 103.

24 California Arts & Architecture, August 1943, 19. Zitiert nach Kirkham, a.a.O., 103.

25 Vgl. dazu Anmerkung 22.

26 Vgl. dazu Adorno und Horkheimer: „Durch die Vermittlung der totalen, alle Beziehungen und Regungen erfassenden Gesellschaft hindurch werden die Menschen zu eben dem wieder gemacht, wogegen sich das Entwicklungsgesetz der Gesellschaft, das Prinzip des Selbst gekehrt hatte: zu bloßen Gattungswesen, einander gleich durch Isolisierung in der zwanghaft gelenkten Kollektivität."
in: Dialektik der Aufklärung, a.a.O., 43

27 Freud, Das Unheimliche, a.a.O., 264.

28 Vgl. dazu: Butler, Judith: Das Unbehagen der Geschlechter; Frankfurt am Main, 1991.

29 Vgl. dazu: Foucault, Michel: Überwachen und Strafen. Die Geburt des Gefängnisses; Frankfurt am Main, 1976, 251f.

30 Vgl. dazu Derridas „kryptische Logik der Einverleibung als Produktion eines ausgesprochen fremdartigen Raums', der einem, was auch immer es sei, ermöglicht, als Geist weiterzuleben." Wigley, a.a.O., 140. Demnach wäre die freiwillige Einverleibung des Subjekts im selbst gebauten Gefängnis eine Möglichkeit, als Unvertautes am Leben zu bleiben.

31 Vidler, a.a.O., 4.

32 Als letzter Hinweis sollte noch auf einen anderen Künstler aus Kalifornien verwiesen werden, der auf den ersten Blick mit der Arbeit von Jorge Pardo nichts gemeinsam hat und trotzdem eine ganze Reihe verwandter Fragen, d.h. eine gewisse Seelenverwandschaft erkennen lässt: Mike Kelley, der 1993 bei seiner Ausstellung in Sonsbeek das Interesse am Uncanny wieder losgetreten und etwa gleichzeitig mit Anthony Vidler, der auch in Los Angels unterrichtet, formuliert hat.

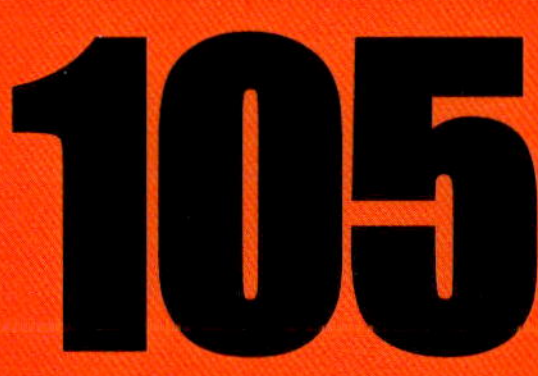

Frances Stark

The Architect and the Housewife

I entered 4166 Seaview Lane, the latest sculpture/residence of Jorge Pardo through the studio door. The studio is office-like but dusty and, surprisingly, it's cramped with large canvases, paintings in progress. It also has a balcony. I went out onto it to wait for Jorge to get off the telephone. It was a beautiful day up there at Seaview Lane, although I could not exactly see all the way to the sea. I looked down and saw another artist/writer pull up, then park his car. He's come to talk with Jorge. Me, I came not so much to talk but to soak up the atmosphere. I left the studio through a different door leading straight to a stairway and bookshelves which run along the staircase near what seems like a front entrance. I am calling it the front entrance because there is some vinyl lettering on the glass to the right of the door which used to announce, for the MOCA exhibit, "Jorge Pardo 4166 Seaview Lane", but now just reads "do a view" or something like that. Anyone coming in would find themself in the center of a mildly sloping staircase cum library. There seems to be a random selection of books in the shelves, which are dusty because of this being a construction site. Approaching the partially filled dusty shelves gives a sense of an ending rather than a beginning. Because of the dust and because of the randomness, the contents of the shelves seem as if they had been left behind, as if the place had been recently vacated, instead of soon to be inhabited.

It wasn't long before a bouquet of sorts began to come into focus, prompting me to pluck the

Frances Stark

Der Architekt und die Hausfrau

4166 Seaview Lane - durch die Ateliertüre betrete ich Jorge Pardos Haus, das Wohnung und Skulptur zugleich ist. Ein wenig ähnelt es einem Büro, einem sehr staubigen Büro. Überraschenderweise ist es vollgestopft mit großen Leinwänden und angefangenen Bildern. Es hat auch einen Balkon, auf den ich hinaus trete, während ich darauf warte, dass Jorge aufhört zu telefonieren. Es ist ein wunderschöner Tag hier oben in Seaview Lane, obwohl man nicht ganz bis zum Meer sehen kann. Als ich hinunter blicke, sehe ich, wie gerade ein anderer Künstler -er ist Schriftsteller - sein Auto abstellt. Er kommt, um sich mit Jorge zu unterhalten. Ich hingegen bin nicht gekommen, um zu reden, sondern um die Atmosphäre aufzunehmen. Ich verlasse das Atelier durch die andere Tür, welche direkt zu einer Treppe führt - entlang der Treppe sind Bücherregale - und anscheinend auch zum Haupteingang. Es muss der Haupteingang sein, denn auf der Glasscheibe rechts neben der Tür ist noch die Aufschrift von der MOCA-Ausstellung zu sehen, die „Jorge Pardo 4166 Seaview Lane" geheißen hatte. Jetzt ist davon aber nur mehr „do a view" oder so ähnlich übrig. Einer, der durch den Haupteingang kommt, findet sich mitten in einem leicht abwärts führenden Raum - sowohl Treppe als auch Bibliothek. In den Regalen steht eine bunte Mischung von Büchern. Sie sind alle ziemlich staubig, weil das hier ja eine Baustelle ist. Die nur teilweise gefüllten Regale vermitteln ein Gefühl von Ende und nicht von Beginn. Der Staub und diese Mischung erwecken den Eindruck, als wäre der Inhalt der Regale, der Ort erst kürzlich verlassen worden und nicht, als ziehe hier erst jemand ein.

Es dauert nicht lange, ehe mir eine Art 'Bukett' ins Auge sticht und ich die folgenden vier Bücher aus ihrem staubig-grünen Ablage-platz ziehe: „The New Feminism in Twentieth Century America", Gaston Bachelards „Poetik des Raumes", eine Geschichte von Cuba und ein Buch des Archtiekten Robert Venturi, herausgegeben vom Museum of Modern Art. Etwas wie Aufregung erfasst mich angesichts dieses 'Buketts', ein selbstgefälliger Stolz oder wie immer man diese gewisse Befriedigung nennt, die einen erfasst, wenn man Blumen in eine Vase stellt und dann einen Schritt zurück tritt und sie bewundert. In Bachelards Buch sehe ich einige Unterstreichungen und Randnoten. Das frappiert mich, weil ich mir schwer vorstellen kann, wie Jorge Notizen in ein Buch macht. Ich weiß auch nicht warum. Neben den Satz „Das Haus ist ein Naturwesen geworden. Es ist mit dem Berg und den Wassern, die in der Erde arbeiten, brüderlich verbunden." (Jorges Unterstreichung) hat er „WIE KANN ER DAS WISSEN?" geschrieben.

Der Schriftsteller Jan und Jorge erscheinen an der Treppe, wo ich sitze und mein Bukett bewundere, und wir beginnen uns zu unterhalten. Ich spreche wenig, weil sie über kritisches Schreiben, die Fine Arts Graduate Programme von Los Angeles, Schriftsteller aus der Gegend und frühere Lehrer wie Jeremy Gilbert-Rolfe und Timothy Martin reden. Ich gebe zu, ich halte mich aus dem Gespräch heraus, weil ich mich meiner mangelnden Wortgewandtheit schäme und auch weil es mich verblüfft, mit welcher Beiläufigkeit sie Einzelheiten aus ihrem Gedächtnis hervorzaubern. Dann gehen wir in verschiedene Richtungen davon, ich steige dieTreppe weiter hinauf, bis ich zu einer Art Wohnzimmer komme. Dieses ganze Art-School-Gerede hat mein Buch-Bukett welken lassen. Ich glaube, während dieser ganzen Gesprächs über Banalitäten aus der Vergangenheit hatte ich meinen Finger in einem feministischen Aufsatz aus dem Jahre 1913. Feminismus, dieser verdammte Anachronismus. Mir fällt ein Absatz ein, den ich vor kurzem meinen Studenten vorgelesen habe, um sie vom Historisieren, das jetzt immer weiter um sich greift, oder vom Elitismus, wie man vorzieht ihn zu nennen, abzuschrecken.

following four books from their dusty green resting places: The New Feminism in Twentieth-Century America, Gaston Bachelard's "The Poetics of Space", a history of Cuba, and a book published by the Museum of Modern Art by the architect Robert Venturi. I experienced an excitement with the bouquet – a little bit of self-congratulatory pride and/or whatever you call that distinct satisfaction one gets right after placing flowers in a vase and stepping back to admire their effect. I saw some underlines and margin-notes in the Bachelard book which enticed me, although I was kind of having a hard time picturing Jorge writing in a book, I don't know why. Inside I saw he had scrawled "HOW DOES HE KNOW" next to this sentence: "The house has become a natural being whose fate is bound to that of mountains and of the waters that plough the land." [Jorge's underlines]

The other writer, Jan, and Jorge converged on the steps, where I sat admiring my bouquet, and we all began talking. I talked the least as they discussed critical writing and the fine art graduate programms of Los Angeles, local writers and former teachers like Jeremy Gilbert-Rolfe and Timothy Martin. I admit I was drifting outside of the conversation because of a certain self-consciousness about my lack of verbal agility, and admittedly I was awed by the casualness with which they conjured specifics from their memories. Finally we dispersed and I climbed the remainder of the staircase to settle into what might be called a living room. Because of all the art school talk, my book bouquet seemed to have wilted. For the entire duration of our historically specific discussion I had my finger holding open a feminist essay written in 1913. Ah, feminism, that damned anachronism. It reminds me of a something I read to my students the other day in order to affirm their anxiety in the face of rampant historicizing, or what they prefer to call elitism:

"...in an artistic field which has reached an advanced stage of this history, there is no place for naïfs; more precisely, the history is immanent to the functioning of the field, and to meet the objective demands it implies, as a producer but also as a consumer, one has to possess the whole history of the field."[1]

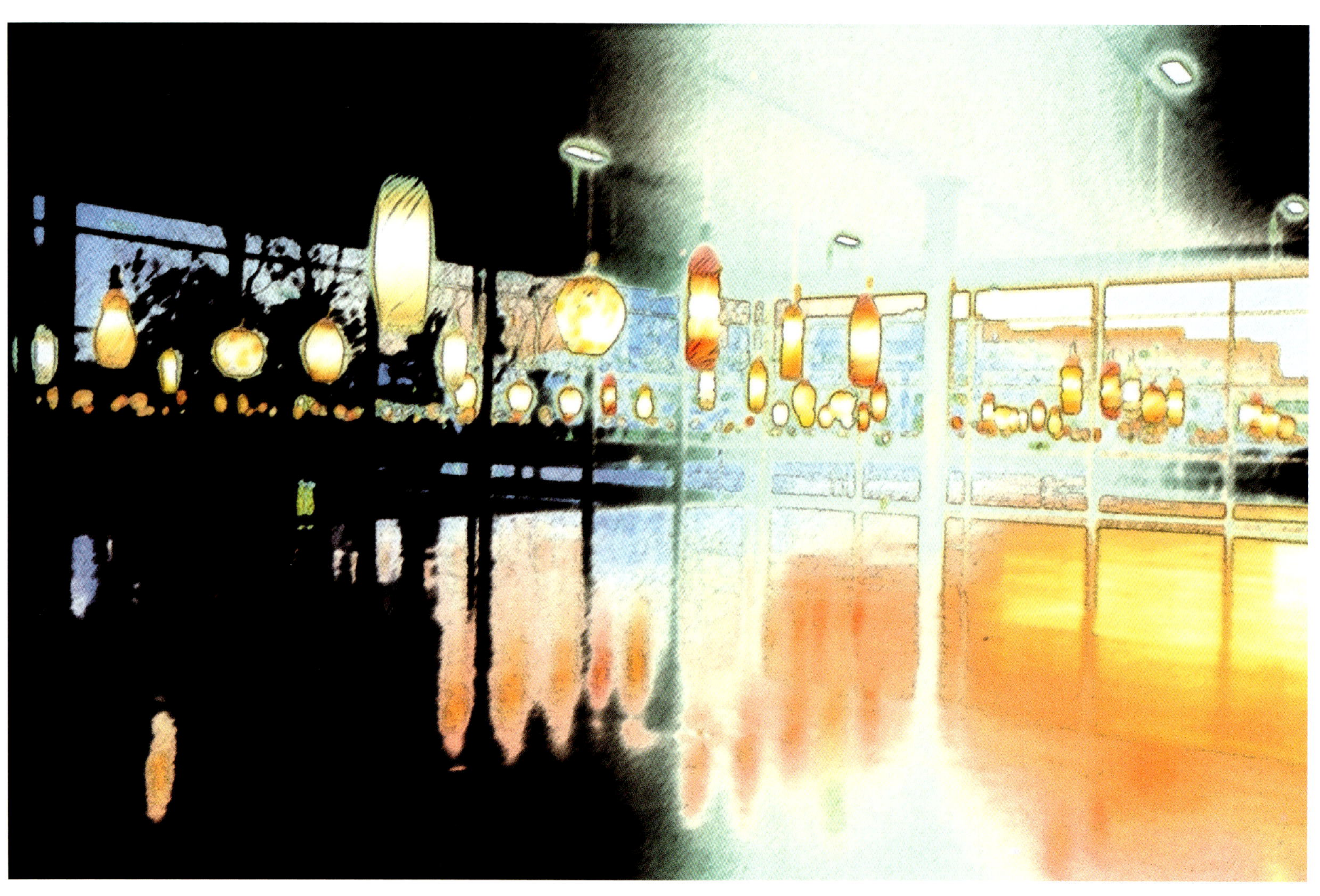

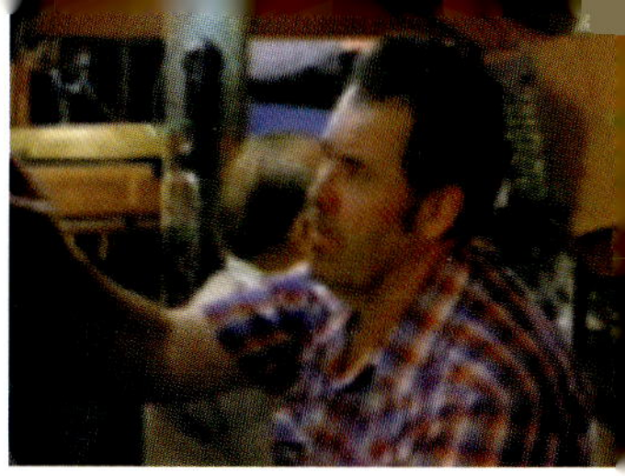

("... in einem künstlerischen Feld im fortgeschrittenem Stadium der Geschichte ist kein Platz für Naivlinge; besser gesagt, das Funktionieren des Gebietes ist der Geschichte immanent, und um die objektiven Forderungen, die sich daraus ergeben, als Produzent oder als Konsument zu erfüllen, muss man die Geschichte des ganzen Feldes kennen.")1

Ich nehme die „Poetik des Raumes" zur Hand und sehe, dass auf dem Titelblatt mit Bleistift der Name des Besitzers geschrieben steht, aber da steht nicht „Jorge Pardo" sondern „Jeremy Gilbert-Rolfe" und darunter seine Telefonnummer. „Hi, Jeremy, hier spricht Frances. Ich wollte dir nur sagen, dass Jorge dein Buch gestohlen hat. Na, vielleicht ist 'gestohlen' ein wenig übertrieben, vielleicht wollte er es bloß nicht zurück geben, weil er auf der leeren letzten Seite einen unentwirrbaren Einfall hatte." Natürlich werde ich nicht anrufen. Ich bin froh, dass Jeremys Buch in Jorges Bücherregal steht. Es gefällt mir dort sehr, auch weil die ganze Zeit im Hintergrund die Nähmaschine summt und Mrs. Pardo Vorhänge und Bettdecke näht aus einem Stoff, den ihr Sohn entworfen hat.

Mit blauem Kugelschreiber hat Jorge "Traum/Natur" geschrieben und die folgende Passage mit enthusiastischen Pfeilen angestrichen:

"*Die Blume ist immer schon in der Mandel*. Durch diesen wundervollen Spruch ist das Haus, ist das Zimmer von einer unvergesslichen Innerlichkeit gezeichnet. Gibt es wohl ein Bild von Intimität, zusammengeraffter, seines Zentrums gewisser, als der Zukunftstraum einer Blume, die noch eingeschlossen und zusammengefaltet im Fruchtkern schlummert."

Wenn Sie dies nun im Cantz'schen Jorge Pardo-Buch lesen, kennen wohl nicht die drei anderen kleinen Kapitel, die in meinem Buch „The Architect and the Housewife" vor dieser Textstelle kommen. Daher können Sie auch nicht wissen, was ich über Kissen und Bilder als bewegliche Objekte, über Pauline und Rudolph Schindler, über Paare und Kompromisse zu sagen habe. Nun aber wissen Sie, dass es ein Fragment ist, ganz ausdrücklich ein Fragment. Das Ganze auf das ich mich hier beziehe, enthält

Now I have just picked up "*The Poetics of Space*" and saw that on the title page the name of its owner was pencilled in and it doesn't say "Jorge Pardo", it says "Jeremy Gilbert-Rolfe", underneath which is included his phone number. "Hi Jeremy, this is Frances. I wanted to tell you that Jorge stole your book, well maybe 'stole' is too severe, perhaps he just didn't want to give it back since he had some kind of indecipherable brainstorm on the blank page in the back. " Of course, I didn't call. I was glad to see Jeremy's book on Jorge's shelf. I liked it there a lot, especially with the sewing machine humming in the background the whole time as Mrs. Pardo worked on a bed covering and curtains made with the fabric her son designed.

In blue ball-point pen Jorge has written "Dream/Nature" and bracketed the following passage, with enthusiastic arrows book-ending the italicized portion:

"*The flower is always in the almond*. With this excellent motto, both the house and the bedchamber bear the mark of an unforgettable intimacy. For there exists no more compact form of intimacy, none that is more sure of its center than a flower's dream of the future while it is still enclosed, tightly folded, inside its seed."

For those of you reading this in Cantz's Jorge Pardo book, you will not have just read my three other small chapters also entitled "The Architect & The Housewife", which precede this text in my very own book of the same title. So, you don't know what I have had to say about pillows and paintings as portable objects, Pauline and Rudolph Schindler, couples and compromise, but now you do know that this is a fragment, and very decidedly so. My whole to which I refer not only contains this 'catalogue essay' (I use the term loosely) but another 'catalogue essay' for someone else.2 (I think it is important for you, dear reader, to know what I have done, if not precisely why I have done it.) I think it might be appropriate to quote again from "The Poetics of Space", only this time not from Jorge's underlines. The following is a passage I had to refrain from underlining because the book did not belong to me, it wasn't even

Jorge's to mark up, if you recall. "The Dialectics of Outside and Inside ... Entrapped in being we shall always have to come out of it. And when we are hardly outside of being, we always have to go back into it. Thus, in being, everything is circuitous, roundabout, recurrent, so much talk; a chaplet of sojournings, a refrain with endless verses." (Gaston Bachelard)

Now let's go back to the bedchamber. I said my painter friend Laura took me pillow shopping at the Pottery Barn when I was feeling heartbroken. Although it is a true story my intention was allegory, and at the time I had no idea that she was working on a collaboration with Jorge that involved 4 bedroom sets and 4 paintings of pillows. I was sitting on her couch in her studio; in fact I was leaning against her Pottery Barn pillows, but what I saw across the room was the actual pillow on which was pictured the image she painted repeatedly to hang above Jorge's beds. So, I shouldn't have said "four paintings of pillows," I should have simply said "four paintings," because how were you supposed to know they came from pillows? Well, I'm telling you now. The actual pillow was embroidered, certainly homemade. It had a beehive on it and a bunch of bees hovering around it. Around the hive were flowers and/or weeds. On it there were also strawberries, looking a lot like hearts, two ladybugs and a slug, none of which made it into the paintings. It was just bees and their house, I mean factory, no birds here. Did I mention Laura and Jorge were a couple at the time? The status of interpretations based on biographical cues is not high, I know, and it hasn't been since the "Death of the Author". I tend to think, however, that biographical cues are unavoidable once anyone has enough interest to look closely into their "field of cultural production", or as the old saying goes "the personal is the political". Back to the bedchamber!

Pae White is an artist who has collaborated with Jorge on many occasions over the years, in and out of couple-dom. She recently designed the interior of a new art space in L.A.'s Chinatown, where Jorge is currently exhibiting a posthumous collaboration with furniture designer and friend Bob Weber. Jorge's blown glass lamps hang in groups of three (and one group of two) in place of

nicht nur diesen einen 'Katalogaufsatz' (ich verwende diese Bezeichnung ziemlich frei), sondern auch noch einen Aufsatz für den Katalog von jemand anderem.2 Es erscheint mir wichtig, dass Sie, lieber Leser, zumindest wissen, was ich geschrieben habe, wenn Sie schon nicht wissen warum. Es drängt mich, noch mehr aus der „Poetik des Raumes" zitieren, diesmal aber nichts was Jorge angestrichen hat. Ich muss an mich halten, um den folgenden Absatz nicht anzustreichen, weil das Buch ja nicht mir gehört (Nicht einmal Jorge hätte das tun dürfen - Sie erinnern sich): „Die Dialektik des Draußen und des Drinnen. ... Wenn man in das Dasein eingeschlossen ist, wird es immer darauf ankommen, hinauszugelangen. Und kaum draußen, wird man wieder zurückkehren müssen. So ist im Sein alles im Umlauf, alles Umweg, Wiederkehr, Umschreibung und alles ist ein Rosenkranz von Seinsformen, alles ist Kehrreim endloser Strophen." (Gaston Bachelard)

Wir wollen nun zum Schlafzimmer zurückkehren. Als ich einmal sehr traurig war, gingen meine Freundin Laura, eine Malerin, und ich in den Pottery Barn, um Kissen zu kaufen. Dies ist eine wahre Geschichte, meine Absichten waren jedoch eher symbolisch. Ich hatte keine Ahnung, dass sie zu dieser Zeit mit Jorge an einem Projekt zusammenarbeitete, in dem es um 4 Schlafzimmereinrichtungen und 4 Bilder von Kissen ging. Ich saß dann in ihrem Atelier auf dem Sofa, lehnte mich an ihre Pottery Barn-Kissen, als ich auf der anderen Seite des Raumes das echte Kissen sah, auf dem das Motiv zu sehen war, das sie mehrmals gemalt hatte und das über Jorges Bett gehängt werden sollte. Ich sage also besser nicht „4 Bilder von Kissen", sondern ganz einfach „4 Bilder", denn wie sollte man wissen, dass sie von Kissen abgemalt sind? Ich erzähle das ja erst jetzt. Das echte Kissen war bestickt - bestimmt Handarbeit. Ein Bienenkorb war darauf und Bienen darum herum. Rund um den Bienenkorb waren Blumen oder Unkraut. Auf dem Kissen waren auch noch Erdbeeren, die aussahen wie Herzen, zwei Marienkäferchen und eine Schnecke, aber die waren auf dem Bild nicht zu sehen. Nur die Bienen und ihr Haus - besser gesagt, ihre Fabrik - keine Vögel. Habe ich schon erwähnt, dass Laura und Jorge damals zusammen waren? Der Wert von Interpretationen, die auf biografischen Fakten beruhen, ist

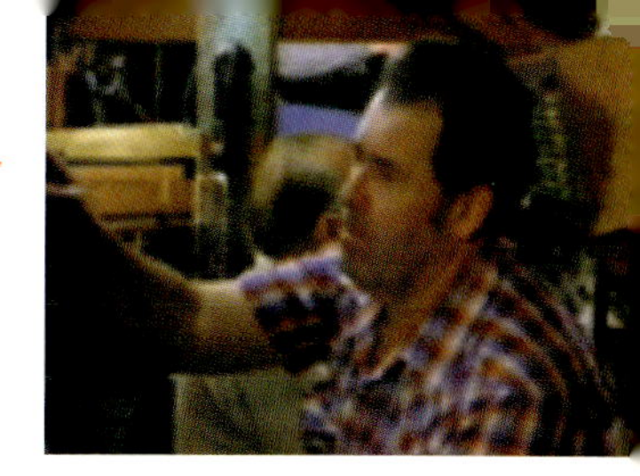

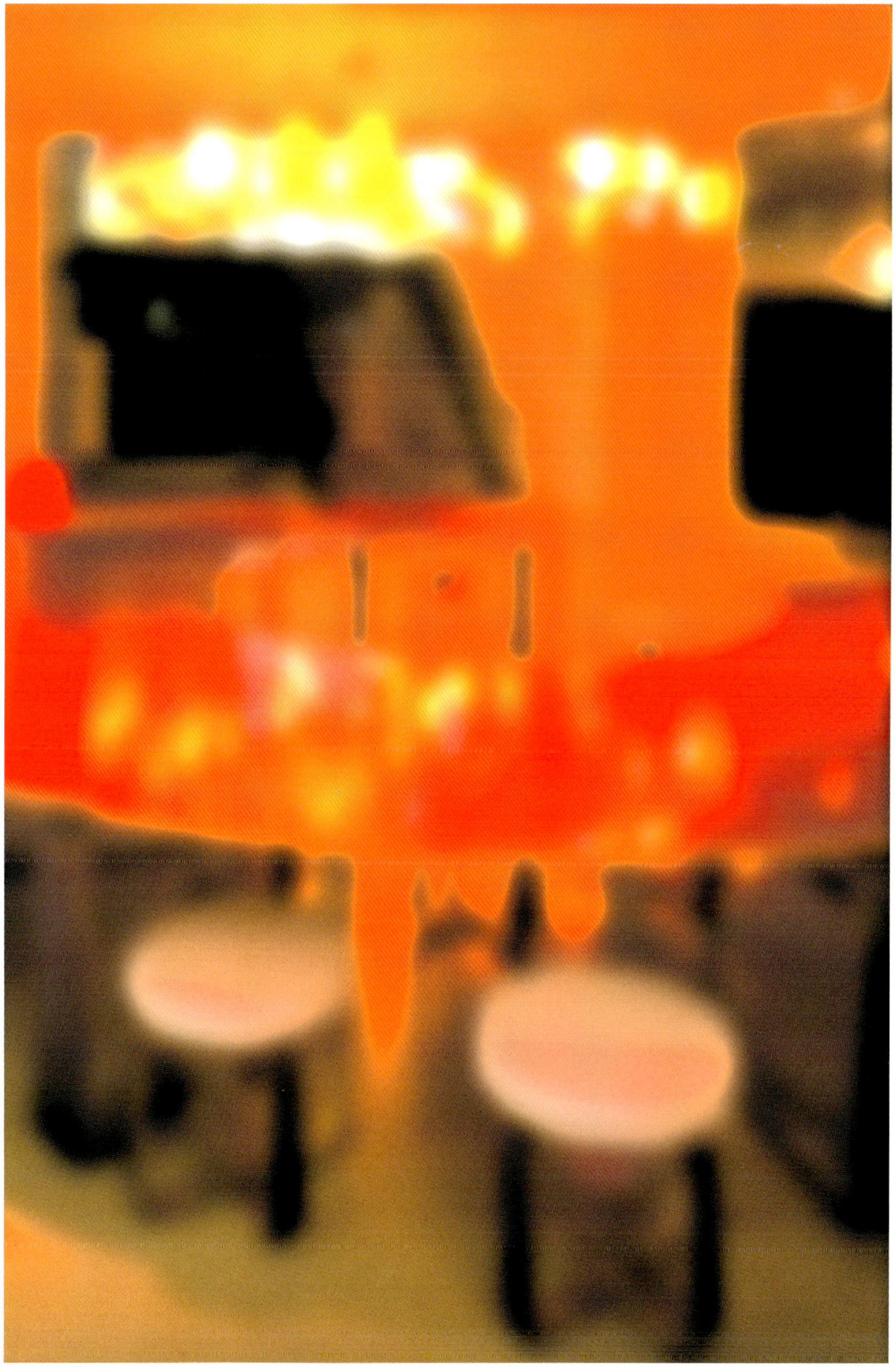

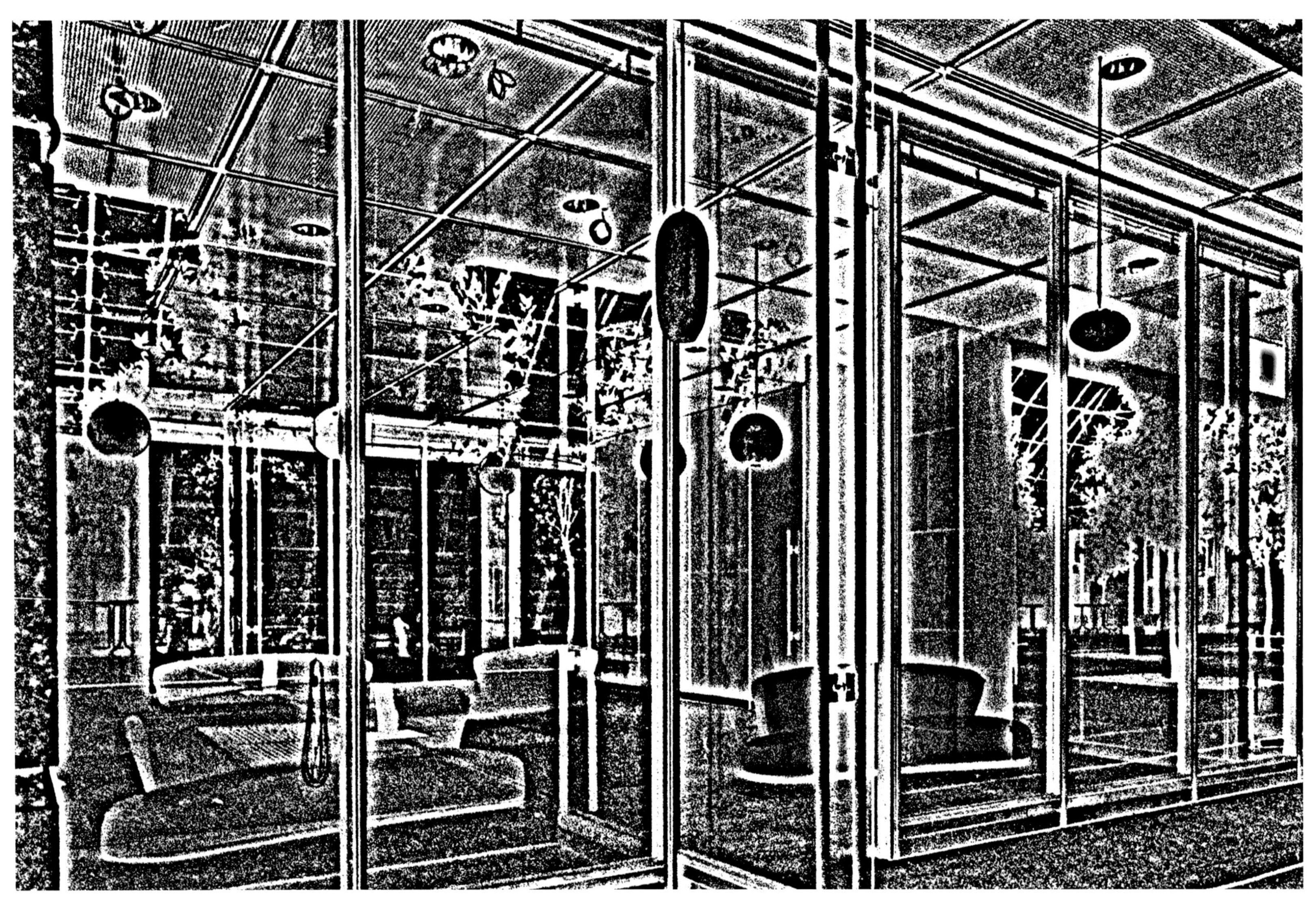

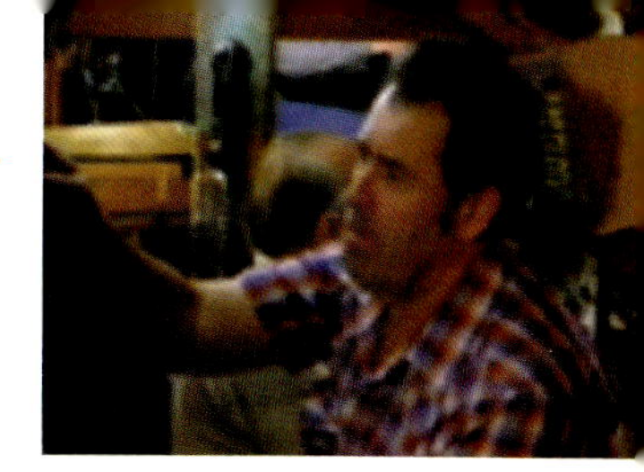

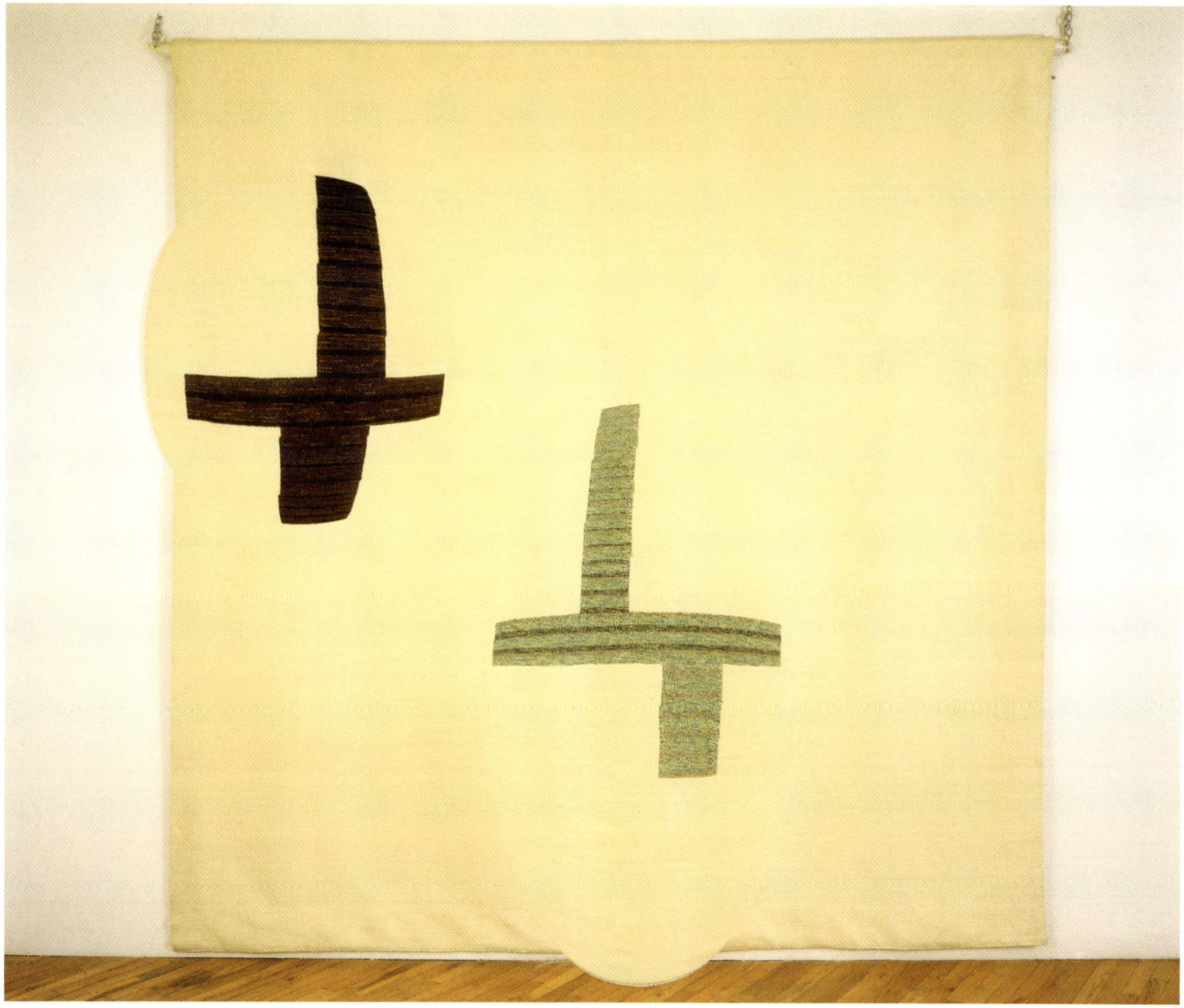

the large white globe lights Pae has assigned to the exhibition space. If you pass beyond the constellation of lamps and furniture into the back room, there is a fish tank on the staircase. Pae made the tank with the gallerist, Steve Hanson. Inside the tank the three-tiered gallery has been recreated, toilet facilities and all. The lights are depicted with Ping-Pong balls glued to plastic sticks that hang from the "ceiling". They no longer hang perpendicular but bow irregularly as the balls fight to float to the top. Tiny crabs and puffer fish compete for turf within. (It turns out they're natural enemies but Pae and Steve claim not to have known this.) I can't look at a fish tank anywhere in the vicinity of Pae or Jorge and not think of "Modernism", i.e. the glass house Mies van der Rohe designed for Edith Farnsworth. The design of the house forced her to conceal things in inconvenient places. It is said that Mies provided a separate bathroom just so her guests didn't have to see her nightgown hanging on the back of the door.3 (One wouldn't want to be forced to consider that one's hostess gets naked on a regular basis.)

Jorge told me that his friend's dog ran headlong into his glass door, thinking the door was open, another drawback to all-glass exteriors. The dog was terrified to enter the house ever again. This prompted Laura to suggest to Jorge that he should get some of those decals, like butterflies or flowers, to stick to his windows, so birds and whatever else wouldn't go smashing into them unwittingly. (I suppose everything birds do is done 'unwittingly'). But Jorge's house isn't a glass house. It's practically a windowless bunker from the street; all the glass lines the interior portion of the home's exterior. It's only an aquarium if you're standing in the middle of the yard, which is in the middle of the house.

Open up the 'feminist flower' from my Jorge Pardo bouquet, and you'll find something like the following: "Women have stood in a different relation to production than men because of the non-commodity status of 'women's work'. Women have been, and certainly still are, responsible for the production of simple use-

nicht sehr hoch, ich weiß (schon nicht seit dem "Tod des Autors"). Ich neige aber zu der Ansicht, dass biografische Hinweise unvermeidbar sind, besonders dann wenn jemand interessiert genug ist, ihr 'Produktionsfeld' genauer zu untersuchen, oder, wie ein alter Spruch sagt, "Das Persönliche ist das Politische". Aber nun zurück zum Schlafzimmer!

Pae White ist eine Künstlerin, die im Laufe der Jahre bei vielen Gelegenheiten mit Jorge zusammen gearbeitet hat, manchmal während sie ein Paar waren und manchmal auch nur so. Kürzlich hat sie das Innere eines neuen Kunstraums in L.A.s Chinatown gestaltet, in dem Jorge zur Zeit eine posthume Zusammenarbeit mit Möbeldesigner und Freund Bob Weber ausstellt. Jorges mundgeblasene Lampen hängen in Dreiergruppen (eine Zweiergruppe ist dabei) an Stelle großer, weißer Kugellampen, die Pae für den Ausstellungsraum vorgesehen hatte. Wenn man an diesen Lampen- und Möbelkonstellationen vorbei in den hinteren Raum geht, steht dort auf der Treppe ein Aquarium. Das Aquarium hat Pae zusammen mit dem Galeristen Steve Hanson gebaut. Sie haben die dreigeschossige Galerie samt Toiletten und allem genau nachgebaut. Ping-Pong-Bälle, an Plastikstäbchen geklebt, stellen die Lampen dar. Leider hängen sie jetzt nicht mehr senkrecht, sondern sind alle irgendwie schief, weil die Ping-Pong-Bälle im Wasser natürlich an die Oberfläche streben. Winzige Krabben und Kugelfische bekämpfen einander im Aquarium. (Es hat sich herausgestellt, dass sie von Natur aus Feinde sind, aber Pae und Steve behaupten, sie hätten das nicht gewusst.) Ich kann kein Aquarium in der Nähe von Pae und Steve sehen, ohne an das Glashaus "Modernism" zu denken, das Mies van der Rohe für Edith Farnsworth entworfen hat. Durch das Design des Hauses war sie gezwungen, Sachen an den unmöglichsten Stellen zu verstecken. Mies soll ein extra Badezimmer eingeplant haben, damit ihre Gäste nicht ihr Nachthemd an der Rückseite der Tür hängen sähen.3 Man sollte doch nicht glauben, dass die Gastgeberin ständig nackt schlafe.

Jorge hat mir erzählt, der Hund seines Freundes sei geradewegs in seine Glastür gerannt, weil er dachte, sie sei offen – diesen Nachteil haben alle Glaswände. Der Hund weigerte sich, das Haus jemals

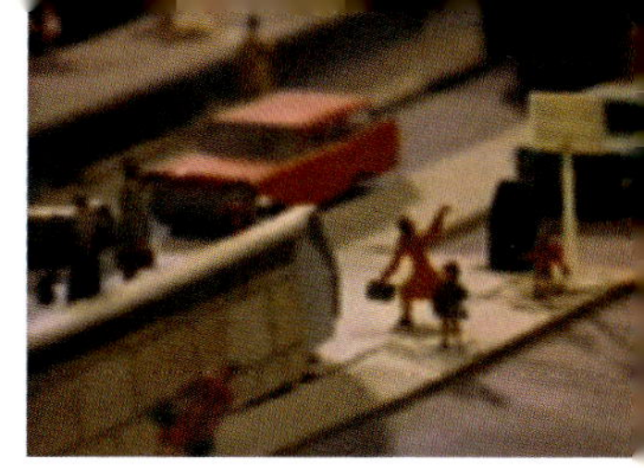

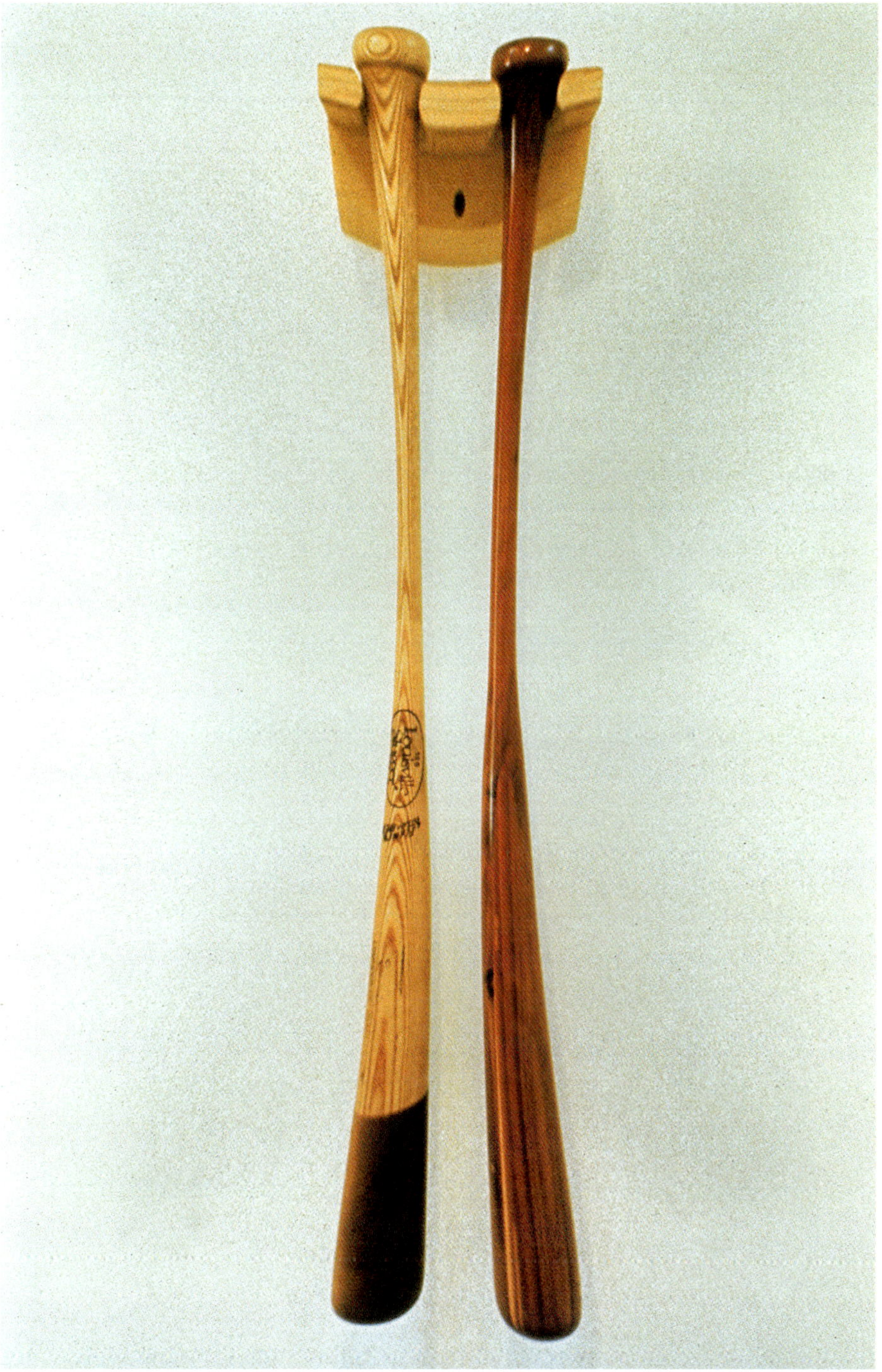

values in those activities associated with the home and family. Or something like this: "The 'cult of the home' makes its reappearance during times of labor surplus and is used to channel women out of the market economy."

I looked out the window and saw Jorge's mom with a broom or mop. It made me think of how my images of housewife practices mostly come from television commercials – which speak to our results oriented potential consumer – the consumer who perhaps has no peace or happiness because of having no exceptional results. Moments later I saw his mom standing next to a scrawny sapling of a tree with one single golden leaf at the top of it. She had a little plastic hand broom with matching dustpan and she was beating the broom clean, against the plastic pan. I had just been reading a few descriptions of housework characterizing it as degrading and despicable in a conversational tone, which I must admit was annoying me a tiny bit because of the overall disgust with regard to life maintenance. When I saw Jorge's mom cleaning the broom I instantaneously longed for the pleasure that comes from being absorbed in a simple task. Like Wittgenstein said, philosophy doesn't build buildings it just tidies up rooms.

1 Bourdieu, Pierre, "The Field of Cultural Production", Columbia University Press, 1993, from the chapter "The Production of Belief: Contribution to an Economy of Symbolic Goods"

2 It appeared in the catalogue for an exhibition called „Complementary" by artist Michael Lin and published in Taiwan, which should explain the Chinese characters.

3 Friedman, Alice T., " Women and the Making of Modern Architecture", Harry N. Abrams, Inc., Publishers, NY, NY, 1998

wieder zu betreten. Daraufhin schlug Laura Jorge vor, er solle doch Klebe-Silhouetten wie Schmetterlinge oder Blumen an seine Fenster kleben, damit Vögel oder sonst was nicht unabsichtlich hineinkrachen. (Ich nehme an, dass alles was Vögel tun, 'unabsichtlich' ist.) Und doch ist Jorges Haus kein Glashaus. Von der Straße aus sieht es aus wie ein fensterloser Bunker, alle Glaswände liegen an der Innenseite. Vom Hof aus gesehen, der in der Mitte des Hauses liegt, sieht es aus wie ein Aquarium.

Wenn man die 'feministische Blume' meines Jorge-Pardo-Buketts öffnet, findet man Sätze wie den folgenden: „Frauen hatten immer ein anderes Verhältnis zur Produktion als Männer, weil 'Frauenarbeit' keinen Warenwert darstellte. Frauen waren und sind immer noch verantwortlich für die Schaffung von simplen Gebrauchswerten bei allem, was mit Heim und Familie in Zusammenhang steht." Oder wie: "Der 'Heim-Kult' taucht immer wieder auf in Zeiten, wo es einen Überschuss an Arbeitern gibt, und dient dazu, die Frauen aus der Marktwirtschaft abzuleiten."

Ich blicke aus dem Fenster und sehe Jorges Mutter mit einem Besen oder Mop. Mir wird bewusst, dass meine Vorstellung von Hausfrauentätigkeit hauptsächlich aus der Fernsehwerbung stammt. Diese richtet sich an den leistungsorientierten potentiellen Konsumenten und lässt ihm vielleicht keine Ruhe, weil er keine außergewöhnliche Leistung aufzuweisen hat. Wenig später sehe ich Jorges Mama neben einem kümmerlichen Bäumchen stehen, das nur ein einziges gelbes Blatt hat. Sie hat einen kleinen Handfeger aus Plastik in der Hand und eine dazugehörige Kehrschaufel, und sie klopft den Handfeger an der Plastikschaufel aus. Ich hatte gerade etwas gelesen, in dem Hausarbeit in beiläufigem Ton als entwürdigend und niedrig bezeichnet wird. Ich muss zugeben, dass es mich irritiert, wenn die kleinen Verrichtungen des Alltags mit solcher Verächtlichkeit betrachtet werden. Als ich Jorges Mama so ihren Besen ausklopfen sehe, erfasst mich augenblicklich eine Sehnsucht nach der Freude, die sich aus der Erfüllung einer simplen Aufgabe ergibt. Wie Wittgenstein sagte: Die Philosophie baut keine Häuser, sie räumt nur die Zimmer auf.

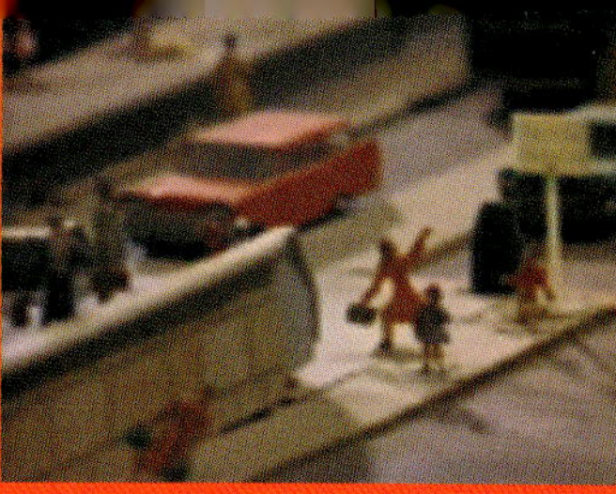

1 Bourdieu, Pierre, "The Field of Cultural Production", Columbia University Press, 1993, aus dem Kapitel „The Production of Belief: Contribuiton to an Economy of Symbolic Goods".

2 Erschienen im Katalog zur Ausstellung "Complementary" des Künstlers Michael Lin, erschienen in Taiwan

3 Friedman, Alice T., "Women and the Making of Modern Architecture", Harry N. Abrams Inc. Publishers, NY, NY, 1988

WHO the

118 Fuck is

~~WHO~~ WHore-He

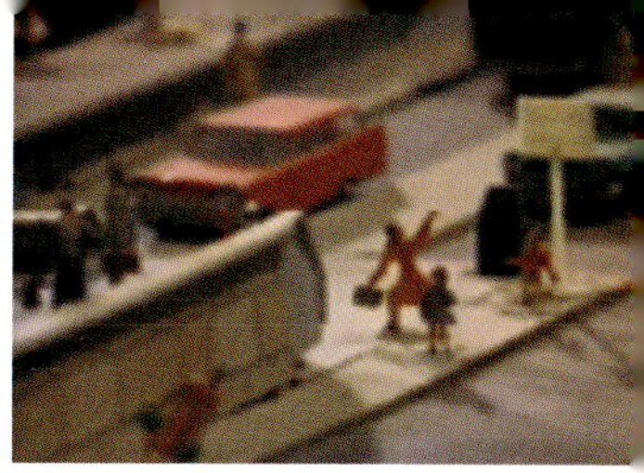

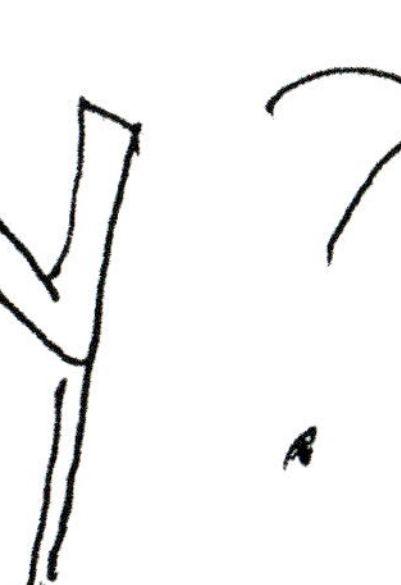

119

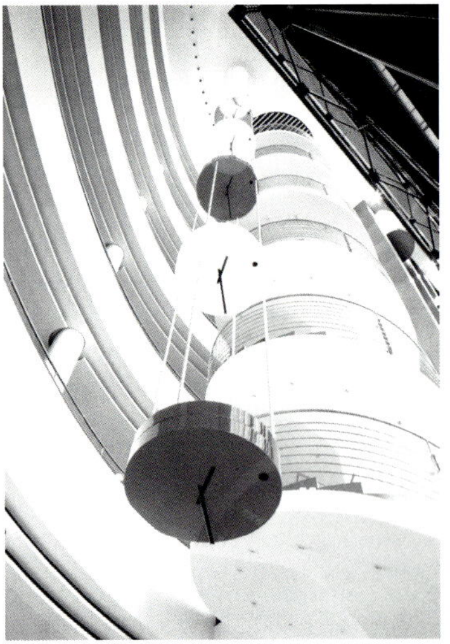

Clock, Clock, Clock, Clock (you have to say it fast)
1997

Commission for Südwestdeutsche Landesbank in Stuttgart, Germany (now: Landesbank Baden-Württemberg). The piece is an ensemble of six connected clocks that hang suspended from the ceiling of the entrance hall. The elements are located at medium height in relation to the galleries. Each clock has two faces, one showing up and one down.

Auftragsarbeit für die Südwestdeutsche Landesbank in Stuttgart (jetzt: Landesbank Baden-Württemberg). Die Arbeit ist ein Ensemble von sechs Uhren, die von der Decke der Eingangshalle hängen. Die Elemente sind auf Mittelhöhe im Verhältnis zu den Emporen angeordnet. Jede Uhr hat zwei Zifferblätter, von denen eines nach unten, eines nach oben zeigt.

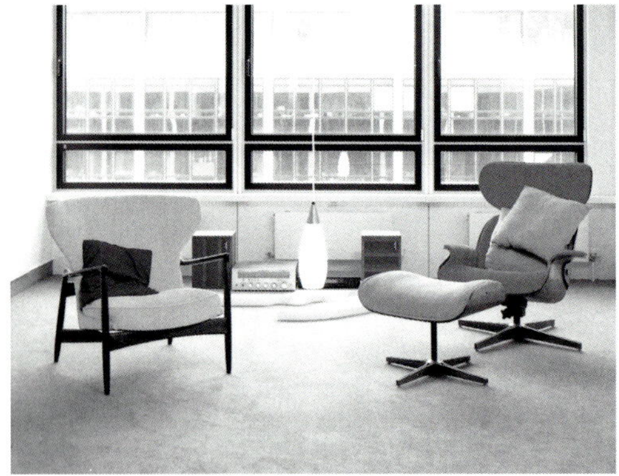

Albino Painting, Pillow (Blue), Up, Buy the Whole Fucking Thing, So Many Things You Could Say, Over There, Albino Painting, Pillow (Green), Emerald Mobile Homes
1993/1995

Originally an installation for the Tom Solomon Garage in Los Angeles, California, in 1993. In 1995, the ensemble was permanently reinstalled at the headquarters of Südwestdeutsche Landesbank in Stuttgart, Germany (now: Landesbank Baden-Württemberg). Consisting of several lamps, two lounge chairs with one ottoman, cushions, a table and a sound system, the work furnishes a waiting area of one of the departments and illuminates the corridor leading to it. The table underneath the system was added later to the original installation.

Ursprünglich eine Installation für die Tom Solomon Garage in Los Angeles, Kalifornien, aus dem Jahr 1993. 1995 wurde das Ensemble dauerhaft im Hauptsitz der Südwestdeutschen Landesbank in Stuttgart (jetzt: Landesbank Baden-Württemberg) reinstalliert. Die aus mehreren Lampen, zwei Sesseln mit einem Fußschemel, Kissen, einem Tisch und einer Stereoanlage bestehende Arbeit möbliert den Wartebereich in einer der Abteilungen und beleuchtet den dort hinführenden Korridor. Der Tisch unter der Stereoanlage wurde der Originalinstallation später hinzugefügt.

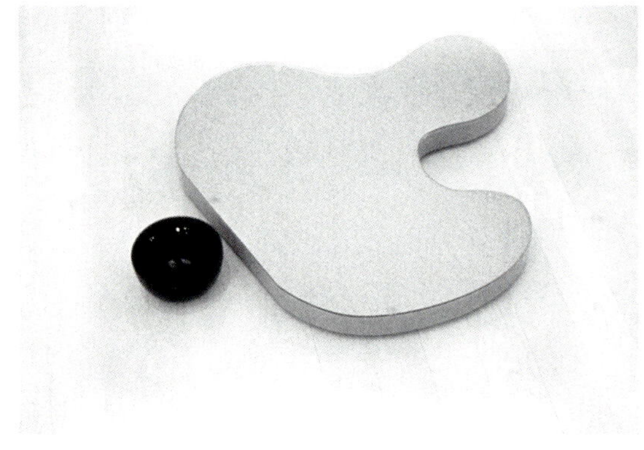

Get made/Con esta miel que te estoy poneindo te endulso para que me endulce/resuelvas el problema que tengo
1994

One of four table tops fabricated for Jorge's exhibition at the Person's Weekend Museum in Tokyo. The bowl of honey was added to this table top as a reference to the help that Jorge received from his grandmother to help alleviate his immigration problems.

Eine von vier Tischplatten, die für Jorge's Ausstellung im Person's Weekend Museum in Tokio hergestellt wurden. Die Schale mit Honig ist ein Verweis auf die Hilfe, die Jorge von seiner Grossmutter zur Linderung seiner Immigrationsprobleme erhielt.

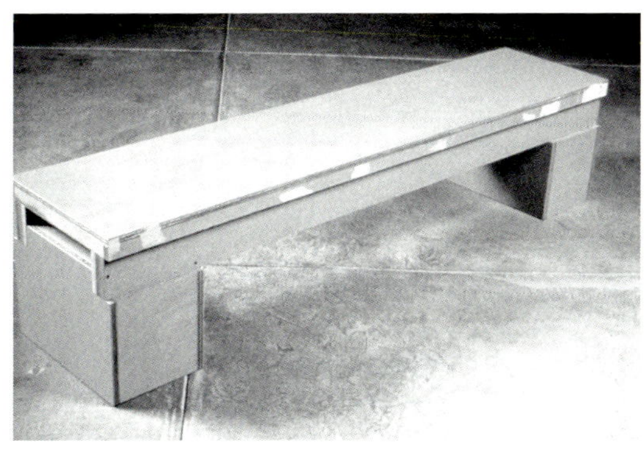

Museum Bench
1990

A sketch of a museum bench at the Newport Harbour Museum. The piece was finished at an inappropriate state of production, yet laquered as if 'properly' completed.

Eine Museumsbank im Newport Harbour Museum. Die Arbeit ist in unfertigem Produktionszustand, aber dennoch lackiert, als ob sie 'ganz normal' fertiggestellt wäre.

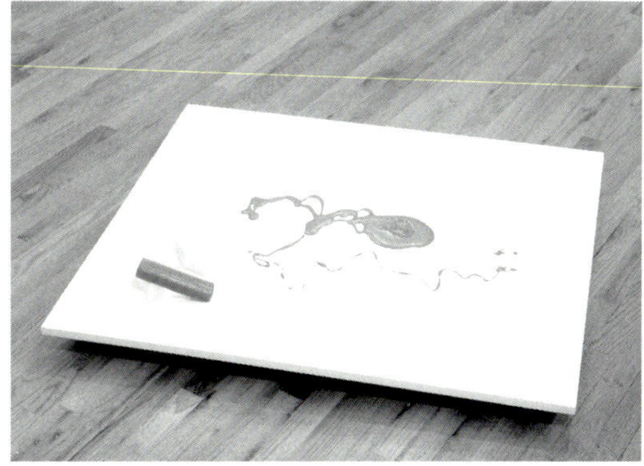

Local Adhesives
1997

The group of four sculptures is one of the eleven elements from the exhibition "Untitled" at the Museum of Contemporary Art in Chicago. The adhesives are all manufactured in the Chicago area.

Die Gruppe von vier Skulpturen ist eines der elf Elemente für die Ausstellung "Untitled" im Museum of Contemporary Art in Chicago. Die Klebstoffe werden alle in der Umgebung von Chicago hergestellt.

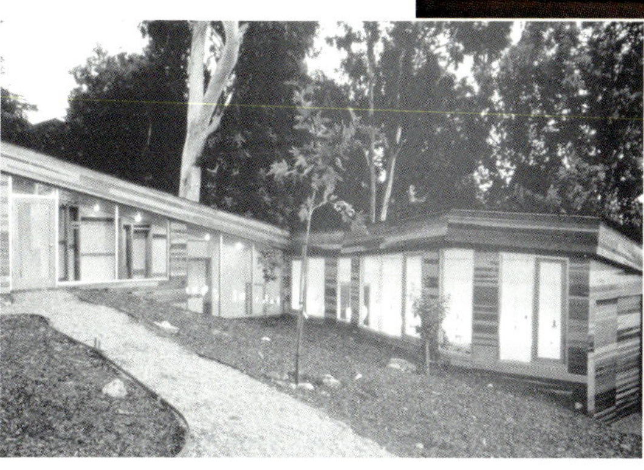

4166 Sea View Lane
1998

When in 1994 the Museum of Contemporary Art, Los Angeles, invited Jorge to do a solo show, he started to plan what later became "4166 Sea View Lane", in the neighbourhood of Mount Washington. Its transitive relationship with "Ten People, Ten Books" reflects how many changes were made from 1994, when Jorge first conceived the idea of building a house, until the opening of the show in 1998. For six weeks, visitors were strolling through Jorge's future living quarters and his studio where 30 of the lamps from the Boymans Van Beuningen Museum exhibition were reinstalled. The title of the piece refers to the address of the site. It is now the residence of the artist.

Als im Jahre 1994 das Museum for Contemporary Art in Los Angeles Jorge eine Einzelausstellung anbot, begann er zu planen, was später "4166 Sea View Lane" in der Nähe von Mount Washington wurde. Die transitive Beziehung mit "Ten People, Ten Books" spiegelt wieder, wieviele Änderungen zwischen 1994, als Jorge zum ersten Mal die Idee hatte, ein Haus zu bauen, und der Eröffnung im Jahre 1998 vorgenommen wurden. Sechs Wochen lang spazierten Besucher durch Jorges zukünftiges Haus und sein Atelier, in dem die 30 Lampen aus der Ausstellung im Boymans-Van-Beuningen-Museum installiert waren. Der Titel der Arbeit bezieht sich auf die Adresse des Standortes. Es ist jetzt das Wohnhaus des Künstlers.

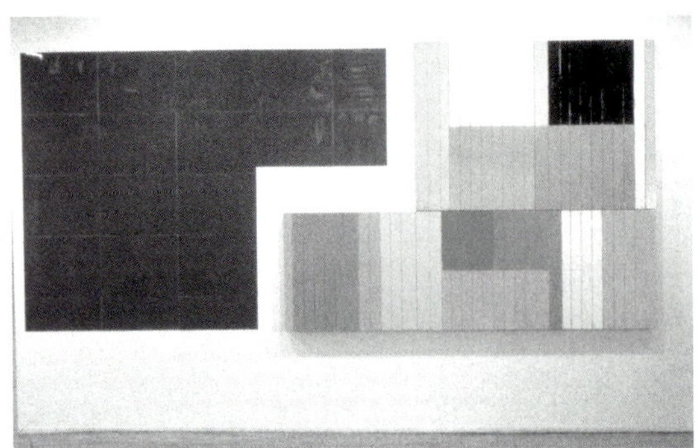

Untitled
1994

The right panel of this painting shows a 1/2 scale reproduction of a facade in Los Angeles. All the colours were arranged on thick wood. The left side is made of thick gray paper.

Die rechte Hälfte dieses Gemäldes zeigt die halbgroße Reproduktion einer Hausfassade in Los Angeles. Alle Farben wurden auf dickem Holz aufgetragen. Die linke Hälfte besteht aus dickem grauen Papier.

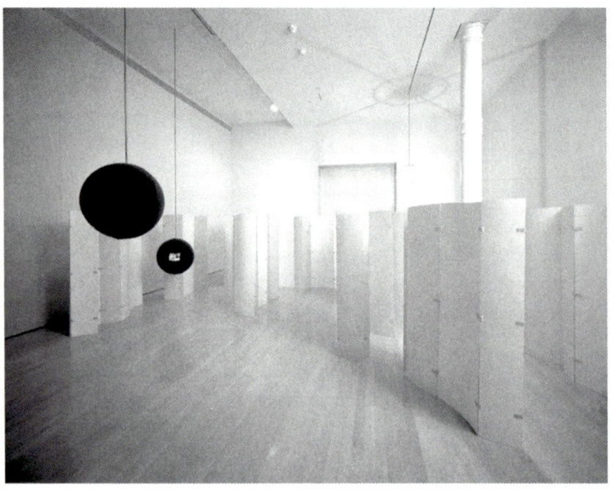

Vince Robbins
1997

Jorge and Tobias Rehberger were invited to collaborate on an installation for "Rooms With a View. Environments for Video" at the Guggenheim Museum SoHo. The title refers to one of Jorge's former professors. Jorge fabricated a group of room dividers in different shades of yellow and one lamp made of steel and plastic. Tobias designed the monitors.

Jorge und Tobias Rehberger wurden eingeladen, für die Ausstellung "Rooms With a View. Environments for Video" im Guggenheim-Museum SoHo zusammenzuarbeiten. Der Titel bezieht sich auf einen ehemaligen Professor von Jorge. Jorge entwarf eine Gruppe von Paravents in verschiedenen Gelbtönen und eine Lampe aus Stahl und Plastik. Tobias entwarf die Monitore.

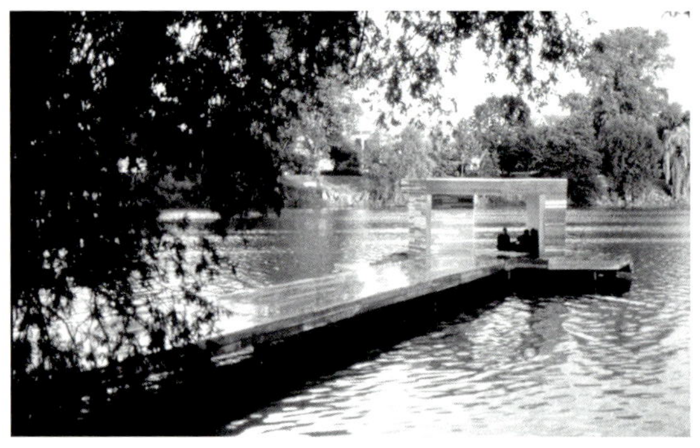

Pier
1997

This approximately 50 meter long pier made out of California redwood was Jorge's contribution for "Skulptur. Projekte Münster 1997". The pavillion at the end of the pier contains a cigarette machine affixed to one of the walls.

Dieser etwa 50 m lange Bootssteg aus California Redwood war Jorges Beitrag zur Ausstellung "Skulptur. Projekte Münster 1997". Der Pavillion am Ende des Piers enthält einen Zigarettenautomaten, der an einer der Wände angebracht ist.

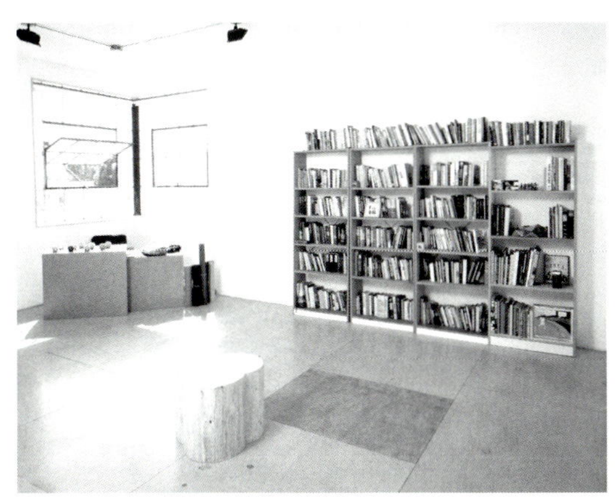

Portrait of George Porcari
1995

This bookshelf was originally conceived for George Porcari. In 1995, it was reintroduced into the Tom Solomon Garage with all the books collected by his friend.

Dieses Bücherbord war urprünglich für George Porcari gedacht. 1995 wurde es mit allen Büchern, die sein Freund gesammelt hatte, wieder in der Tom Solomon Garage installiert.

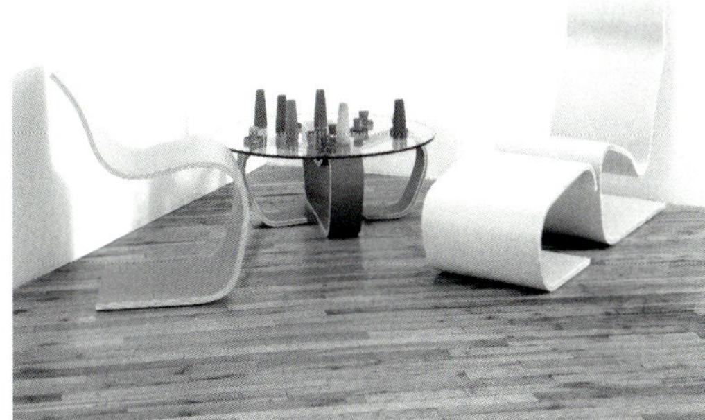

Halley's, Ikeya-Seki's, Encke's
1996

An installation of a coffee table, two chairs with an ottoman and five lamps. Each element has a different shade of blue with one lamp covered with white fabric. The title refers to the way of naming comets after their discoverers.

Die Installation besteht aus einem Beistelltisch, zwei Stühlen mit Fußhocker und fünf Lampen. Jedes Element hat einen anderen Blauton, wobei eine der Lampen mit weissem Stoff überzogen ist. Der Titel bezieht sich auf die Praxis, Kometen nach ihren Entdeckern zu benennen.

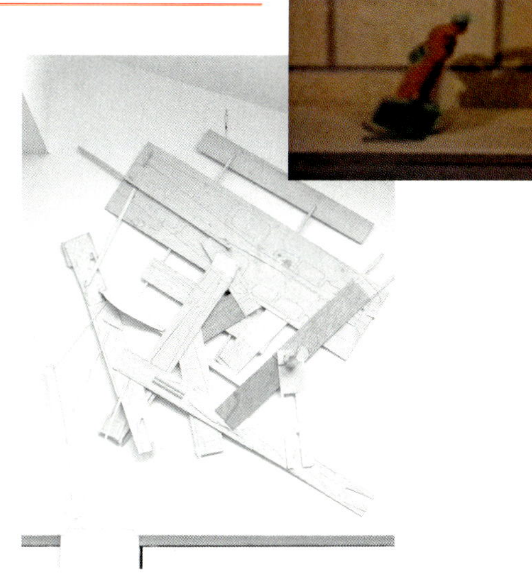

Drawing
1990

This object entails all the elements of a do-it-yourself airplane model. The collector has no instructions of how to reassemble the parts of the sculpture, it will change its shape indefinitely.

Dieses Objekt enthält alle Teile eines Modellflugzeugs zum Selberbauen. Der Sammler erhält keine Angaben, wie die Teile der Skulptur zusammengebaut werden sollen, ihre Form kann sich deshalb unbegrenzt verändern.

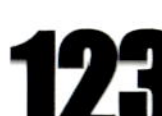

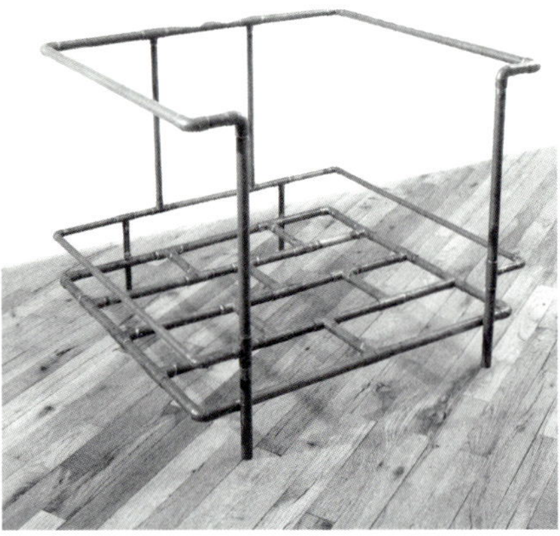

Le Corbusier Chair
1994

Jorge soldered the skeleton of the famous Le Corbusier chair out of cheap copper tubes in collaboration with his mother.

Jorge schweißte das Skelett dies berühmten Stuhls von Le Corbusier aus billigen Kupferrohren in Zusammenarbeit mit seiner Mutter zusammen.

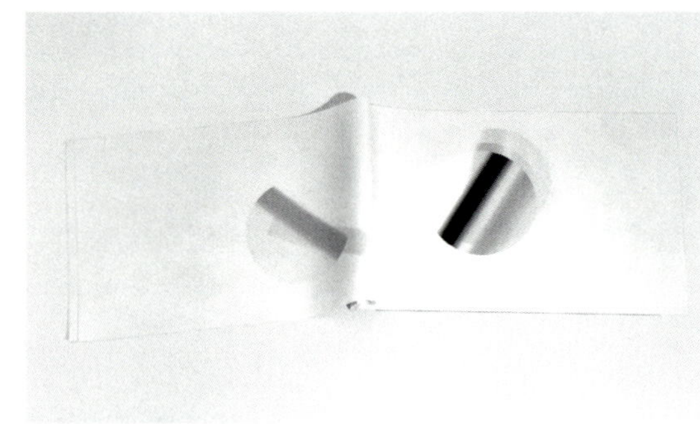

Untitled
1998

Exhibition catalogue for "Baby Blue", a show at Galerie Gisela Capitain in Cologne, Germany. The book is made of the same materials as all the paintings in the show.

Ausstellungskatalog für die Ausstellung "Baby Blue" in der Galerie Gisela Capitain in Köln. Das Buch wurde aus den selben Materialien wie alle Gemälde in der Ausstellung gemacht.

Untitled
1998

A different page of the same catalouge.

Eine weitere Seite des desselben Katalogs.

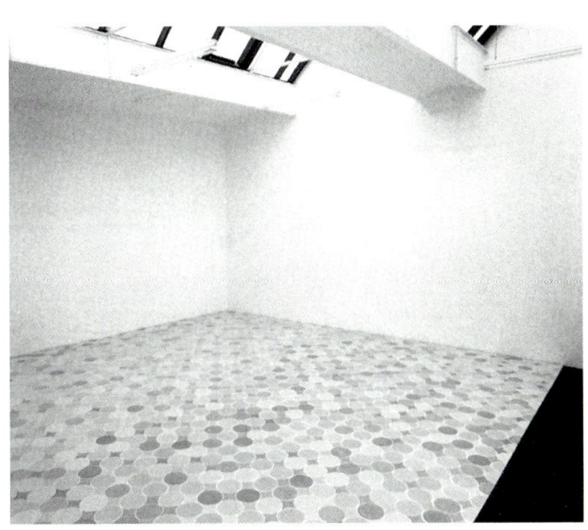

Untitled

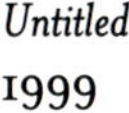

1999

A proposal for a 1200 square feet (111,5 square meters) floor made of ceramic tiles at Galerie Neugerriemschneider in Berlin, Germany.

Ein Vorschlag für einen 111,5 Quadratmeter (1200 Quadratfuß) großen Boden aus Keramikkacheln in der Galerie Neugerriemschneider in Berlin.

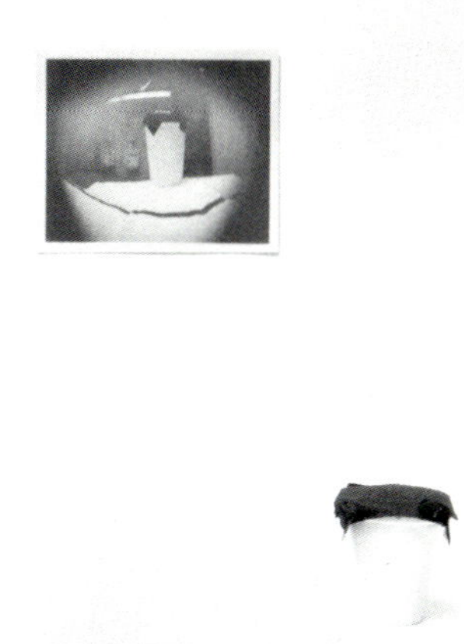

Pinhole Camera

1987

A styrofoam cup that takes pictures of itself. Jorge placed a mirror in front of the cup, cut a hole into the styrofoam, placed an enrolled film inside and shut the whole with tape. By removing the tape for a moment, the object took pictures of itself.

Ein Styroporbecher, der Fotos von sich selbst macht. Jorge stellte einen Spiegel vor den Becher, bohrte ein Loch in das Styropor, platzierte einen ausgerollten Film im Inneren und verschloss das Loch mit Klebeband. Durch das momentane Abziehen des Klebestreifens machte das Objekt Fotos von sich selbst.

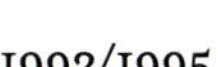

1993/1995

Installation view of the piece for Südwestdeutsche Landesbank (now Landesbank Baden-Württemberg). See p. 120

Installationsansicht der Arbeit für die Südwestdeutsche Landesbank (jetzt Landesbank Baden-Württemberg). Siehe S. 120

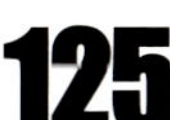

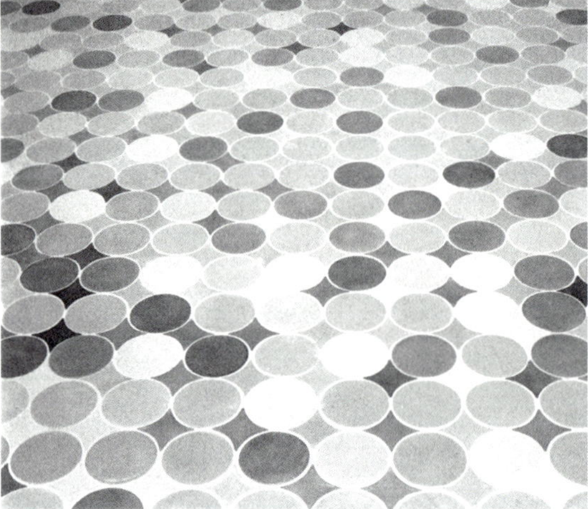

Untitled
1999

Detail from the installation at Galerie Neugerriemschneider.

Detailansicht der Installation in der Galerie Neugerriemschneider.

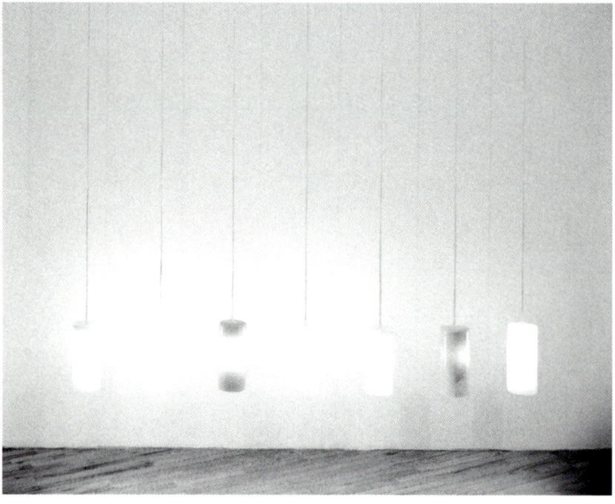

Untitled
1996

By installing this group of 7 hand blown lamps at knee-height, Jorge obscures their purpose as light sources. They are sculptures, paintings, drawings or whatever criteria can be articulated that distinguish these objects from other objects.

Indem Jorge die Gruppe von 7 mundgeblasenen Lampen in Kniehöhe anordnet, stellt er deren Funktion als Lichtquellen in Frage. Die Objekte können als Skulpturen, Bilder oder Zeichnungen gelesen werden, je nachdem welchen Kriterien artikuliert werden, die Objekte von anderen Objekten unterscheiden.

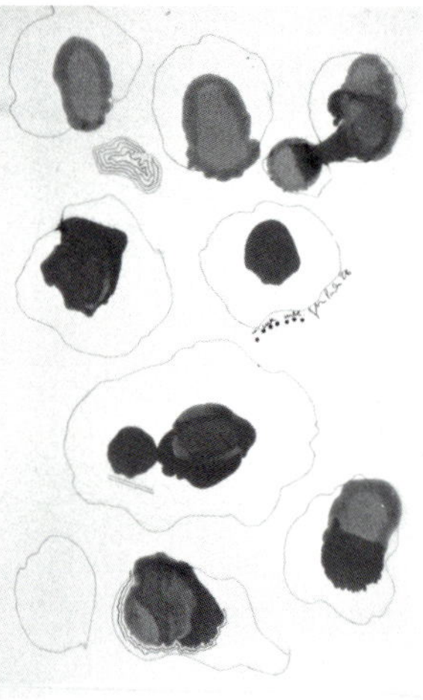

Untitled
1998

One of a group of eleven Pantone ink drawing on vellum. It was part of the one-year's project "Untitled" at the Kunstverein in Ludwigsburg, Germany. Some of the price tags for the vellum sheets Jorge was unable to remove so they stayed on the drawings.

Pantone-Tinte Zeichnung auf Velium aus einer Serie von 11 Zeichnungen . Sie war Teil des Jahresprojektes "Untitled" im Kunstverein in Ludwigsburg. Jorge konnte einige der Preisschilder nicht von den Veliumblättern entfernen, also verblieben sie auf den Zeichnungen.

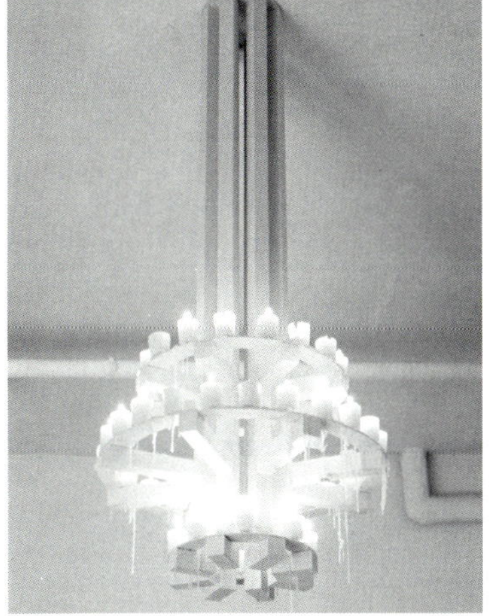

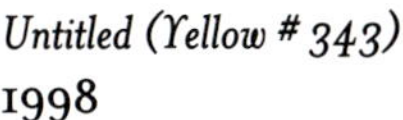

Untitled (Yellow # 343)
1998

This wooden chandelier was part of an exhibition at Friedrich Petzel Gallery. The dripping wax produced a painting on the floor.

Dieser hölzerne Kronleuchter war Teil einer Ausstellung in der Friedrich Petzel Gallery. Das heruntertropfende Wachs produzierte ein Gemälde auf dem Fußboden.

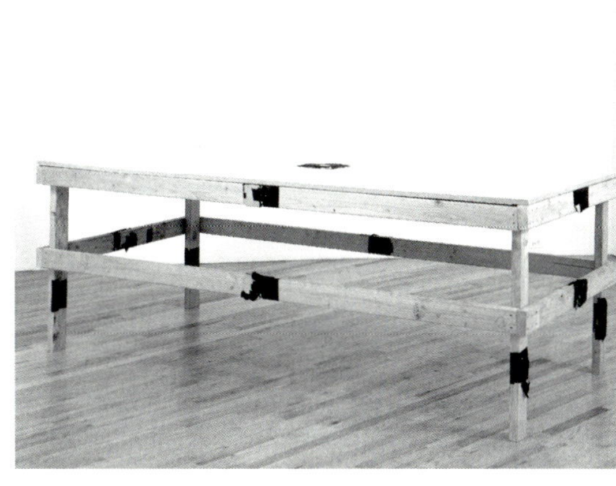

Untitled
1988

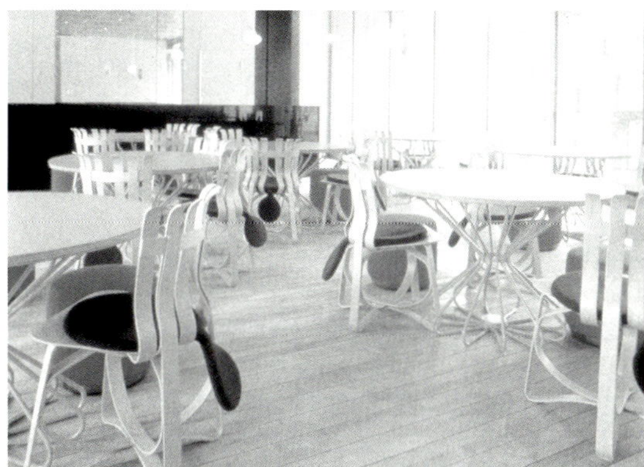

Rosa
1996

This commission was developed for the new building of the trade fair center in Leipzig. Jorge made a large group of lamps, chairs, tables and sofas for different conference rooms and a cafeteria. The installation revolves around the Frank Gehry chairs.
See also p. 112

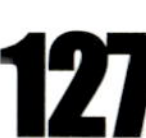

Diese Auftragsarbeit wurde für den Neubau des Messezentrums in Leipzig entwickelt. Jorge entwarf eine umfangreiche Gruppe von Lampen, Tischen und Sofas für verschiedene Konferenzräume und eine Cafeteria. Die Installation wurde um die Stühle von Frank Gehry angeordnet.
Siehe auch S. 112

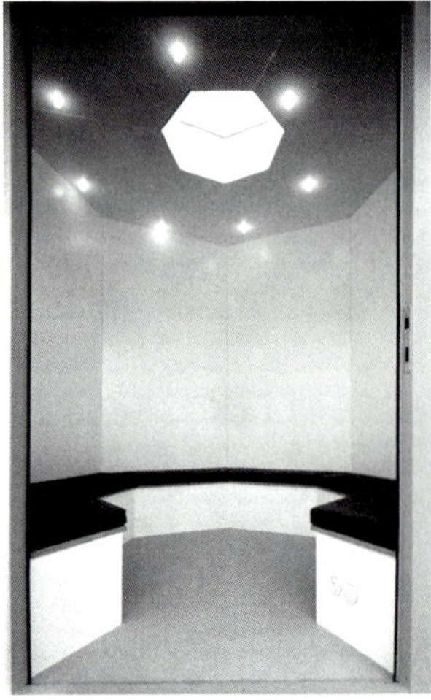

Tomatensuppe
1997

The guard house was Jorge's contribution for "KölnSkulptur1997". The construction made out of painted steel has the structure of three overlapping circles.

Das Wärterhäuschen war Jorges Beitrag zur Ausstellung "KölnSkulptur1997". Die aus bemaltem Stahl hergestellte Konstruktion hat die Struktur dreier überlappender Kreise.

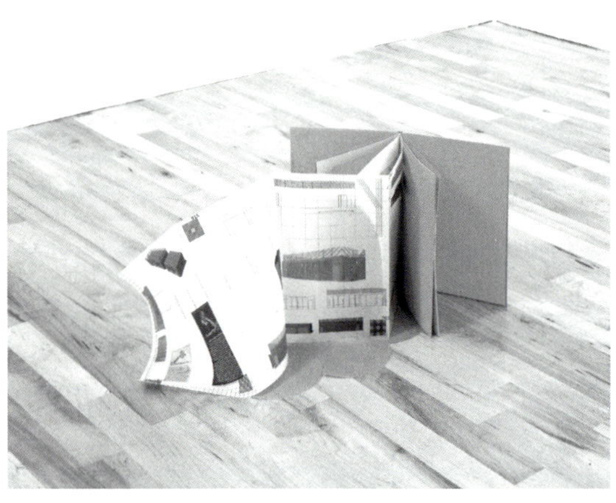

Ten People, Ten Books
1994

A 22-page, cloth bound book containing four foldout pages with paper 'pedestals' inserted within. It unfolds to 11 3/4" x 7 1/2 "(30 x 19 cm). The 'pedestals' are made by overprinting several layers of ink on thin vellum. A computer designed floor plan shows a two-bedroom apartment house with a garage/studio separated from the main building. The text was written by David Hullfish Bailey. Also included are a quote and a portrait photograph by Billy Wilder, as well as a credit list of all the people who participated in the production of the book. The ten different volumes each contain Jorge's version of the making and the version of one of the co-producers. The book was designed to be displayed on the floor or on a bookshelf.

Ein 22-seitiges, in Leinen gebundenes Buch, das vier ausklappbare Seiten mit eingefügten 'Sockeln' aus Papier enthält. Es lässt sich auf die Maße von 11 3/4" x 7 1/2" (30 x 19 cm) ausklappen. Die 'Sockel' entstehen durch das Überdrucken mit mehreren Schichten Druckertinte auf dünnem Velium. Ein am Computer entworfener Grundriss zeigt ein Zwei-Zimmer Wohnhaus mit vom Hauptgebäude abgetrennter Garage/Atelier. Der Text wurde von David Hullfish Bailey geschrieben. Ein Zitat und ein Portraitfoto von Billy Wilder befinden sich ebenfalls im Buch wie auch eine Auflistung aller an der Buchproduktion beteiligten Personen. Die zehn unterschiedlichen Exemplare enthalten jeweils Jorge's Version der Ausführung und die Version eines der Mitproduzenten. Das Buch wurde zur Präsentation auf dem Boden oder auf einem Bücheregal entworfen.

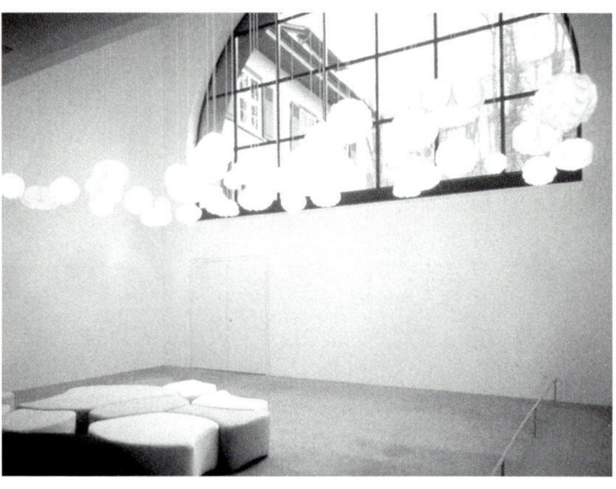

Guadalajara
1997

A puzzle of asymmetrically shaped foam seats that can be arranged in various configurations. The lamps designed by Poul Christiansen were added on the occasion of the group show at the Museum für Gegenwartskunst in Basel. The title refers to a counterfeit that Jorge had originally produced for the now defunct art fair in Guadalajara, Mexico.

Ein Puzzle aus asymmetrisch geformten Schaumstoffsitzen, die auf verschiedene Weise zusammengesetzt werden können. Die von Poul Christiansen entworfenen Lampen wurden aus Anlass der Gruppenausstellung im Museum für Gegenwartskunst in Basel hinzugefügt. Der Titel bezieht sich auf ein Gegenstück, welches Jorge ursprünglich für die nicht mehr stattfindende Kunstmesse in Guadalajara in Mexiko produziert hatte.

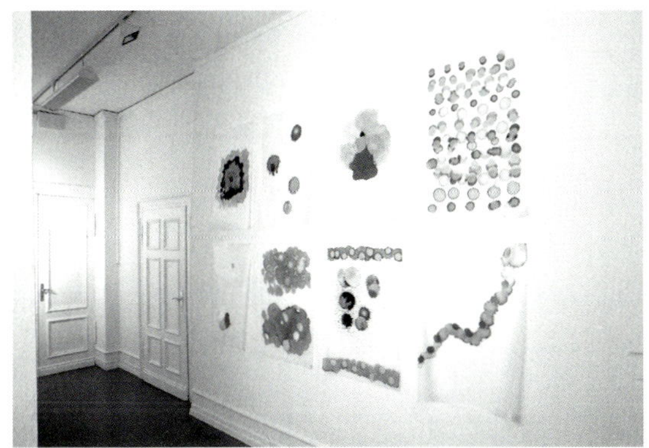

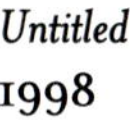

Untitled
1998

A group of Pantone ink drawings on vellum at the Kunstverein Ludwigsburg, Germany.

Eine Gruppe von Pantone-Tinte-Zeichnungen im Kunstverein Ludwigsburg

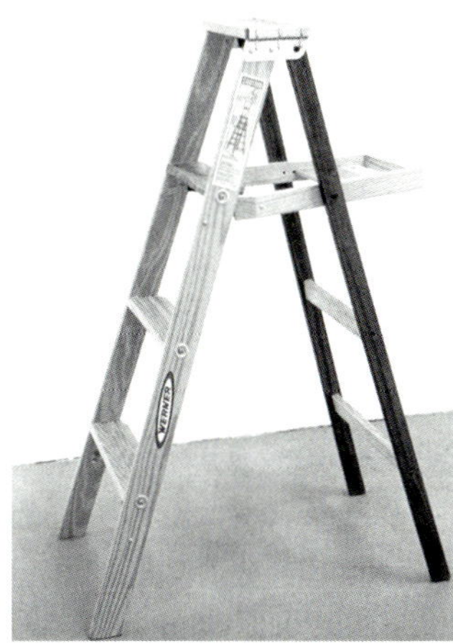

Ladder
1989

This object from Jorge's first gallery exhibition in Los Angeles can hardly be distinguished from an ordinary ladder to be bought in a store. Closer observation conveys that this sculpture is a careful assemblage made of different types of wood and finished with different stickers.

Dieses Objekt aus Jorges erster Galerieausstellung in Los Angeles ist nur schwer von einer einfachen Leiter, wie sie in jedem Laden gekauft werden kann, zu unterscheiden. Bei näherer Untersuchung stellt sich heraus, dass diese Skulptur aus verschiedenen Hölzern zusammen gebaut und mit verschiedenen Aufklebern versehen worden ist.

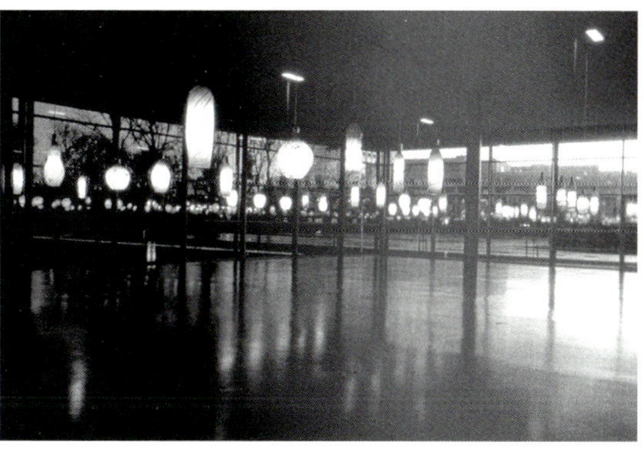

Lighthouse
1997

The installation of more than 100 lamps is one of the elements of Jorge's solo show at the Boijmans Van Beuningen Museum in Rotterdam. The lamps were hand blown with varying degrees of distortion and installed in sets of five inside a section of the museum built of glass and steel.

Diese Installation von über 100 Lampen ist ein Element aus Jorges Einzelausstellung im Boijmans-Van-Beuningen-Museum in Rotterdam. Die Lampen wurden mit verschiedenen Graden an Verzerrungen mundgeblasen und in Fünfergruppen in einem aus Glas und Stahl gebauten Trakt des Museums aufgehängt.

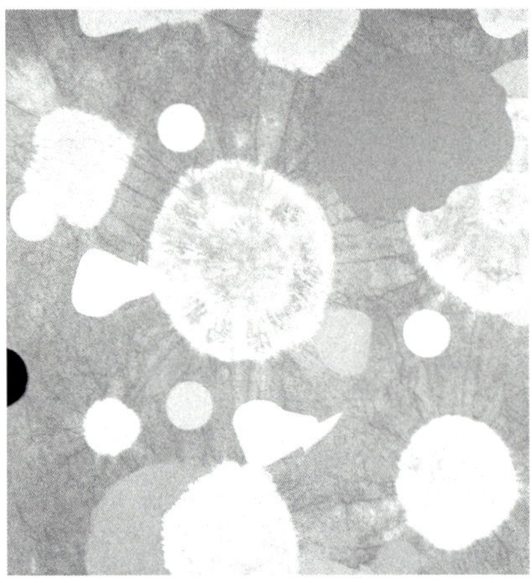

Untitled
1997

Jorge makes 4 to 5 paintings a year.

Jorge malt 4 bis 5 Bilder pro Jahr.

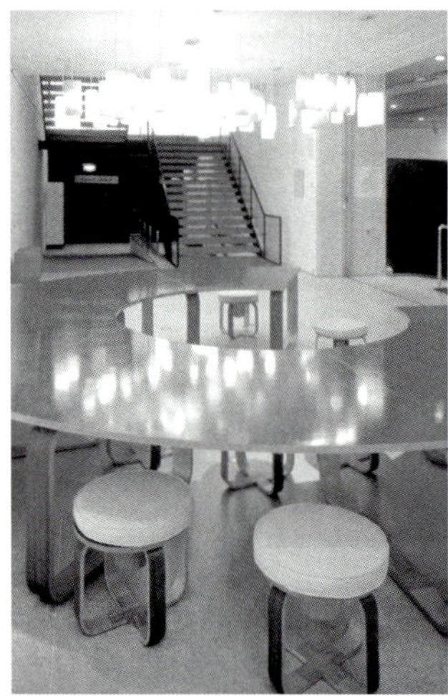

Reading Room
1996

This commission for the Boijmans Van Beuningen Museum consists of a group of cylindrical lamps arranged in a circle, a highly polished c-shaped table and several stools. The piece was designed for the museum lobby. The lamps reflect in the surface of the table.

Diese Auftragsarbeit für das Boijmans-Van-Beuningen-Museum in Rotterdam besteht aus einer Gruppe zylindrischer Lampen, die in einem Kreis angeordnet sind, einem hochglanzpolierten c-förmigen Tisch und einigen Hockern. Die Arbeit wurde für die Eingangshalle des Museums entworfen. Die Lampen spiegeln sich in der Oberfläche des Tisches.

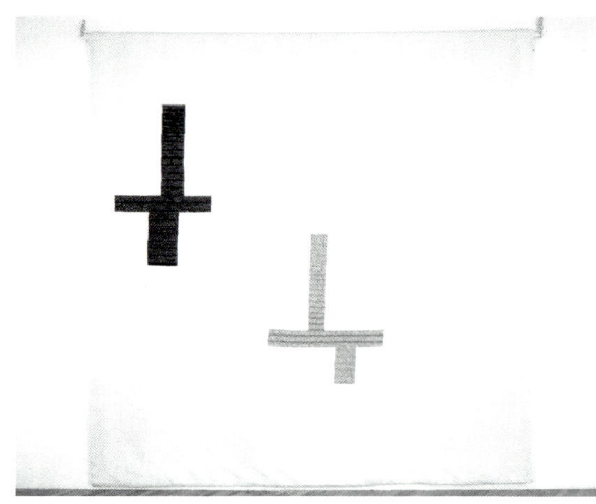

T-Time
1998

The second element of the show in Rotterdam was a series of 3 machine-made wool rugs that had been suspended from the ceiling. The beige surfaces were interrupted by tiny color dots

Ein zweites Element dieser Ausstellung in Rotterdam war eine Serie von 3 maschinengefertigten Wollteppichen, die von der Decke herabhingen. Die beigen Oberflächen waren mit winzigen, unregelmässigen Farbtüpfelchen übersät.

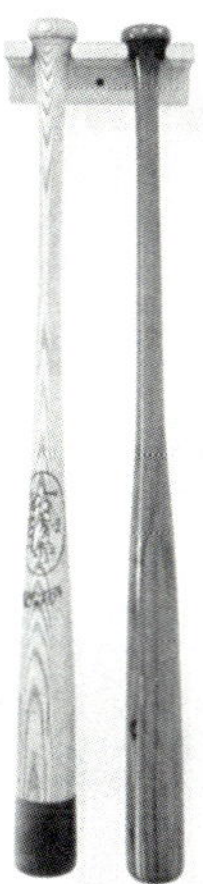

Baseball Bats
1989

Jorge bought the left baseball bat and only modified the bottom of the bat with a different wood. The right bat was completely carved from scratch.

Den linken Baseballschläger kaufte Jorge und modifizierte lediglich das Ende des Schlägers mit einem anderen Holz. Der rechte Schläger wurde komplett neu gedrechselt.

To JIP from Pae

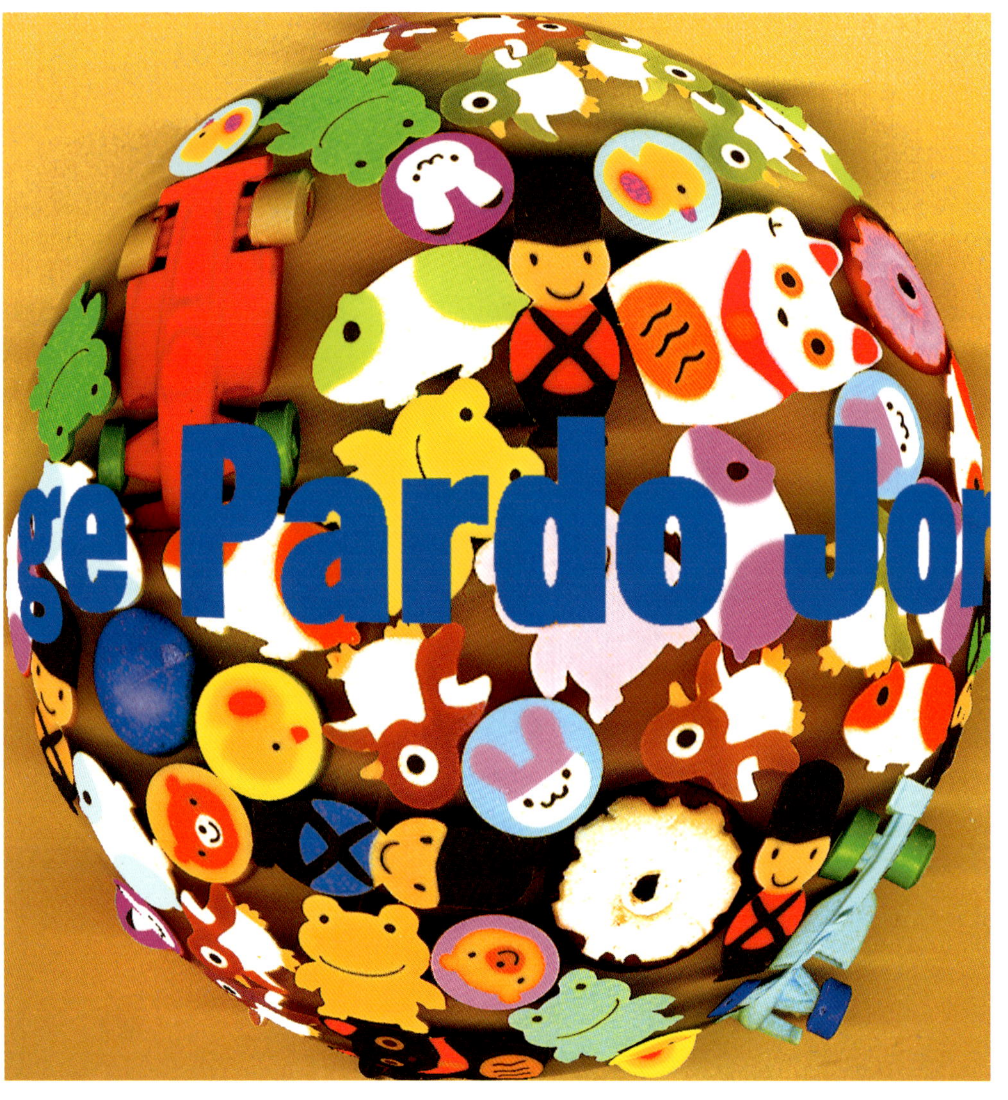